源简 | 日语学院

云图 YUN TU

标准日本语，不过如此

【初级】

上册

新版标准日本语全解精练

主编 宵寒 于韶华

编委 郑雨 尹恒

北京理工大学出版社
BEIJING INSTITUTE OF TECHNOLOGY PRESS

图书在版编目（CIP）数据

标准日本语，不过如此．上册 / 宵寒，于韶华主编．—
北京：北京理工大学出版社，2022.1
ISBN 978 – 7 – 5763 – 0854 – 9

Ⅰ．①标…　Ⅱ．①宵…　②于…　Ⅲ．①日语 – 教材
Ⅳ．① H36

中国版本图书馆 CIP 数据核字（2022）第 018662 号

出版发行 / 北京理工大学出版社有限责任公司
社　　址 / 北京市海淀区中关村南大街 5 号
邮　　编 / 100081
电　　话 /（010）68914775（总编室）
（010）82562903（教材售后服务热线）
（010）68944723（其他图书服务热线）
网　　址 / http://www.bitpress.com.cn
经　　销 / 全国各地新华书店
印　　刷 / 天津市蓟县宏图印务有限公司
开　　本 / 787 毫米 ×1092 毫米　1/16
印　　张 / 25
字　　数 / 624 千字
版　　次 / 2022 年 1 月第 1 版　2022 年 1 月第 1 次印刷
定　　价 / 89.80 元

责任编辑 / 高　芳
文案编辑 / 胡　莹
责任校对 / 刘亚男
责任印制 / 李志强

前言

你好呀！很高兴通过《标准日本语，不过如此》认识你！

我是日语老师宵寒，本书的主编。我是一名教了 8 年日语的山东大学工学硕士，也是一名从初二开始用老版《标准日本语》（以下简称《标日》）自学日语的“老二刺猿”。从自学到读研，再到任教，转眼间，《标日》已陪我走过了 17 年的岁月，我和这套书早就磨出了感情和默契。

作为国内响当当的日语教材，《标日》编写得非常通俗易懂、深入浅出，而且叙事性、生活感极强。但部分讲解并未入木三分，且比较缺乏知识的阶段性系统总结，所以学生难免会有越学越乱的感觉，很多学生也有“看书啥都会，做题都不对”的问题。

所以，基于我自学多年走过的弯路及 8 年的教研经验，我们的团队历经 3 年打造出这本《标准日本语，不过如此》，目的就是帮助大家解锁《标日》的正确学习方法，打通日语的底层逻辑，强化日语的基础知识。无论是应试还是实用，都能让您日后的学习更加得心应手、一通百通。

本书有如下创新特色：

1. 详解假名的字源由来，帮您迅速“开局”，速通日语五十音；

2. 沉淀 5 年的词源速记法，帮您更好地理解和语词的构词逻辑，突破词汇记忆难关；

3. 语法灵魂笔记，帮您深度解析书中的语法难点，系统梳理知识难点；

4. 全文音调标注，总结了各类活用的变调规律，让口语发音的学习有章可循，而非简单的盲目模仿；

5. 精选习题，每课一练，每单元一练，囊括日语能力考、高考日语、考研日语的各类题型；

6. 本书配有“全能”与“速通”两套不同版本的课程，直击各类考试的考点，细化应试目标，针对性更强，帮您迅速达成应试目标；

7. 同步教材知识点的上百段动漫、日剧台词讲解，帮助您学以致用，让学习过程不再枯燥。

我曾学过日语、英语、西班牙语、汇编语言、Visual Basic、C 语言、C#、Python，虽然并非八项全能，但至少可以满足我所有的日常工作需要。我个人认为，自然语言和计算机语言的学习都需要理解底层逻辑，把握本质规律。相信这本《标准日本语，不过如此》可以帮您打开日语新世界的大门！

最后感谢源简日语团队的郑雨老师、尹恒老师、邱睿老师为本书的编写付出的努力，也感谢我的恩师——燕山大学于韶华老师——对本书的指点。本人能力有限，书中难免有所疏漏，希望能与读者朋友们多多交流，共同精进！我的微博、B 站、小红书的 ID 均为 @ 日语老师宵寒，个人微信：jpxiaohan；微信公众号：源简日语。

目录

目录

 日语的组成

古代日本有自己的语言，但无自己的文字，汉字传入日本后，一开始被用作表音符号，但由于汉字书写复杂、学习困难且不利于传播，之后随着时代的变迁，逐渐演化为假名。最终，日语确定了以假名表音，以汉字表意的语言体系。日语中的假名包括平假名和片假名，平假名源于草书，字形优美，其用途主要有两种：①作为字母构成和语词（古代日本人创造的词汇）、汉语词（由中国传入日本的词汇）；②为汉字注音。片假名源于楷书，字形刚直，其用途主要有四种：①书写音译外来词；②书写拟声拟态词；③书写动植物名称等专有名词；④将和语词、汉语词用片假名书写以表突出强调。现代日语主要由汉字、假名、字母、阿拉伯数字四部分组成。日语中的五十音图即假名的集合，由平假名、片假名、罗马字三部分组成。其中，罗马音即“日语拼音”。

二 中文与日语中汉字的差异

1. 字音不同

中文汉字采用逐字拼读的方式，一字一音或一字多音。而日语中汉字的读法分为以下几类。

（1）逐字拼读

分为“音读”和“训读”两种读音体系，音读源于古代汉语的读音，训读是日本人原创的读法。以「雨」为例，「風雨（ふうう）」为音读，「雨（あめ）」为训读。

（2）组合拼读

把两个或两个以上的汉字组合在一起共同发音，例如：「梅雨（つゆ）」「大人（おとな）」。此类读音也是日本人原创的读法，又称“熟字训”。

小技巧

单词中只含有一个汉字时，该单词的读法多为训读。在由两个或两个以上的汉字组成的单词中，汉字多为“音读＋音读”或者“训读＋训读”，而“音读＋训读”或“训读＋音读”的情况较少，在今后的学习中需特殊记忆。

2. 字形不同

中文与日语的字形的关系可以分为以下几类：

（1）中日同字

比如“中国人”一词，中文为“中国人”，日语同为「中国人（ちゅうごくじん）」，其中“国”均为简体。再如“动物”一词，中文为简体“动物”，日语为繁体「動物（どうぶつ）」。这两种情况均属于中日同字。

（2）中日异字

比如中文的“圆”和日语的「円（えん）」，中文的“樱”和日语的「桜（さくら）」。

（3）同字异形

比如中文的“写真”和日语的「写真（しゃしん）」，中文的“边”和日语的「辺（へん）」。

（4）和制汉字

和制汉字是指日本人自己创造出来的汉字。比如「凪（なぎ）」（风平浪静）和「雫（しずく）」（水滴）。

3. 意思上的区别

同样的汉字有时在中文和日语中具有完全不同的意思。比如中文中的“娘”一般指“母亲”，而日语中的「娘（むすめ）」则指“女儿”或“未婚女性”。中文中的“汤”一般指“吃饭时喝的汤”，而日语中的「湯（ゆ）」则专指“热水”。

三 五十音图

假名是日语中的字母，五十音图是汇总所有假名得到的表，其地位等同于英语中的26字母表。五十音图共分为五段、十行，共46个平假名，46个片假名。其中，平假名源于草书，字形优美，用途最广。片假名源于楷书，字形刚直。而我们所说的“罗马字”或“罗马音”，即日语的拼音。五十音是日语学习的底层基础，初学者需牢记每个假名的读音与写法。

	あ段	い段	う段	え段	お段
あ行 a	あ ア a	い イ i	う ウ u	え エ e	お オ o
か行 k	か カ ka	き キ ki	く ク ku	け ケ ke	こ コ ko
さ行 s	さ サ sa	し シ shi	す ス su	せ セ se	そ ソ so
た行 t	た タ ta	ち チ chi	つ ツ tsu	て テ te	と ト to
な行 n	な ナ na	に ニ ni	ぬ ヌ nu	ね ネ ne	の ノ no
は行 h	は ハ ha	ひ ヒ hi	ふ フ fu	へ ヘ he	ほ ホ ho
ま行 m	ま マ ma	み ミ mi	む ム mu	め メ me	も モ mo
や行 y	や ヤ ya	(い イ) (i)	ゆ ユ yu	(え エ) (e)	よ ヨ yo
ら行 r	ら ラ ra	り リ ri	る ル ru	れ レ re	ろ ロ ro
わ行 w	わ ワ wa	(い イ) (i)	(う ウ) (u)	(え エ) (e)	を ヲ o
	ん ン n				

图 1　五十音图

四　五十音所有假名的演变过程

安　安　あ　　阿　阝　ア

以　以　い　　伊　亻　イ

宇　宇　う　　宇　宀　ウ

衣　衣　え　　江　工　エ

於　於　お　　於　方　オ

加　加　か　　加　カ　カ
幾　幾　き　　機　キ　キ
久　久　く　　久　ク　ク
計　计　け　　介　介　ケ
己　己　こ　　己　コ　コ

左　左　さ　　散　サ　サ
之　之　し　　之　ミ　シ
寸　寸　す　　須　ス　ス
世　世　せ　　世　セ　セ
曽　曽　そ　　曽　ソ　ソ

太　太　た　　多　タ　タ
知　知　ち　　千　千　チ
川　川　つ　　川　川　ツ
天　天　て　　天　テ　テ
止　止　と　　止　ト　ト

奈 奈 な　　奈 ナ ナ

仁 仁 に　　仁 ニ ニ

奴 奴 ぬ　　奴 ヌ ヌ

祢 祢 ね　　祢 ネ ネ

乃 乃 の　　乃 ノ ノ

波 波 は　　八 八 ハ

比 比 ひ　　比 ヒ ヒ

不 不 ふ　　不 フ フ

部 部 へ　　部 阝 ヘ

保 保 ほ　　保 ホ ホ

末 末 ま　　末 マ マ

美 美 み　　三 三 ミ

武 武 む　　牟 ム ム

女 め め　　女 メ メ

毛 毛 も　　毛 モ モ

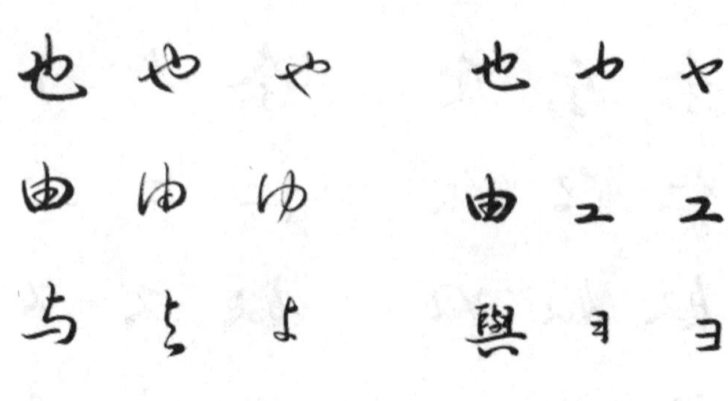

也	也	や	也	ヤ	ヤ
由	由	ゆ	由	ユ	ユ
与	与	よ	與	ヨ	ヨ
良	良	ら	良	ラ	ラ
利	利	り	利	リ	リ
留	留	る	流	ル	ル
禮	禮	れ	礼	レ	レ
呂	呂	ろ	呂	ロ	ロ
和	和	わ	和	ロ	ワ
遠	遠	を	乎	ヲ	ヲ
无	无	ん	尔	ン	ン

五 浊音与半浊音

か行（k）假名浊化得到が行（g）假名；

さ行（s）假名浊化得到ざ行（z）假名；

た行（t）假名浊化得到だ行（d）假名；

は行（h）假名浊化得到ば行（b）假名，半浊化得到ぱ行（p）假名。

所有浊音、半浊音假名汇总如图 2：

	あ段	い段	う段	え段	お段
が行	がガ ga	ぎギ gi	ぐグ gu	げゲ ge	ごゴ go
ざ行	ざザ za	じジ ji	ずズ zu	ぜゼ ze	ぞゾ zo
だ行	だダ da	ぢヂ ji	づヅ zu	でデ de	どド do
ば行	ばバ ba	びビ bi	ぶブ bu	べベ be	ぼボ bo
ぱ行	ぱパ pa	ぴピ pi	ぷプ pu	ぺペ pe	ぽポ po

图 2　浊音与半浊音

注意

①が行假名有浊音、鼻浊音两种版本的读法，位于句首时必读浊音；其余情况下两种读法均可；

②「ぢ」与「じ」、「づ」与「ず」发音相同，但不可相互替换。从出现频率看：じ＞ぢ，ず＞づ；

③上述四个假名的输入方法：じ –ji，ぢ –di，ず –zu，づ –du。

六 究竟是「ありがとう」还是「ありがどう」

很多情况下，我们会把「ありがとう」听成「ありがどう」，把「ばか」听成「ばが」。这种发音现象被称为“不送气音”。一般来说，か行、た行、ぱ行假名位于词中或词尾时习惯发“不送气音”，听上去与浊音相似，但并非浊音，在拼写上依然要写原轻音假名。建议日语初学者不要盲目模仿，先按假名的原始发音来读，随着语言知识的丰富再逐步模仿学习。

七 长音

长音的读法非常简单，拖长一拍即可。难点在于识别词汇中的长音结构。

对于平假名来说，如出现下列情况，画线假名的前一个假名的发音需要拖长一拍，画线假名不单独发音（画线假名是前一个假名的长音标志）。

あ段假名＋あ，例：お母（かあ）さん。

い段假名＋い，例：お爺（じい）さん。

う段假名＋う，例：空気（くうき）。

え段假名＋い或え，例：学生（がくせい）、お姉（ねえ）さん。

お段假名＋う或お，例：お父（とう）さん、大阪（おおさか）。

对于片假名来说，“ー”即长音标志。例：コーヒー、ケーキ。

注意

「追(お)う」中的「お」和「う」、「音色(ねいろ)」中的「ね」和「い」并非同一字的读音，故此处的「う」和「い」不是长音标志，需单独发音。

八 拗音、长拗音与特殊拗音

如图 3 所示，拗音由大写的い段假名与小写的「や」「ゆ」「よ」组合而成，发音时需把两个假名连读。在输入时，键入“い段假名辅音 +ya / yu / yo”即可打出。

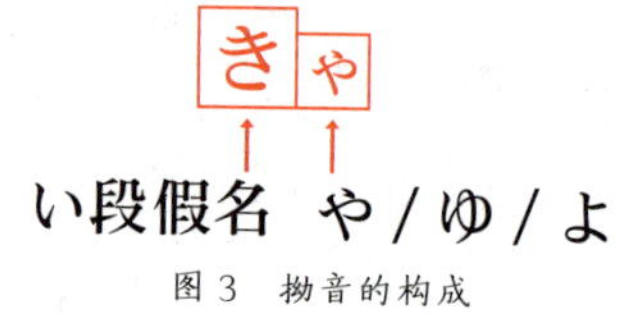

图 3 拗音的构成

我们用 X 代替い段假名，三种拗音所对应的长音分别表示为：

Xゃ＋あ　Xゅ＋う　Xょ＋う（平假名版）

Xャー　Xュー　Xョー（片假名版）

日语中所有的拗音与长拗音的书写与读音如图 4。

平假名	きゃ	きゅ	きょ	きゃあ	きゅう	きょう
片假名	キャ	キュ	キョ	キャー	キュー	キョー
读　音	kya	kyu	kyo	kya-	kyu-	kyo-
平假名	しゃ	しゅ	しょ	しゃあ	しゅう	しょう
片假名	シャ	シュ	ショ	シャー	シュー	ショー
读　音	sya	syu	syo	sya-	syu-	syo-
平假名	ちゃ	ちゅ	ちょ	ちゃあ	ちゅう	ちょう
片假名	チャ	チュ	チョ	チャー	チュー	チョー
读　音	qya	qyu	qyo	qya-	qyu-	qyo-
平假名	にゃ	にゅ	にょ	にゃあ	にゅう	にょう
片假名	ニャ	ニュ	ニョ	ニャー	ニュー	ニョー
读　音	nya	nyu	nyo	nya-	nyu-	nyo-
平假名	ひゃ	ひゅ	ひょ	ひゃあ	ひゅう	ひょう
片假名	ヒャ	ヒュ	ヒョ	ヒャー	ヒュー	ヒョー
读　音	hya	hyu	hyo	hya-	hyu-	hyo-
平假名	みゃ	みゅ	みょ	みゃあ	みゅう	みょう
片假名	ミャ	ミュ	ミョ	ミャー	ミュー	ミョー
读　音	mya	myu	myo	mya-	myu-	myo-
平假名	りゃ	りゅ	りょ	りゃあ	りゅう	りょう
片假名	リャ	リュ	リョ	リャー	リュー	リョー
读　音	lya	lyu	lyo	lya-	lyu-	lyo-
平假名	ぎゃ	ぎゅ	ぎょ	ぎゃあ	ぎゅう	ぎょう
片假名	ギャ	ギュ	ギョ	ギャー	ギュー	ギョー
读　音	gya	gyu	gyo	gya-	gyu-	gyo-
平假名	じゃ	じゅ	じょ	じゃあ	じゅう	じょう
片假名	ジャ	ジュ	ジョ	ジャー	ジュー	ジョー
读　音	jya	jyu	jyo	jya-	jyu-	jyo-
平假名	びゃ	びゅ	びょ	びゃあ	びゅう	びょう
片假名	ビャ	ビュ	ビョ	ビャー	ビュー	ビョー
读　音	bya	byu	byo	bya-	byu-	byo-
平假名	ぴゃ	ぴゅ	ぴょ	ぴゃあ	ぴゅう	ぴょう
片假名	ピャ	ピュ	ピョ	ピャー	ピュー	ピョー
读　音	pya	pyu	pyo	pya-	pyu-	pyo-

图4　拗音与长拗音的书写与读音

除了上述常见拗音，还有仅在部分外来词中出现的拗音，如图5所示。

			イェ	
	ウィ		ウェ	ウォ
クァ	クィ		クェ	クォ
			シェ	
			チェ	
ツァ	ツィ		ツェ	ツォ
	ティ	テュ		
		トゥ		
ファ	フィ	フュ	フェ	フォ
グァ				
			ジェ	
	ディ	デュ		
		ドゥ		
ヴァ	ヴィ	ヴュ	ヴェ	ヴォ

图5　特殊拗音

特殊拗音的输入方法:

「ヴ」开头的特殊拗音，分别输入va、vi、vyu、ve、vo;

其他特殊拗音中的大写假名以罗马音正常输入即可，小写假名分别输入xa、xi、xu、xe、xo即可得到「ぁ（ァ）」「ぃ（ィ）」「ぅ（ゥ）」「ぇ（ェ）」「ぉ（ォ）」。

九 促音

促音以小写的「っ」或「ッ」表示，本身占一拍却不发音。在输入时，通过双写促音后假名的辅音可以打出「っ」或「ッ」，例如:「日記（にっき）」可以通过输入nikki打出来。

促音的具体读法可分为“爆破促音”和“摩擦促音”两种。其中爆破促音更为常见，摩擦促音仅出现在「っ + さ行假名」的情况中。

爆破促音读法：读到促音处停顿一拍，以爆破的方式读出促音后的假名。例如：

日記（にっき）　　学校（がっこう）　　サッカー

摩擦促音读法：读到促音处停顿一拍，再发出 /s/ 音，再读出促音后的假名。例如：

雑誌（ざっし）　　一切（いっさい）

十 拨音

拨音「ん（ン）」与中文中的“鼻音”类似，可以通过输入 nn 打出来。

拨音「ん（ン）」接ば、ぱ、ま行假名时，发 /m/；拨音「ん（ン）」接た、だ、な、ら行假名时，发 /n/；其他情况发 /ŋ/。在实际生活中，日本人一般不去区分 /m/、/n/、/ŋ/ 三种发音，所以具体读哪个音，存在较大的个人差异。

十一 拍

所有的大写假名与长音标志独自占一拍，拗音中的「ゃ」「ゅ」「ょ」与前面的い段假名连读，整体算作一拍。促音本身不发音，但单独占一拍。例如：

桜	病院	美容院	サッカー
さ く ら	びょ う い ん	び よ う い ん	サ ッ カ ー
1 2 3	1 2 3 4	1 2 3 4 5	1 2 3 4

十二 音调

日语中的音调只有高音、低音两种。所有的单词均遵循两条音调规律：

①首拍和第二拍的高低音必定不同，要么是一高一低，要么是一低一高；

②在整个词汇中，要么没有降调（从高音到低音的变化），要么只降一次。

在标记方法上，《标准日本语》采用横线法（━━┐），其中，有横线覆盖的音拍读高音，没有横线覆盖的音拍读低音，小竖线后的假名即为降调假名。

另外，大家在查词典时，还经常会遇到传统的数字标调法。如果词汇中没有降调，则标记为⓪，代表 0 调。如有降调，则以数字①、②、③……来表示在第 1、2、3……拍后降调。例如：

鳥（とり）⓪，即没有降调，首拍和第二拍的高低音必定不同，故「と」为低，「り」为高。

私（わたし）⓪，即没有降调，首拍和第二拍的高低音必定不同，故「わ」为低，「たし」为高。

日本（にほん）②，即在第二拍「ほ」后降调，首拍和第二拍的高低音必定不同，故「に」为低，「ほ」为高，「ん」为低。

日语中很多词语虽然假名拼写相同，但音调不同，是初学者学习的难点。例如：

雨（あめ）①　　飴（あめ）⓪

箸（はし）①　　橋（はし）⓪

花（はな）②　　鼻（はな）⓪

十三 日语输入法的基本使用

①基础假名输入：按每个假名对应的罗马音输入即可，例如 a 对应「あ」，shi（si）对应「し」等。

②拗音输入：い段假名的辅音 +ya / yu / yo 即可，例如 kya 对应「きゃ」，tyu 对应「ちゅ」等。

③外来词中的特殊拗音：x+a / i / u / e / o 可打出小写假名，例如 xe 对应「ェ」；「ヴ」开头的特殊拗音，打 v 即可，例如 vi 对应「ヴィ」，ve 对应「ヴェ」等。

④促音：双写促音后假名的辅音即可，例如 nikki 对应「にっき」，gakkou 对应「がっこう」等。

⑤拨音：双写 n 即可，即 nn 对应「ん」。

⑥片假名中的长音即主键盘区 0 旁边的“—”。

第 1 课　李さんは中国人です

一 词汇拓展

1 学生（がくせい）：学生

【解】多指大学生、研究生。

【关】生徒（せいと）：多指小初高的学生

2 研修生（けんしゅうせい）：进修生

【解】非正式旁听生或无编制打工人。

【关】院生（いんせい）：研究生

修士（しゅうし）：硕士

3 社長（しゃちょう）：社长

【关】会社（かいしゃ）：公司

4 どうも：非常，很

【解】还有道歉、致谢的意思。

5 日中商事（にっちゅうしょうじ）：日中商社

【关】日中（にっちゅう）：日本和中国

中日（ちゅうにち）：中国和日本

6 こんにちは：你好

【解】「は」是助词，「今日（こんにち）は」的原意为“今天……”，用于打招呼则表现了日语的暧昧性。

7 わかりません：不知道

【关】分（わ）かりました：我知道了

8 出迎（でむか）え：迎接

【速】で—出

むかえ—迎（むか）える—迎接

二 语法延伸

1. 「は」本音读作 ha，作助词时读作 wa，用于提示主题；「です」表判断，相当于“是”。

2. 「ではありません」表示“不是”，「では」的约音为「じゃ」，在口语中使用。

3. 疑问句及回答

（1）疑问助词「か」相当于汉语的“吗”。「はい」表示肯定，相当于 Yes；「いいえ」表示否定，相当于 No。

（2）答语中的「そう」表示“这样”，「です」表示“是”，「違（ちが）います」表示不同（different），而不是错误（wrong）。

4.「名词＋の＋名词」中的「の」相当于中文的“的”。

5. 日语中人称的用法

(1) わたし：我

あなた：你

あの人(ひと)：那个人 → 他 / 她

与中文不同的是，日语有很强的回避人称代词的倾向，“你”“我”都要尽量避免使用，例如：

「(あなたは) 小野(おの)さんですか。」省略「あなたは」

「はい、(私(わたし)は) 小野(おの)です / はい、そうです。」省略「私(わたし)は」

(2)「姓 / 名 / 姓名＋さん」相当于「あなた」，用以表示对本人的尊敬，幼儿用语中也常在动植物名称后加「さん」，例如「象(ぞう)さん」。当面对与自己年龄相当，或比自己年轻的男性时，也可以用「～君(くん)」来称呼。而「～ちゃん」更显可爱亲昵。

6.「会社員(かいしゃいん)」为“公司职员”这类人群的统称，「社員(しゃいん)」为具体某公司职员的称呼。

7. “砝码音”现象

具体包括「く」「き」「つ」「ち」，是汉字音读的一部分，有增强发音质感的作用。带有“砝码音”的字大都对应古汉语“入音”，如：「国」读作「こく」，「日」读作「にち」。

8. 浊化规律

か、さ、た、は行假名在位于长音与拨音之后时多发生浊化，如「中国」读作「ちゅうごく」。

9. 音译外来词的记忆法——音素对应法

A	me	ri	ca	F	ra	n	ce
↓	↓	↓	↓	↓	↓	↓	↓
ア	メ	リ	カ	フ	ラ	ン	ス

10. 单词发音小技巧

汉字拼音以 ng 结尾，日语音读必为长音，如：「生」(sheng) 的音读为「せい」。

汉字拼音以 n 结尾，日语音读必为拨音，如：「韓」(han) 的音读为「かん」。

促音变的规律：促音变只发生在か、さ、た、ぱ行假名之前。如：「日中」读作「にっちゅう」。

11. 「すみません」是「済(す)む」的否定形式。「済(す)む」表示“完结、结束”，直译为“(心情）没（表达）完”。

三 基本课文与音调

1. 李（り）さんは 中国人（ちゅうごくじん）です。
2. 森（もり）さんは 学生（がくせい）では ありません。
3. 林（はやし）さんは 日本人（にほんじん）ですか。
4. 李（り）さんは JC（ジェーシー）企画（きかく）の 社員（しゃいん）です。

A 甲：わたしは 李（り）です。小野（おの）さんですか。
　乙：はい、そうです。小野（おの）です。
B 甲：森（もり）さんは 学生（がくせい）ですか。
　乙：いいえ、学生（がくせい）では ありません。会社員（かいしゃいん）です。
C 甲：吉田（よしだ）さんですか。
　乙：いいえ、ちがいます。森（もり）です。
D 甲：李（り）さんは JC（ジェーシー）企画（きかく）の 社員（しゃいん）ですか。
　乙：はい、そうです。

四 应用课文 出迎え

李：JC（ジェーシー）企画（きかく）の 小野（おの）さんですか。
小野：はい、小野（おの）です。李秀麗（りしゅうれい）さんですか。
李：はい、李秀麗（りしゅうれい）です。はじめまして。どうぞ よろしく お願（ねが）いします。
小野：はじめまして、小野緑（おのみどり）です。

森：李（り）さん、こんにちは。
李：吉田（よしだ）さんですか。

森：いいえ、わたしは 吉田（よしだ）じゃ ありません。森（もり）です。
李：あっ、森（もり）さんですか。どうも すみません。
森：いいえ、どうぞ よろしく。
李：李秀麗（りしゅうれい）です。こちらこそ、よろしく お願（ねが）いします。

五 习题

1. 写出下列词语的读音。
中国（　　　　）　教授（　　　　）　企業（　　　　）　大学（　　　　）
日本人（　　　　）　研修生（　　　　）

2. 写出下列平假名对应的罗马音。
わ（　　）　れ（　　）　ね（　　）　ぬ（　　）

3. 写出下列假名对应的汉字。
ちち（　　）　せんせい（　　）　がくせい（　　）　しゃいん（　　）
かちょう（　　）

4. 写出下列片假名对应的罗马音。
ク（　　）　タ（　　）　ミ（　　）　シ（　　）　ツ（　　）
ユ（　　）　エ（　　）

5. 请在[A]～[D]中选出最佳选项。

(1) ——あなたは（　　）ですか。
——いいえ、日本人です。
[A] 会社員　[B] 日本人　[C] 中国人　[D] 吉田さん

(2) はじめまして、（　　）です。
[A] 李　[B] 李さん　[C] 学生　[D] 学生さん

(3) 初めまして、どうぞ（　　）。
[A] おねがいします　[B] よろしくおねがいします
[C] わかりません　[D] ありがとうございます

(4) 私は（　　）の先生です。
[A] だいがく　[B] たいかく　[C] たいがく　[D] だいかく

(5) ——よろしくおねがいします。
——（　　）、よろしくおねがいします。
[A] どうぞ　[B] そうです　[C] すみません　[D] こちらこそ

(6)（　　）は社長ですか。

[A] わたし　[B] ちち　[C] あのひと　[D] あれひと

(7) ——スミスさんはアメリカ人ですか。

——はい、（　　）。

[A] そうです　[B] ちがいます

[C] わかりません　[D] フランス人です

(8) ——すみません、小野さんですか。

——はい、（　　）。

[A] 小野さんです　[B] 李さんです

[C] 李です　[D] 小野です

(9) ——森さんは（　　）ですか。

——いいえ、学生ではありません。会社員です。

[A] 会社員　[B] 学生　[C] あなた　[D] 先生

(10) キムさん（　　）JC 企画（　　）研修生です（　　）。

[A] は、は、の　[B] の、の、か　[C] わ、か、が　[D] は、の、か

6. 先将[A]~[D]排序，再选出填入（　★　）的选项。

(1) 森さん（　　）（　　）（　★　）（　　）ですか。

[A] 北京旅行社　[B] 社員　[C] の　[D] は

(2) いいえ、私（　　）（　　）（　★　）（　　）。

[A] では　[B] は　[C] 先生　[D] ありません

(3) はじめまして、李です。（　　）（　　）（　★　）（　　）。

[A] よろしく　[B] します　[C] おねがい　[D] どうぞ

7. 将下列句子译成日语。

(1) ——小王是 JC 策划的职员吗?

——不是的，他是大学老师。

(2) 你好，初次见面。我是约翰逊。我是法国人。

(3) 田中不是东京大学的学生，是日中商社的职员。

(4) ——请问你是林先生吗?

——不，不是的。我是吉田。

——啊，实在对不起。

第 2 课　これは本です

词汇拓展

1 かばん：公文包

【关】バッグ (bag)：包（统称）

ハンドバッグ (handbag)：手提包

リュックサック (rucksack)：双肩包

ランドセル (ransel)：小学生专用书包

2 傘（かさ）：伞

【速】か—加—加盖

さ—清爽

3 靴（くつ）：鞋子

【速】音同“裤次”

【关】シューズ (shoes)：外来语，鞋子的统称

革靴（かわぐつ）：男士皮鞋

パンプス (pumps)：女士商务皮鞋

ブーツ (boots)：靴子

ハイヒール (high heels)：高跟鞋

サンダル (sandal)：凉鞋

スリッパ (slipper)：拖鞋

4 新聞（しんぶん）：报纸

【关】ニュース (news)：新闻

5 カメラ (camera)：相机

【关】デジカメ (digital camera)：数码照相机

一眼（いちがん）レフ (reflex)：单反相机

6 机（つくえ）：书桌

【速】つく—突（つ）く—支撑

え—枝—树枝

【关】テーブル (table)：桌子

7 鍵（かぎ）：钥匙，锁

【速】か—掻（か）く—用力

ぎ—金属

8 時計（とけい）：表，钟

【关】腕時計（うでどけい）：手表

9 車（くるま）：车

【速】音同“轱辘马”

【关】カー (car)：车，外来语

マイカー (my car)：私家车

10 自転車（じてんしゃ）：自行车

【关】シェア (share) 自転車（じてんしゃ）/ レンタル (rental) 自転車（じてんしゃ）：共享单车

11 お土産（みやげ）：礼物

【速】お—美化

みやげ—みあげ—仰望

【关】プレゼント (present)：礼物

二 语法延伸

1. こそあど体系：こ—近、そ—相对较远、あ—绝对很远、ど—不确定 / 疑问句。

两种问答模式：

模式 1：双方在对立立场

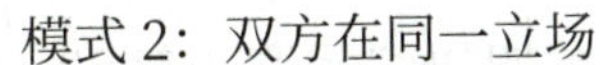

模式 2：双方在同一立场

模式 1	模式 2
问：こ　そ　あ	问：こ　そ　あ
答：そ　こ　あ	答：こ　そ　あ

2. それは何（なに）？　あの人は誰（だれ）？

「何」有「なに」与「なん」两个读音，具体用哪个取决于「何」后的助词。

「だれ」的比较礼貌的说法是「どなた」（哪位），由「どのかた」演变而来。

3. 「この」「その」「あの」是连体词，后面必须接体言。

体言包括名词、数量词、代词，其中名词占比最多且最为常用。

この / その / あの + 体言 = これ / それ / あれ

例如：

このカメラはスミスさんのです。= これはスミスさんのカメラです。

4. 「どれ」是代词，「どの」是连体词，用例如下：

森（もり）さんのかばんはどれですか。= 森（もり）さんのかばんはどのかばんですか。

長島（ながしま）さんの傘（かさ）はどれですか。= 長島（ながしま）さんの傘（かさ）はどの傘（かさ）ですか。

小野（おの）さんの机（つくえ）はどれですか。= 小野（おの）さんの机（つくえ）はどの机（つくえ）ですか。

5. 亲属的称谓

（1）「お」「ご」为美化语，表示尊敬，是常用的省略人称的方法。

(2)「兄弟（きょうだい）」表示直系的亲生“兄弟姐妹”，不论男女或年龄大小。

(3)「兄（あに）」「姉（あね）」「弟（おとうと）」「妹（いもうと）」都指直系血亲。

(4) 堂 / 表兄弟姐妹统一叫「いとこ」。

(5)「パパ」(爸爸) 和「ママ」(妈妈)：一般用于幼儿称呼爸爸 / 妈妈。

6. 外来词的英语词源如以“元音 + 辅音 +e”结尾，则元音读本音。这种情况下，日语词一般对应长音，例如：note → ノート。

7. 外来词的英语词源如以“元音 +k / g / t / d”结尾，则元音发非本音。这种情况下，日语词一般会产生促音。例如：bag → バッグ。

三 基本课文与音调

1. これは 本（ほん）です。
2. それは 何（なん）ですか。
3. あれは だれの 傘（かさ）ですか。
4. この カメラは スミスさんのです。

A 甲：これは テレビですか。
　乙：いいえ、それは テレビでは ありません。パソコンです。

B 甲：それは 何 (なん) ですか。
　乙：これは 日本語 (にほんご) の 本 (ほん) です。

C 甲：森 (もり) さんの かばんは どれですか。
　乙：あの かばんです。

D 甲：その ノートは だれのですか。
　乙：わたしのです。

四 应用课文 家族の 写真

小野：李 (り) さん、それは 何 (なん) ですか。
李：これですか。家族 (かぞく) の 写真 (しゃしん) です。
小野：この 方 (かた) は どなたですか。

李：わたしの 母（はは）です。

小野：お母（かあ）さんは おいくつですか。

李：五十二（ごじゅうに）歳（さい）です。

李：小野（おの）さん、これ、どうぞ。

小野：えっ、何（なん）ですか。

李：お土産（みやげ）です。

小野：わあ、シルクの ハンカチですか。

李：ええ。スワトウの ハンカチです。中国（ちゅうごく）の 名産品（めいさんひん）です。

小野：どうも ありがとう ございます。

五 习题

1. 写出下列词语的读音。

靴（　　）　鉛筆（　　）　辞書（　　）　時計（　　）

名産品（　　）　中国語（　　）　自転車（　　）

2. 写出下列平假名对应的罗马音。

ふ（　）　ホ（　）　マ（　）　ヤ（　）　ル（　）　レ（　）

フ（　）　へ（　）　ろ（　）　る（　）　ワ（　）　ウ（　）

3. 写出下列假名对应的汉字。

かさ（　）　つくえ（　）　かいしゃ（　）　ひと（　）

かぞく（　）　ざっし（　）　しんぶん（　）　しゃしん（　）

4. 请在[A]～[D]中选出最佳选项。

(1) これは（　）のかぎです。

[A] かばん　[B] ざっし　[C] くるま　[D] いす

(2)（　）はおいくつですか。

[A] お母さん　[B] 母

[C] 母のかばん　[D] お母さんのかばん

(3) この（　）のハンカチはだれのですか。

[A] ミルク　[B] シルク　[C] アルク　[D] ツルク

(4) ——あれは何ですか。
——あれは私の（　　）です。
[A] パソコン　[B] バソコン　[C] パツコン　[D] バツコン

(5) ——李さんは（　　）ですか。
——30歳です。
[A] いくつ　[B] おくつ　[C] いくら　[D] おくら

(6) あれは（　　）のカメラですか。
[A] なに　[B] どれ　[C] だれ　[D] どの

(7) あの方は（　　）ですか。
[A] どれ　[B] だれ　[C] なん　[D] どなた

(8)（　　）シルクのハンカチは李さんのではありません。
[A] それ　[B] この　[C] どの　[D] これ

(9) これは森さんの車ではありません。（　　）のです。
[A] 森さん　[B] 森　[C] 社長　[D] 社長さん

(10) ——李さんの家族写真は（　　）ですか。
——（　　）です。(指着近处的东西)
[A] どの、この　[B] どれ、これ　[C] なん、それ　[D] だれ、あれ

5. 先将[A]～[D]排序，再选出填入（ ★ ）的选项。

(1) その（　　）（　　）（ ★ ）（　　）ですか。
[A] だれ　[B] ノート　[C] の　[D] は

(2) いいえ、（　　）（　　）（ ★ ）（　　）ありません。
[A] ざっし　[B] では　[C] は　[D] これ

(3) その自転車は（　　）（ ★ ）（　　）（　　）。
[A] の　[B] です　[C] だれ　[D] か

(4) あれ（　　）（　　）（ ★ ）（　　）ですか。
[A] 手帳　[B] は　[C] の　[D] だれ

6. 将下列句子译成日语。

——小野，这是什么?
——那是我的全家福。
——这位是谁?
——这是我妈妈。
——这是你爸爸吗?
——不，这不是我爸爸。这是我叔叔。

——你爸爸是哪位呢?

——是这个人。

第 3 课　ここはデパートです

词汇拓展

1 マンション (mansion)：高级公寓

【关】アパート (apartment)：公寓

2 コンビニ：便利店

【解】全称为「コンビニエンスストア」(convenience store)。

3 喫茶店(きっさてん)：咖啡馆

【关】カフェ (café)：咖啡馆

ネットカフェ (net café)：网咖

猫(ねこ)カフェ：猫咖

4 トイレ (toilet)：卫生间

【关】お手洗(てあら)い：卫生间

5 バーゲン会場(かいじょう)：降价处理大卖场

【关】バーゲンセール (bargain sale)：大甩卖

6 エスカレーター (escalator)：自动扶梯

【关】エレベーター (elevator)：电梯

7 隣(となり)：旁边

【速】と—和，一起

な—名—人

り—方向

二 语法延伸

1. こ、そ、あ、ど体系小结

表 1　こ、そ、あ、ど体系小结

	こ 近	そ 较远	あ 远	ど 不确定
れ 代词，指事物	これ 这个	それ 那个	あれ 那个	どれ 哪个
の 连体词，接体言指代事物	この 这个……	その 那个……	あの 那个……	どの 哪个……
こ 代词，指地点	ここ 这里	そこ 那里	あそこ 那里	どこ 哪里

2. 地点的表达

表 2　地点的表达

地点	ここ	そこ	あそこ	どこ
地点的礼貌表达（引申义：方面）	こちら	そちら	あちら	どちら

* こちらこそ：（我）这方面才是……

3. 助词「も」意思较多，但一般可译为“也、连、都”。

4. 疑问句的类型与回答

表 3　疑问句的类型与回答

一般疑问句	特殊疑问句	选择疑问句
用 yes / no 回答	不能仅用 yes / no	用选项回答

5. 100 以上的数字的读法

浊音变和音调是数字读法的易错点，试读以下数字：

365：さんびゃく ろくじゅう ご

1 111：せん ひゃく じゅう いち（10、100、1 000 中的 1 不读）

1 024：せん にじゅう よん（0 不读）

6 666：ろくせん ろっぴゃく ろくじゅう ろく

12 345：いちまん にせん さんびゃく よんじゅう ご

40 075：よんまん ななじゅう ご

6. 「お」用作美化语，表示和对方相关的事物，是省略“你”的一种表达方式，比如：お国（くに）。

7. 「会社（かいしゃ）はどちらですか」中的「どちら」的两种解释：

（1）问地点：您公司在哪里？

（2）问公司名：您是哪家公司？

8. 「か」放在句末，读升调表示疑问，读降调表示确定。

三 基本课文与音调

1. ここは デパートです。

2. 食堂（しょくどう）は デパートの 七階（ななかい） です。
3. あそこも JC（ジェーシー）企画（きかく） の ビルです。
4. かばん売（う）り場（ば）は 一階（いっかい） ですか、二階（にかい） ですか。

A 甲：トイレは どこですか。
　乙：あちらです。
B 甲：ここは 郵便局（ゆうびんきょく）ですか、銀行（ぎんこう）ですか。
　乙：銀行（ぎんこう）です。
C 甲：これは いくらですか。
　乙：それは 五千八百円（ごせんはっぴゃくえん）です。
　甲：あれは？
　乙：あれも 五千八百円（ごせんはっぴゃくえん）です。

四 应用课文 ホテルの 周辺

小野：ここは コンビニです。隣（となり）は 喫茶店（きっさてん）です。
李：あの 建物（たてもの）は ホテルですか、マンションですか。
小野：あそこは マンションです。
李：あの 建物（たてもの）は 何（なん）ですか。
小野：あそこも マンションです。
李：マンションの 隣（となり）は？
小野：マンションの 隣（となり）は 病院（びょういん）です。

李：本屋（ほんや）は どこですか。
小野：そこです。その ビルの 二階（にかい）です。

李：あのう、東京（とうきょう）の 地図（ちず）は どこですか。
店員：地図（ちず）ですか。そちらです。
李：いくらですか。
店員：五百円（ごひゃくえん）です。

五 习题

1. 写出下列词语的读音。

国（　　　）　地図（　　　）　本屋（　　　）　受付（　　　）　建物（　　　）　事務所（　　　）　郵便局（　　　）　木曜日（　　　）　三百円（　　　）

2. 写出下列平假名对应的键盘输入法。

が（　）　で（　）　ば（　）　ぽ（　）　ちゃ（　）　しょ（　）　にゅ（　）　びゃ（　）　じゅ（　）　しん（　）　みん（　）　ばん（　）　れん（　）

3. 写出下列假名对应的汉字。

となり（　）　ぎんこう（　）　しょくどう（　）　としょかん（　）　しゅうへん（　）　かいじょう（　）　きょう（　）　きっさてん（　）

4. 请在[A]～[D]中选出最佳选项。

(1) このデパートの（　）はどこですか。

[A] エスカレーター　[B] エスカレート
[C] エスカレター　[D] エスカレーション

(2) ——すみません、受付はどこですか。
——受付は入口の（　）です。

[A] そこ　[B] そちら　[C] となり　[D] それ

(3) このくつは（　）ですか。

[A] おいくつ　[B] どれくらい　[C] いくら　[D] いつ

(4) 小野さんは（　）人ですか。

[A] どれ　[B] どの　[C] どこ　[D] だれ

(5) ——すみません、バーゲン会場はどこですか。
——（　）です。

[A] あの　[B] あれ　[C] あちら　[D] どちら

(6) ——すみません、トイレはどちらですか。
——（　）です。(指着很远处)

[A] こちら　[B] そちら　[C] あちら　[D] どちら

(7) レストランはデパート（　）8階です。

[A] に　[B] が　[C] の　[D] は

(8) 李さんは中国人です。キムさん（　　）中国人ですか。

[A] は　　[B] が　　[C] も　　[D] と

(9) あそこは靴売り場です（　　）、バーゲン会場です（　　）。

[A] か、か　　[B] が、が　　[C] の、の　　[D] も、も

5. 先将[A]～[D]排序，再选出填入（ ★ ）的选项。

(1) 本屋は（　　）（　　）（ ★ ）（　　）です。

[A] 建物　　[B] 7 階　　[C] あの　　[D] の

(2)（　　）（　　）（ ★ ）（　　）、喫茶店ですか。

[A] は　　[B] レストラン　　[C] あそこ　　[D] ですか

(3) 森さんの（　　）（　　）（ ★ ）（　　）か。

[A] は　　[B] です　　[C] どこ　　[D] デジカメ

(4) その（　　）（　　）（ ★ ）（　　）。

[A] いくら　　[B] コート　　[C] ですか　　[D] は

6. 将下列句子译成日语。

(1) 你是来自哪个国家的?

(2) 这里是图书馆，还是书店?

(3) ——JC 策划公司在哪儿?
——在银行的旁边。

(4) ——小森的伞是哪一把?
——是这把。

(5) ——这台电脑多少钱?
——10 万日元。

第 4 课　部屋に机といすがあります

一 词汇拓展

1 部屋（へや）：屋子

【关】室（しつ）：房间

2 庭（にわ）：院子

【速】に—泥

わ—圈

3 家（いえ）：家

【速】い—存在

え—元—最初

【解】居住环境的统称。

【关】家族（かぞく）：家人

うち：家庭或组织内的人或物

4 居間（いま）：起居室

【速】い—存在

ま—間（ま）—空间

5 壁（かべ）：墙壁

【速】か—加

べ—へ—隔离

6 ベッド (bed)：床

【关】床（ゆか）：房间里的地面

7 猫（ねこ）：猫

【速】ね—睡

こ—孩子

8 箱（はこ）：箱子

【速】は—全部

こ—缩小

9 眼鏡（めがね）：眼镜

【关】レンズ (lens)：镜片

枠（わく）：镜框

10 子供（こども）：孩子，小孩

【速】こ—子

ども—复数

11 兄弟（きょうだい）：亲兄弟姐妹

【关】いとこ：旁系兄弟姐妹

12 妹（いもうと）：妹妹

【速】いも—男性对比自己年纪小的女性的称呼（古语）

うと—ひと—人

【关】弟（おとうと）：弟弟

13 男（おとこ）：男人

【速】おと—おち—下（地干活）

こ—人

14 女（おんな）：女人

【速】おな—婀娜

ん—强调

【关】男性（だんせい）：男性（更加正式的说法）

女性（じょせい）：女性（更加正式的说法）

男の人（おとこのひと）：男人

女の人（おんなのひと）：女人

15 生徒（せいと）：学生

【关】成都（せいと）：成都（同音词）

16 上（うえ）：上面

【速】う—宇—宇宙

え—方向

17 外（そと）：外面

【速】そ—远

と—门

18 下（した）：下方

【关】舌（した）：舌头（同音词）

19 後ろ（うしろ）：后方

【速】う—我

しろ—しり—屁股

【关】前（まえ）：前方

左（ひだり）：左边

右（みぎ）：右边

20 花屋（はなや）：花店

【关】本屋（ほんや）：书店

21 売店（ばいてん）：小卖部

【关】売り場（うりば）：柜台

22 駅(えき)：车站

【速】え—方向

き—分界

【解】常指电车、火车、地铁等停靠的车站。

【关】バス停(てい)：公交车站

二 语法延伸

1. 动词的ます形是敬体形，动词的辞书形是简体形。背动词时，需记住“辞书形”，再根据变形规则进行相应变形。（具体参见课本第 5 课）

2. 「ある」与「いる」

いります（敬体）→いる（简体）用于有生命、有意志的事物

あります（敬体）→ある（简体）用于无生命、无意志的事物

3. 表示存在的语法

（1）～に～があります / います

に：表示事物存在的地点，“在”

が：提示主语

（2）～は～にあります / います

は：提示主题

に：表示事物存在的地点，“在”

4. 「は」和「が」的区别

「は」强调后半句的描述内容，即“在哪里”。

「が」强调前半句的主语，即“有什么”。举例如下：

问：	部屋(へや)に何(なに)がありますか。	犬(いぬ)はどこですか。
答：	部屋(へや)に猫(ねこ)がいます。（√）	庭(にわ)に犬(いぬ)がいます。（×）
	猫(ねこ)は部屋(へや)にいます。（×）	犬(いぬ)は庭(にわ)にいます。（√）

注意

根据疑问词的位置区分「は」「が」：疑问词＋が，は＋疑问词。

5. 方位词辨析

隣(となり)：紧挨在一起；

近く/周辺：周围，周边；
傍：可以紧挨，也可以有空隙；
横：横向的方位，与远近无关。

三 基本课文与音调

1. 部屋（へや）に 机（つくえ）と いすが あります。
2. 机（つくえ）の 上（うえ）に 猫（ねこ）が います。
3. 売店（ばいてん）は 駅（えき）の 外（そと）に あります。
4. 吉田（よしだ）さんは 庭（にわ）に います。

A 甲：その 箱（はこ）の 中（なか）に 何（なに）が ありますか。
　乙：時計（とけい）と 眼鏡（めがね）が あります。
B 甲：部屋（へや）に だれが いますか。
　乙：だれも いません。
C 甲：小野（おの）さんの 家（いえ）は どこに ありますか。
　乙：横浜（よこはま）に あります。
D 甲：あそこに 犬（いぬ）が いますね。
　乙：ええ、わたしの 犬（いぬ）です。

四 应用课文 会社の 場所

李：小野（おの）さん、会社（かいしゃ）は どこに ありますか。

小野：ええと、ここです。

李：近（ちか）くに 駅（えき）が ありますか。

小野：ええ。JR（ジェーアール）と 地下鉄（ちかてつ）の 駅（えき）が あります。JR（ジェーアール）の 駅（えき）は ここです。

李：地下鉄（ちかてつ）の 駅（えき）は ここですね。

小野：ええ、そうです。JR（ジェーアール）の 駅（えき）の 隣（となり）に 地下鉄（ちかてつ）の 駅（えき）が あります。

李：小野（おの）さんの 家（いえ）は どちらですか。
小野：わたしの 家（いえ）は 横浜（よこはま）です。
李：ご家族（かぞく）も 横浜（よこはま）ですか。
小野：いいえ、わたしは 一人暮（ひとりぐ）らしです。
李：ご両親（りょうしん）は どちらですか。
小野：両親（りょうしん）は 名古屋（なごや）に います。
李：ご兄弟（きょうだい）は？
小野：大阪（おおさか）に 妹（いもうと）が います。

五 习题

1. 写出下列词语的读音。
壁（　　　）　妹（　　　）　外（　　　）　木（　　　）　場所（　　　）　眼鏡（　　　）　兄弟（　　　）　売店（　　　）　図書室（　　　）　冷蔵庫（　　　）

2. 写出下列片假名对应的键盘输入法。
ベッド（　）　ジョン（　）　チョコレートケーキ（　）　ジェーアール（　）　パーティー（　）　ソファー（　）

3. 写出下列假名对应的汉字。
へや（　）　いま（　）　こども（　）　りょうしん（　）　おとこ（　）　うえ（　）　うしろ（　）　えき（　）　ちかてつ（　）　ひとりぐらし（　）

4. 请在[A]～[D]中选出最佳选项。

(1) 冷蔵庫の中で（　）があります。
[A] デジカメ　[B] ラジオ　[C] ウイスキー　[D] ビデオ

(2)（　）はベッドの上にあります。
[A] スイッチ　[B] スウッチ　[C] スイット　[D] スカート

(3)（　）はベッドの下にあります。
[A] こども　[B] ねこ　[C] ざっし　[D] ちかく

(4) 私は（　）です。
[A] ひとりくらし　[B] ひとりぐらし
[C] ひとりくらす　[D] ふたりくらし

（5）（　　）兄弟はどこにいますか。
［A］お　［B］あなた　［C］それ　［D］ご

（6）本棚の上（　　）本があります。
［A］が　［B］は　［C］に　［D］で

（7）生徒と先生（　　）教室にいます。
［A］は　［B］が　［C］で　［D］に

（8）家に誰も（　　）。
［A］います　［B］いません　［C］あります　［D］ありません

（9）田中さんの後ろ（　　）誰もいません。
［A］に　［B］が　［C］で　［D］は

（10）犬（　　）猫は箱の中にいます。
［A］の　［B］も　［C］は　［D］と

（11）箱の中に何（　　）ありません。
［A］も　［B］が　［C］でも　［D］は

（12）——林さんの家はどこですか。
——横浜に（　　）。
［A］あります　［B］います
［C］です　［D］ではありません

5. 先将[A]~[D]排序，再选出填入（　★　）的选项。

（1）あそこ（　　）（　　）（　★　）（　　）。
［A］女の人　［B］が　［C］います　［D］に

（2）だれが林さん（　　）（　　）（　★　）（　　）か。
［A］います　［B］後ろ　［C］の　［D］に

（3）図書館（　　）（　　）（　★　）（　　）。
［A］いません　［B］だれ　［C］に　［D］も

（4）本は（　　）（　　）（　★　）（　　）あります。
［A］の　［B］いす　［C］うえ　［D］に

6. 将下列句子译成日语。

（1）——JC 策划公司在哪儿?
——在银行的旁边。

（2）车的后面没有人。

(3) ——餐厅在商场的 7 楼吗?
——不，在 6 楼。

(4) 桌子上有杂志，也有报纸。

(5) 照相机柜台在商场的 3 楼。

第一单元测试

扫码获得听力音频与原文

一、听录音，选出正确答案。

1 番

1. 350 円　2. 450 円　3. 550 円

2 番

1. 横浜　2. 名古屋　3. 大阪

3 番

1. 女の人　2. 鈴木さん　3. 小野さん

4 番

1. 何もありません　2. 本があります　3. 新聞があります

5 番

1. 二階　2. 三階　3. 四階

6 番

1. 喫茶店　2. マンション　3. 銀行

7 番

1. はい、そうです　2. いいえ、ちがいます　3. 何もありません

8 番

1. 病院の隣です　2. 会社の隣です　3. トイレの隣です

9 番

1. 55 歳　2. 45 歳　3. 65 歳

10 番

1. 猫　2. 犬　3. 椅子

二、请在 [A] ~ [D] 中选出最佳选项。

1. ——これは何ですか。
——（　）。
[A] それはがくせいです　[B] それはしゃいんです
[C] それはせんせいです　[D] それはじしょです

2. ——これは（　）ですか。
——3,600 円です。
[A] いつら　[B] いくら　[C] いくつ　[D] いつく

3. 部屋の（　　）に誰がいますか。
[A] そと　[B] その　[C] あと　[D] それ

4. （　　）は冷蔵庫のなかにあります。
[A] ビル　[B] ピル　[C] ビール　[D] ピール

5. （　　）は入口の隣です。
[A] うつけつ　[B] けつうつ　[C] うけつけ　[D] うつうけ

6. ——（あなたは）李さんですか。
——（　　）。
[A] はい、李さんです　[B] いいえ、李さんです
[C] はい、李です　[D] いいえ、李です

7. 私（　　）中国人です。あなた（　　）中国人ですか。
[A] も、が　[B] は、も　[C] は、が　[D] も、では

8. いいえ、私は中国人（　　）。日本人です。
[A] です　[B] ありません
[C] ではありません　[D] でありません

9. 教室（　　）誰（　　）いますか。
[A] に、が　[B] が、は　[C] に、は　[D] が、に

10. ——あれはだれの靴ですか。
——（　　）。
[A] あれはフランスの靴です　[B] あれは靴です
[C] あれは山田さんの靴です　[D] これはそちらの靴です

11. ——レストランはどこですか。
——（　　）。
[A] これです　[B] レストランはそのです
[C] このビルの7階です　[D] ここは銀行です

12. ——スミスさんの車は（　　）にありますか。
——あそこですよ。
[A] どの　[B] どれ　[C] どなた　[D] どこ

13. ——庭に何がいますか。
——（　　）。
[A] 机がいます　[B] 犬があります
[C] 椅子とベンチがあります　[D] 犬と猫がいます

14. ——図書室は（　　）ですか。

——図書室はあそこです。

[A] どこ　[B] ここ　[C] あそこ　[D] あちら

15. 北京支社の李です。(　　) よろしくお願いします。

[A] どうも　[B] どうか　[C] どうぞ　[D] どう

16. 小野です。(　　)、よろしくお願いします。

[A] はじまましてて　[B] はじめまして　[C] はじめましで　[D] はじめて

三、先将 [A] ~ [D] 排序，再选出填入（ ★ ）的选项。

1. エスカレーターはビル（　）（　）（ ★ ）（　）。

[A] 入口　[B] に　[C] の　[D] あります

2. あの方（　）（　）（ ★ ）（　）。

[A] か　[B] です　[C] どなた　[D] は

3. つくえ（　）（　）（ ★ ）（　）と手帳があります。

[A] に　[B] の　[C] ペン　[D] した

4. 森さんの（　）（　）（ ★ ）（　）か。

[A] 車　[B] 車です　[C] は　[D] どの

四、阅读文章，在 [A] ~ [D] 中选出最佳选项。

わたしの　へやは　2かい（ 1 ）　あります。（ 2 ）、お入り　ください（请进）。

これは　わたしの　へやです。へや（ 3 ）　なかに　いす（ 4 ）　つくえが　あります。ベッドの　したに、ねこと　いぬが　（ 5 ）。

これは　かぞくの　しゃしんです。このひとは　わたしの（ 6 ）です。となりの　ひとは　ちちです。

1. [A] に　[B] で　[C] が　[D] は
2. [A] どうぞ　[B] どうも　[C] だれ　[D] なに
3. [A] ×　[B] の　[C] で　[D] に
4. [A] と　[B] や　[C] も　[D] が
5. [A] いました　[B] ありました　[C] います　[D] あります
6. [A] おかあさん　[B] おかさん　[C] おかいさん　[D] はは
7. ねこと　いぬは　どこですか。

[A] へやの　したに　います　[B] ベッドの　なかに　います

[C] ベッドの　したに　います　[D] へやに　いません

五、以《自我介绍》为题，写一篇 200 ~ 250 字的作文。

第 5 课　森さんは 7 時に起きます

词汇拓展

1 今（いま）：现在

【速】い—存在

ま—間—空间

2 午前（ごぜん）：上午

【关】午後（ごご）：下午

昼（ひる）：中午

3 日曜日（にちようび）：星期日

【速】月曜日（げつようび）（一个月亮）

火曜日（かようび）（二点火）

水曜日（すいようび）（三点水）

木曜日（もくようび）（四划木）

金曜日（きんようび）（五朵金花）

土曜日（どようび）（周六吃土）

4 今朝（けさ）：今天早晨

【速】け—こ—近

さ—あさ—早晨

5 こんばん：今晚

【关】こんばんは：晚上好

今日（こんにち）：今天（更加郑重）

今日（きょう）：今天（比较随意）

こんにちは：你好

6 来年（らいねん）：明年

【关】去年（きょねん）：去年

今年（ことし）：今年

7 朝（あさ）：早晨

【速】あ—明亮

さ—清爽

8 試験（しけん）：考试

【关】日本語能力試験（にほんごのうりょくしけん）：日本语能力测试

9 仕事（しごと）：工作

【速】し—する—做

ごと—こと—事情

10 お宅（たく）：府上

【关】オタク：宅男，宅女

11 いつ：什么时候

【关】何時（なんじ）：几点（精确到时 / 分）

12 休む（やすむ）：休息

【速】や—停止

す—做

む—封闭

13 働く（はたらく）：工作

【速】は—拉动

た—大

ら—拉动

く—向着某个方向

14 始（はじ）まる：开始

【速】はじ—开端

まる—自动词标志

15 終（お）わる：结束

【速】お—小

わ—完

る—动词词尾

16 起（お）きる：起床

【速】お—高

き—气（精神）

る—动词词尾

17 寝（ね）る：睡觉

【速】ね—睡

る—动词词尾

语法延伸

1. 动词的分类和变形

首先注意！背动词时，均以辞书形为准。

动词可分为一类动词（五段动词）、二类动词（一段动词）、三类动词（サ变动词「する」和カ变动词「くる」）。

判断动词属于哪一类动词的方法如图 6 所示（以辞书形作为判断基准）。

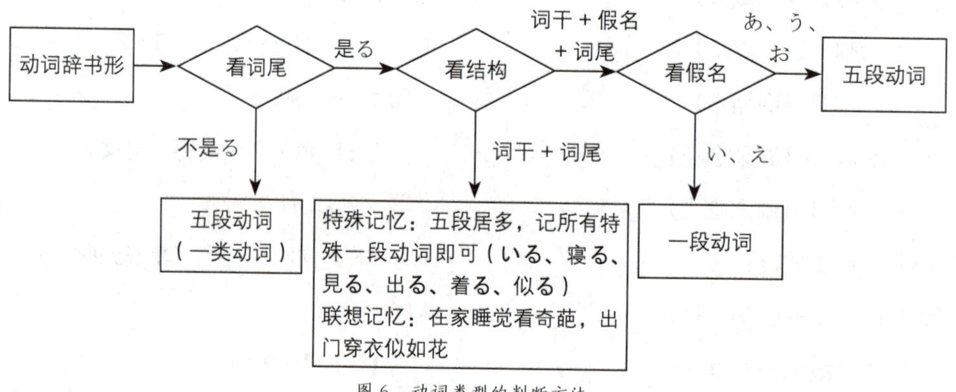

图 6　动词类型的判断方法

2. 动词的音调

ます形：音调均为「～ます」。

辞书形：无任何音调规律，需多听多读，形成肌肉记忆。

本课动词：

休（やす）む　→　休（やす）みます

働（はたら）く　→　働（はたら）きます

始（はじ）まる → 始（はじ）まります

終（お）わる → 終（お）わります

起（お）きる → 起（お）きます

寝（ね）る → 寝（ね）ます

勉強（べんきょう）する → 勉強（べんきょう）します

3. 从辞书形到ます形的变形规则

（1）五段动词：词尾う段假名 → 同行い段假名＋ます

（2）一段动词：去掉词尾＋ます

（3）する → します

来る → 来ます

4. 动词的时态

日语中的时态可分为过去式和非过去式，其中辞书形和ます形都属于非过去式。

ます形的活用如下：

表4　ます形的活用

时态 / 含义	非过去（现在或将来）	过去
肯定	ます	ました
否定	ません	ませんでした

5. 「に」的用法

（1）表示事物存在的地点，“在”。

（2）表示时间点“在”，重复性时间和相对性时间不加「に」，如「毎日」「毎月」「昨日」「来月」；绝对时间加「に」。

6. 「から」和「まで」的用法

表示一个时间段，必须与可持续性动词搭配。如工作（働く）、学习（勉強する）等。

7. 「は」表对比

课文中「いつもは七時ごろです」中的「は」表示“平时与今日不同”。

三 基本课文与音调

1. 今（いま） 四時（よじ）です。
2. 森（もり）さんは 七時（しちじ）に 起（お）きます。
3. 森（もり）さんは 先週（せんしゅう）休（やす）みました。
4. わたしは 昨日（きのう）働（はたら）きませんでした。

A 甲：毎日（まいにち）、何時（なんじ）に 寝（ね）ますか。

乙：十一時三十分（じゅういちじさんじゅっぷん）に 寝（ね）ます。

B 甲：昨日（きのう）、何時（なんじ）から 何時（なんじ）まで 働（はたら）きましたか。

乙：九時（くじ）から 六時（ろくじ）まで 働（はたら）きました。

C 甲：先週（せんしゅう）休（やす）みましたか。

乙：いいえ、休（やす）みませんでした。

D 甲：試験（しけん）は いつ 始（はじ）まりますか。

乙：来週（らいしゅう）の 木曜日（もくようび）です。

四 应用课文 遅刻

吉田：小野（おの）さん、李（り）さんの 歓迎会（かんげいかい）は いつですか。

小野：あさっての 夜（よる）です。

吉田：何時（なんじ）からですか。

小野：六時（ろくじ）からです。

吉田：森君（もりくん）、おはよう。今（いま） 何時（なんじ）ですか。

森：十時十五分（じゅうじじゅうごふん）です。

吉田：遅刻（ちこく）ですね。

森：すみません、課長（かちょう）。今朝（けさ） 九時（くじ）に 起（お）きました。

李：森（もり）さんは 毎朝（まいあさ）何時（なんじ）に 起（お）きますか。

森：いつもは 七時（しちじ）ごろです。李（り）さんは？

李：わたしは 六時（ろくじ）ごろです。

森：北京支社（ペキンししゃ）は 何時（なんじ）に 始（はじ）まりますか。

李：八時（はちじ）です。午前（ごぜん）八時（はちじ）から 午後（ごご）五時（ごじ）まで 働（はたら）きます。

森：土曜日（どようび）は？

李：土曜日（どようび）は 働（はたら）きません。土曜日（どようび）と 日曜日（にちようび）は 休（やす）みです。

注：课文原声中「十時十五分」的音调为「じゅじじゅうごふん」，而更常见的音调为「じゅうじじゅうごふん」。

五 习题

1. 写出下列词语的读音。

今（　　　）　学校（　　　）　明日（　　　）　今朝（　　　）
遅刻（　　　）　仕事（　　　）　去年（　　　）　歓迎会（　　　）
働きます（　　　）　勉強します（　　　）

2. 写出下列平假名对应的罗马音。

あさ（　）　よる（　）　やすみ（　）　ごぜん（　）　しけん（　）　けんしゅう（　）　せんしゅう（　）　くじはん（　）　どようび（　）　りょこう（　）

3. 完成下表。

ます形	否定	过去	过去否定
寝ます			
働きます			
休みます			
来ます			
勉強します			

4. 请在[A]～[D]中选出最佳选项。

(1)（　　）は7時に起きます。
[A] いつ　[B] いくら　[C] いくつ　[D] いつも

(2)（　　）は8時に始まります。
[A] パーティー　[B] バーティー　[C] パーディー　[D] バーディー

(3)（　　）はいつですか。
[A] しゅうちょう　[B] しゅつちょう　[C] しゅっちょう　[D] しゅうじょ

(4) 李さんは（　　）働きません。
[A] おととい　[B] きょう　[C] 3時　[D] いつ

(5) 試験は5時（　　）終わります。
[A] いつ　[B] ほど　[C] ごろ　[D] こる

(6) ——今何時ですか。
——（　　）です。
[A] よじにじゅういっぷん　[B] しじにじゅういっぷん
[C] よじにじゅういちふん　[D] よじにじゅういっぶん

(7) 毎週日曜日から金曜日まで（　　）。
[A] はたらきました　[B] はたらきませんでした
[C] はたらきます　[D] はたらき

(8) 李さんは昨日、9時（　　）起きました。
[A] が　[B] に　[C] ×　[D] は

(9) 私は毎日（　　）8時から5時まで勉強します。
[A] の　[B] に　[C] ×　[D] が

(10) 展覧会は来週の金曜日（　　）月曜日（　　）行います（举行）。
[A] に、に　[B] と、と　[C] から、まで　[D] まで、から

(11) ——試験は何時から何時までですか。
——3時から5時までです。
——どうも（　　）。
[A] すみません　[B] よろしく
[C] お願いします　[D] ありがとうございます

5. 先将[A]～[D]排序，再选出填入（ ★ ）的选项。

(1) 李さん、（　　）（　　）（ ★ ）（　　）か。
[A] 何時　[B] 起きました　[C] に　[D] 今朝

(2) 李さん（　）（ ★ ）（　）（　）。
[A] か　[B] あさって　[C] やすみます　[D] は

(3) 11時（　）（　）（ ★ ）（　）まで寝ました。
[A] 今朝　[B] 7時　[C] の　[D] から

(4) 歓迎会（　）（　）（ ★ ）（　）始まります。
[A] ごろ　[B] に　[C] 8時　[D] は

6. 将下列句子译成日语。

(1) 小森昨天没工作。明天开始工作。

(2) 我每晚7点到9点学习。

(3) 学校每天8点开始上课。

(4) 现在是10点30分。

第6课　吉田さんは来月中国へ行きます

一 词汇拓展

1 来月（らいげつ）：下个月

【关】毎月（まいつき）：每月

2 夜中（よなか）：半夜，深夜

【关】真夜中（まよなか）：三更半夜

3 ゆうべ：昨天晚上

【速】ゆ—夜晚

う—长音表强调

べ—边

4 クリスマス（Christmas）：圣诞节

5 誕生日（たんじょうび）：生日

【关】バースデー（birthday）：生日

6 夏休み（なつやすみ）：暑假

【关】冬休み（ふゆやすみ）：寒假

春（はる）：春天

夏（なつ）：夏天

秋（あき）：秋天

冬（ふゆ）：冬天

7 飛行機（ひこうき）：飞机

【关】飛行機雲（ひこうきぐも）：飞机云

8 美術館（びじゅつかん）：美术馆

【关】芸術（げいじゅつ）：艺术

例：芸術（げいじゅつ）は爆発（ばくはつ）だ（艺术就是爆炸）

9 友達（ともだち）：朋友

【速】と—和，一起

も—拥有

だち—たち—复数

【关】親友（しんゆう）：挚友

友人：一般朋友

仲間：共事的朋友

10 弟：弟弟

【速】おと—おち—下（地干活）

うと—ひと—人

11 行く：去

【速】い—去，到

く—方向

12 帰る：回来，回去

【速】か—变化

え—元—最初

る—动词词尾

13 来る：来

【速】く—向着某个方向

る—转动，滚动

14 まっすぐ：笔直，径直

【关】まっすぐな目：坚毅的眼神

15 新宿：新宿（地名）

【关】原宿：原宿（地名）

16 お疲れ様でした：您辛苦了

【关】ご苦労様でした：辛苦你了（多用于上级对下级）

语法延伸

1. 日语中的假名变音现象

「は」作助词时读作「わ」，「へ」作助词时读作「え」。除此以外，再无其他变音。

2. 「で」的用法

表示手段、方法、工具，意为“用”。

3. 「へ」和「まで」的区别

表示目的地时，二者均可以使用。例如：

東京へ行きます → 表示从现在所在地指向东京

東京まで行きます → 表示移动到东京的过程

4. 「は」的用法小结

（1）表示主题：提示中心内容。例：李さんは先月北京から来ました。

（2）表示对比：必须出现两个对象，例如「A は～ B は～」。例：いつもは 7 時に起きます。今日は 9 時に起きました。

（3）表示强调：后文为否定或转折时。例：私の部屋には、電話がありました。

5. 日期的用法

一日：一号

一日(いちにち)：一天（时间长度）

日期后加「間(かん)」表示具体时间长度，比如「二日間(ふつかかん)」（两天）、「二十日間(はつかかん)」（二十天）、「三十日間(さんじゅうにちかん)」（三十天）。

除了「一日(ついたち)」，「二日(ふつか)、三日(みっか)……」等既可表示日期，也可表示天数；「二日間(ふつかかん)、三日間(みっかかん)……」等则只表示天数。

三 基本课文与音调

1. 吉田（よしだ）さんは 来月（らいげつ）中国（ちゅうごく）へ 行（い）きます。

2. 李（り）さんは 先月（せんげつ）北京（ペキン）から 来（き）ました。

3. 小野（おの）さんは 友達（ともだち）と 帰（かえ）りました。

4. 森（もり）さんは 東京（とうきょう）から 広島（ひろしま）まで 新幹線（しんかんせん）で 行（い）きます。

A 甲：いつ アメリカへ 行（い）きますか。

乙：十月（じゅうがつ）に 行（い）きます。

B 甲：駅（えき）へ 何（なに）で 行（い）きますか。

乙：自転車（じてんしゃ）で 行（い）きます。

C 甲：誰（だれ）と 美術館（びじゅつかん）へ 行（い）きますか。

乙：友達（ともだち）と 行（い）きます。

D 甲：大阪（おおさか）から 上海（シャンハイ）まで 飛行機（ひこうき）で 行（い）きますか。

乙：いいえ、フェリーで 行（い）きます。

四 应用课文 交通機関

吉田：李（り）さん、昨日（きのう）は 何時（なんじ）に アパートへ 帰（かえ）りましたか。

李：ええと、たしか 十一時半（じゅういちじはん）ごろです。

吉田：何（なに）で 帰（かえ）りましたか。タクシーですか。

李：電車（でんしゃ）です。渋谷（しぶや）まで 電車（でんしゃ）で 行（い）きました。駅（えき）から アパートまで 歩（ある）いて 帰（かえ）りました。

吉田：小野（おの）さんは？

小野：わたしも 電車（でんしゃ）です。駅（えき）からは タクシーで うちへ帰（かえ）りました。

李：何時（なんじ）に 帰（かえ）りましたか。

小野：十二時（じゅうにじ）ごろです。

小野：森（もり）さん、ゆうべは まっすぐ 帰（かえ）りましたか。

森：いいえ、課長（かちょう）と いっしょに 銀座（ぎんざ）へ 行（い）きました。

李：えっ、銀座（ぎんざ）ですか？

小野：何時（なんじ）に うちへ 帰（かえ）りましたか。

森：夜中（よなか）の 二時（にじ）です。

李：二時（にじ）ですか。それは お疲（つか）れ様（さま）でした。

注：「昨日（きのう）」作为名词读 2 调，作为副词读 0 调。

五 习题

1. 写出下列词语的读音。

弟（　　）　電車（　　）　友達（　　）　来月（　　）　誕生日（　　）　飛行機（　　）　美術館（　　）　交通機関（　　）

2. 写出下列假名对应的汉字。

よなか（　）　ゆうべ（　）　しんかんせん（　）　なつやすみ（　）　こども（　）　かえります（　）　かんこく（　）　ほっかいどう（　）

3. 请在[A]～[D]中选出最佳选项。

（1）（　）から学校までバスで行きます。

[A] アパート　[B] アバード　[C] アパード　[D] アバート

（2）李さんは（　）にデパートへ行きます。

[A] クリステル　[B] クリスマース

[C] クリスマス　　[D] クリスマッス

(3) 昨日は（　　）帰りました。

[A] タクシー　　[B] 電車て　　[C] あるいで　　[D] あるいて

(4) ゆうべ、（　　）帰りましたか。

[A] まっすく　　[B] まっすぐ　　[C] まったく　　[D] まっずく

(5) ——あの方はどなたですか。

——（　　）小野さんのお母さんです。

[A] たかし　　[B] たしが　　[C] たしか　　[D] たしかに

(6) 森さんは来年、アメリカ（　　）行きます。

[A] と　　[B] で　　[C] は　　[D] へ

(7) 小野さんはおととい、李さん（　　）一緒にレストランへ行きました。

[A] で　　[B] と　　[C] は　　[D] へ

(8) キムさんは6月（　　）韓国（　　）来ました。

[A] に、から　　[B] で、まで　　[C] に、で　　[D] ×、から

(9) 上海までフェリー（　　）行きますか。

[A] て　　[B] で　　[C] へ　　[D] は

(10) このバスはどこへ（　　）か。

[A] きます　　[B] いきます　　[C] あります　　[D] います

4. 先将[A]～[D]排序，再选出填入（ ★ ）的选项。

(1) 日曜日（　　）（　　）（ ★ ）（　　）へ行きますか。

[A] と　　[B] コンサート　　[C] だれ　　[D] に

(2)（　　）（　　）（ ★ ）（　　）へ帰りましたか。

[A] タクシー　　[B] 家　　[C] 夕べ　　[D] で

(3) 吉田さんは（　　）（　　）（ ★ ）（　　）から来ました。

[A] と　　[B] 東京　　[C] 友達　　[D] 一緒に

(4) 部屋（　　）（ ★ ）（　　）（　　）いません。

[A] は　　[B] に　　[C] も　　[D] だれ

5. 将下列句子译成日语。

(1) 小李上个月和佐藤一起乘新干线去了大阪。

(2) ——你怎么从家去车站?

——走着去。

（3）——吉田先生什么时候来中国的？
——吉田先生 6 月和佐藤一起坐渡轮来的中国。

（4）我 8 点乘地铁去公司。从 9 点工作到下午 6 点。

第 7 课　李さんは毎日コーヒーを飲みます

一 词汇拓展

1 **コーラ：可乐**

【关】スプライト (Sprite)：雪碧

2 **昼(ひる)ご飯(はん)：午饭**

【关】昼飯(ひるめし)：午饭

3 **カレー (curry)：咖喱**

【关】カレーライス (curry rice)：咖喱饭

4 **卵(たまご)：鸡蛋**

【速】たま—球
ご—こ—子

【关】玉子(たまご)：鸡蛋

5 **ジョギング (jogging)：慢跑**

【关】ランニング (running)：跑步

6 **手紙(てがみ)：书信**

【速】て—手
がみ—かみ—纸

【关】トイレットペーパー (toilet paper)：厕纸

7 **飲(の)む：喝**

【速】の—嗓子
む—封闭

8 **買(か)う：买**

【速】か—换
う—动词词尾

9 **撮(と)る：拍照，拍摄**

10 **書(か)く：写**

【速】か—用力
く—方向

11 **読(よ)む：读**

【速】よ—出声
む—有力的

12 **聞(き)く：听**

13 **食(た)べる：吃**

【速】た—多
べ—へ—少
る—动词词尾

14 **見(み)る：看**

【速】み—看
る—动词词尾

15 **する：干，做**

16 **掃除(そうじ)する：打扫**

17 **行(い)ってまいります：我走了**

【解】「行(い)ってきます」的敬语。

18 **かしこまりました：我知道了**

【解】「分(わ)かりました」的敬语。

二 语法延伸

1. 美化语

「お / ご + 名词」可用作美化语，主要用于以下三种情况：

（1）提到与对方有关的人、事、物：ご両親（りょうしん）、お仕事（しごと）、お名前（なまえ）、お電話（でんわ）

（2）自身常用美化语的名词：お茶（ちゃ）、お酒（さけ）、お金（かね）

（3）在敬语结构中与动词搭配使用（见下册第 47、48 课）

「お + 和语词」以训读为主；「ご + 汉语词」以音读为主。

2. 中文与日文句子成分的区别

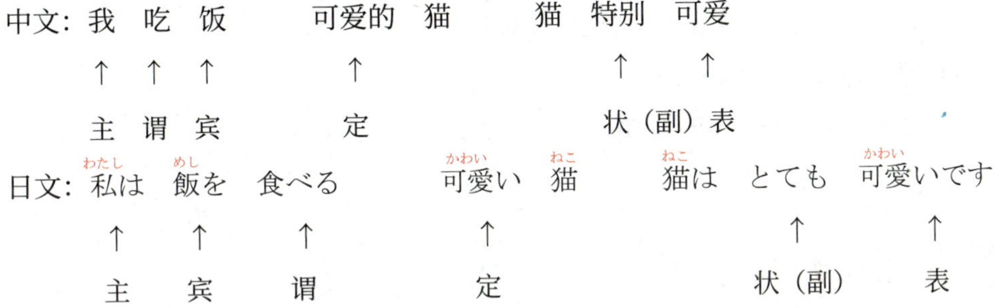

结论：中文中语序决定成分，日语中助词决定成分。

3. “在”的翻译

（1）に：表示事物存在的地点，为静态。

（2）で：表示动作发生的地点，为动态。

4. 「何」的用法

（1）单独成词 + 助词：通常读作「なに」，后接助词时，若助词以た行、だ行、な行假名开头，读作「なん」。

（2）何 + 名词：询问数量时读作「なん」，比如「何人（なんにん）」（几个人）、「何階（なんかい）」（几层）、「何色（なんしょく）」（几种颜色）；询问内容时读作「なに」，比如「何色（なにいろ）」（什么颜色）。

（3）なんで：常用于询问原因，即“为什么”，询问“什么方式”时可用「どうやって」。

三 基本课文与音调

1. 李（り）さんは 毎日（まいにち）コーヒーを 飲（の）みます。

2. 李（り）さんは 図書館（としょかん）で 勉強（べんきょう）します。
3. わたしは 毎朝（まいあさ）パンか お粥（かゆ）を 食（た）べます。
4. コーラと ケーキを ください。

A 甲：李（り）さん、今朝（けさ）うちで 新聞（しんぶん）を 読（よ）みましたか。

乙：いいえ、読（よ）みませんでした。

B 甲：今朝（けさ）何（なに）を 食（た）べましたか。

乙：何（なに）も 食（た）べませんでした。

C 甲：吉田（よしだ）さん、日曜日（にちようび）何（なに）を しますか。

乙：テニスか ジョギングを します。

D 甲：いらっしゃいませ。

乙：この ノートと 鉛筆（えんぴつ）を ください。

四 应用课文 昼ご飯

吉田：李（り）さん、これから 昼（ひる）ご飯（はん）ですか。
李：はい、小野（おの）さんと いっしょに 行（い）きます。
小野：課長（かちょう）は？
吉田：コンビニで お弁当（べんとう）と お茶（ちゃ）を 買（か）いました。
李：いつも コンビニですか。
吉田：いいえ。いつもは そば屋（や）で そばか うどんを 食（た）べます。
李：そうですか。
小野：李（り）さん、今日（きょう）は そば屋（や）へ 行（い）きますか。
李：そうですね。
小野：じゃあ、課長（かちょう）、失礼（しつれい）します。
吉田：いってらっしゃい。

店員：いらっしゃいませ。
小野：すみません、親子丼（おやこどん）を ください。李（り）さんは？
李：わたしも それを ください。
店員：かしこまりました。

五 习题

1. 写出下列词语的读音。

卵（　　　）　お粥（　　　）　音楽（　　　）　映画（　　　）
野球（　　　）　申込書（　　　）　動物園（　　　）　飲みます
（　　　）　書きます（　　　）　掃除します（　　　）

2. 写出下列假名对应的汉字。

おべんとう（　）　てがみ（　）　えいが（　）　よみます（　）
ききます（　）　おじゃまします（　）

3. 请在[A]～[D]中选出最佳选项。

(1) 今朝（　）を飲みました。
[A] パン　[B] コーヒー　[C] お粥　[D] 卵

(2) 週末に、（　）かジョギングをします。
[A] デニス　[B] クラス
[C] テニス　[D] テニズ

(3) ——これは（　）の本ですか。
——これは料理の本ですよ。
[A] ど　[B] なん　[C] なに　[D] だれ

(4) 昨日、そば屋で（　）を食べました。
[A] カレーうどん　[B] カレうどん
[C] ガレーうどん　[D] カレーうとん

(5) 昨日3時から5時まで部屋で本を（　）。
[A] のみました　[B] よみました
[C] みました　[D] やすみました

(6) 来週、ここで（　）を撮りますね。
[A] しゃかい　[B] じゃま
[C] しゃこう　[D] しゃしん

(7) 動物園で、パンダ記念品を（　）。
[A] かいました　[B] ういました
[C] かきました　[D] いきました

(8) コンビニ（　）お弁当（　）買いました。
[A] に、を　[B] で、が　[C] に、が　[D] で、を

(9) ——猫は部屋（　　）います。
——その猫は部屋（　　）寝ています（正在睡觉）。
[A] で、に　[B] に、で　[C] が、に　[D] に、が

(10) すみません、チーズケーキ（　　）。
[A] がください　[B] でください
[C] をください　[D] をくたさい

(11) ——李さん、コンビニへ行きますか。
——（　　）、行きます。
[A] そうです　[B] そうですね
[C] そうですか　[D] いいえ

(12) ——それでは、失礼します。
——（　　）。
[A] いってきます　[B] いらっしゃいませ
[C] かしこまりました　[D] お疲れ様でした

4. 先将[A]～[D]排序，再选出填入（ ★ ）的选项。

(1) 先週公園（　　）（　　）（ ★ ）（　　）。
[A] しました　[B] で　[C] を　[D] サッカー

(2) あした、友達（　　）（　　）（ ★ ）（　　）を見ます。
[A] 映画　[B] で　[C] 銀座　[D] と

(3) 昨日、だれ（　　）（ ★ ）（　　）（　　）を買いましたか。
[A] 何　[B] と　[C] どこ　[D] で

5. 将下列句子译成日语。

(1) 小野今天没去公司上班。早上她在房间里写了信。

(2) 晚上和朋友一起去了银座。

(3) 小野和朋友在银座看了电影。

(4) 小野 10 点钟走路回了家。10 点到 11 点，小野听了音乐。

(5) 小野总是 11 点半或者 12 点睡觉。

第 8 课　李さんは日本語で手紙を書きます

一　词汇拓展

1 **プレゼント (present)：礼物**

【关】お土産(みやげ)：特产

2 **チケット (ticket)：票**

【关】～券(けん)：……票

入場券(にゅうじょうけん)：入场票

乗車券(じょうしゃけん)：车票

3 **花(はな)②：花**

【关】鼻(はな)⓪：鼻子

4 **お金(かね)：钱，金钱**

【速】お—美化

かね—钱

5 **宿題(しゅくだい)：作业**

【关】作業(さぎょう)：操作，劳动（比如流水线作业）

6 **航空便(こうくうびん)：空运**

【关】船便(ふなびん)：船运

7 **速達(そくたつ)：速递，快件**

【关】宅配便(たくはいびん)：快递

出前(でまえ)：外卖

デリバリー (delivery)：外卖

配達員(はいたついん)：快递配送人员

8 **メール：邮件**

【关】メールアドレス (mail address)：邮箱

9 **名前(なまえ)：姓名**

【速】な—名

まえ—前

【关】氏名(しめい)：姓名

10 **箸(はし)①：筷子**

【速】はし—直，平直

【关】橋(はし)⓪：桥

11 **夕方(ゆうがた)：傍晚**

【速】ゆ—夜晚

う—长音表强调

がた—かた—时候

【关】黄昏(たそがれ)：黄昏

12 **もらう：拿到，得到**

【速】も—拿着

ら—拉，拉动

う—我

13 **会(あ)う：见**

【速】あ—相互

う—我

14 **送(おく)る：寄**

【速】お—小

く—方向

る—留

15 **作(つく)る：做，制造**

【速】つ—て—手

くる—繰(く)る—翻动

16 **太(ふと)る：胖**

【速】ふと—肥头（谐音）

る—动词词尾

17 出す：寄（信）

【速】だ—で—出

す—他动词词尾

18 届く：收到，送到，寄到

【速】と—门

ど—门

く—方向

19 書く / 描く：写；画

【速】か—用力

く—方向

20 貸す：借出

【速】か—钱

す—死

21 習う：学习

【速】な—长—长处

ら—拉，拉动

う—我

22 借りる：借入

【速】か—钱

り—里

る—留

23 教える：教

【速】おし—押す—推

える—得る—得到

语法延伸

1. 日语语序特点

谓语后置，动词位于句末。

“名词 + 助词”构成一个独立的结构，有时各结构之间语序可以颠倒。例如：

私は（A）北京から（B）上海まで（C） 飛行機で（D） 行きます（动词）

保持动词的位置不变，上述句子的语序还可变为 ABDC、ADBC，语序调整后句意不变。语序不能变为 ACBD 的原因为人们说话时普遍习惯先说起点再说终点。

2. 授受关系

本质：表示人与人之间亲疏远近的指向关系。

主语用「は」提示，对象用「に」提示，宾语用「を」提示。

（1）あげる：我 → 别人（我给别人） 甲 → 乙（甲给乙）

（2）もらう：我 ← 别人（我从别人那里拿到） 甲 ← 乙（甲从乙那里拿到）

（3）くれる：别人 → 我（别人给我）

以上三个用法中，箭头左侧为动作的主语。

注意

日本人习惯将“我”或与“我”亲近的人作为主语。例如：母（はは）は小野（おの）さんにハンカチをもらいました。

3.「と会（あ）う」和「に会（あ）う」的用法区别

(1)「に」表“单方面”的接近，「と」表“双方面”的对等。

(2)「に」一般用于比自己地位高的人，而「と」一般用于和自己地位相当的人。

三 基本课文与音调

1. 李（り）さんは 日本語（にほんご）で 手紙（てがみ）を 書（か）きます。
2. わたしは 小野（おの）さんに お土産（みやげ）を あげます。
3. わたしは 小野（おの）さんに 辞書（じしょ）を もらいました。
4. 李（り）さんは 明日（あした）長島（ながしま）さんに 会（あ）います。

A 甲：昨日（きのう）、母（はは）に 誕生日（たんじょうび）の プレゼントを送（おく）りました。

乙：何（なに）で 送（おく）りましたか。

甲：航空便（こうくうびん）で 送（おく）りました。

B 甲：その 映画（えいが）の チケットを だれに あげますか。

乙：李（り）さんに あげます。

C 甲：だれに その パンフレットを もらいましたか。

乙：長島（ながしま）さんに もらいました。

D 甲：すみません、李（り）さんは いますか。

乙：もう 帰（かえ）りましたよ。

四 应用课文 スケジュール表

小野：さっき 長島（ながしま）さんに 電話（でんわ）を もらいました。

李：スケジュール表（ひょう）の 件（けん）ですか。

小野：はい。

李：もう ファックスで 送（おく）りましたよ。

小野：いつですか。

李：昨日（きのう）の 夕方（ゆうがた）です。もう 一度（いちど） 送（おく）りますか。

小野：ええ、お願（ねが）いします。わたしは メールで 送（おく）ります。

李：分（わ）かりました。

小野：李（り）さん、たった今（いま） 長島（ながしま）さんに メールを もらいました。

李：ファックスは 届（とど）きましたか。

小野：ええ、ファックスも メールも 届（とど）きましたよ。

李：そうですか。よかったです。

小野：李（り）さん、これ、どうぞ。箱根（はこね）の 写真集（しゃしんしゅう）です。前（まえ）に 長島（ながしま）さんに もらいました。

李：ありがとう ございます。

五 习题

1. 写出下列词语的读音。

箸（　　　）　花（　　　）　宿題（　　　）　航空便（　　　）　速達（　　　）　住所（　　　）　新聞紙（　　　）　小麦粉（　　　）　夕方（　　　）　届きます（　　　）

2. 写出下列假名对应的汉字。

きねんひん（　）　おかね（　）　ひるやすみ（　）　ひこうき（　）　かんこくご（　）　ふとります（　）　つくります（　）　とどきます（　）

3. 请在[A]～[D]中选出最佳选项。

（1）友達から誕生日（　　）をもらいました。

[A] おみやげ　　[B] プレゼント

[C] おみあげ　　[D] プレセント

(2) メールも（　　）も届きました。
[A] ファクス　[B] フィックス
[C] ファックス　[D] フックス

(3) チョコレート（　　）をください。
[A] アイスクリーム　[B] アスクリーム
[C] アイスクリンム　[D] アイスクリッム

(4)（　　）とはしでご飯を食べます。
[A] スープ　[B] ソープ　[C] スプーン　[D] スプレー

(5)（　　）お願いします。
[A] もいちど　[B] もういちど
[C] もういちどう　[D] もいちどう

(6) 先生は学生に日本語を（　　）。
[A] 習います　[B] 勉強します
[C] 教えます　[D] 学びます

(7) 李さんは部屋（　　）パソコン（　　）地図をかきます。
[A] で、で　[B] で、に　[C] に、で　[D] に、に

(8) 速達（　　）パンフレット（　　）お宅（　　）送ります。
[A] で、に、を　[B] に、は、から
[C] で、を、まで　[D] で、から、まで

(9) ——誕生日に何をもらいましたか。
——先生（　　）本をもらいました。
[A] が　[B] は　[C] に　[D] で

(10) ——お兄さんの誕生日に何をあげますか。
——（　　）あげません。
[A] なんでも　[B] なにも　[C] なんも　[D] なにでも

(11) さっき小野さん（　　）電話（　　）もらいました。
[A] が、は　[B] から、を　[C] が、から　[D] から、が

(12) スミスさん（　　）駅（　　）会いました。
[A] に、に　[B] で、に　[C] に、で　[D] と、に

4. 先将[A]～[D]排序，再选出填入（ ★ ）的选项。

(1) 住所と名前（　　）（　　）（ ★ ）（　　）。
[A] 書きます　[B] を　[C] で　[D] ボールペン

（2）荷物（包裹）も（　　）（　★　）（　　）（　　）。
　　［A］届きました　［B］手紙　［C］もう　［D］も

5. 将下列句子译成日语。

（1）我已经给 JC 策划公司发了传真。

（2）我在车站给妈妈用航空快件寄了生日礼物。

（3）小李借给了小野中文的杂志。

（4）小李给了小野中国的茶叶。

第二单元测试

扫码获得听力音频与原文

一、听录音，选出正确答案。

1番
1. 歩いて帰りました　　2. 電車で帰りました　　3. バスで帰りました

2番
1. 長島さんは日本にいます
2. 長島さんは飛行機で帰りました
3. 長島さんは午後八時に帰りました

3番
1. 女の人　　2. 李さん　　3. 森さん

4番
1. 電車　　2. 飛行機　　3. 新幹線

5番
1. 1番のバス　　2. 地下鉄　　3. 電車

6番
1. みっか　　2. よっか　　3. ようか

7番
1. そばや　　2. コンビニ　　3. お弁当

8番
1. 10時　　2. 9時　　3. 7時

9番
1. 電話　　2. メール　　3. ファックス

10番
1. パン　　2. おかゆ　　3. パンかお粥

二、请在 [A] ～ [D] 中选出最佳选项。

1. 森さんは（　　）7時に起きました。
   [A] まいあさ　　[B] けさ　　[C] まいにち　　[D] あした

2. 先日、友達と（　　）へ行きました。
   [A] コンサート　　[B] タクシー　　[C] フェリー　　[D] サッカー

3. 陳さんは（　　）で手紙を送りました。
［A］そくだつ　　［B］そくたつ
［C］そくたち　　［D］ぞくだつ

4. ありがとうございます。手紙もプレゼントも（　　）。
［A］届けました　　［B］届きました
［C］あげました　　［D］くれました

5. 夕べ（　　）あるいて帰りました。
［A］まっすぐ　　［B］まっすく
［C］まもなく　　［D］もうすぐ

6. もう友達（　　）家（　　）帰りました。
［A］と、で　　［B］は、へ　　［C］と、を　　［D］と、へ

7. 李さんは家（　　）小麦粉（　　）パン（　　）作りました。
［A］で、で、を　　［B］に、に、を
［C］で、に、から　　［D］で、を、で

8. 李さんは何（　　）中国（　　）来ましたか。
［A］て、に　　［B］を、から　　［C］と、へ　　［D］で、まで

9. 森さん（　　）キムさん（　　）日本語を教えます。
［A］と、は　　［B］は、を　　［C］は、に　　［D］も、も

10. イチゴ（　　）りんご（　　）食べました。
［A］と、と　　［B］もう、もう　　［C］や、や　　［D］も、も

11. 森さんは昨日３時（　　）５時まで中国語を（　　）。
［A］から、勉強します　　［B］に、勉強しました
［C］から、勉強しました　　［D］から、勉強しません

12. ——李さんは（　　）寝ますか。
——11時（　　）寝ます。
［A］いつも、×　　［B］いつ、×　　［C］いつ、に　　［D］いつ、は

13. ——小野です。さっき電話をかけました……
——はい、確かに（确实）さっき電話を（　　）。
［A］しました　　［B］あげました　　［C］もらいました　　［D］だしました

14. ——親子丼とそばをください。
——（　　）。
［A］ありがとうございます　　［B］かしこまりました
［C］いらっしゃいませ　　［D］しつれいしました

三、先将 [A] ～ [D] 排序，再选出填入（ ★ ）的选项。

1. 李さん（　）（ ★ ）（　）（　）。
   [A] 電話　[B] に
   [C] を　[D] もらいました

2. 北京から上海（　）（　）（ ★ ）（　）。
   [A] で　[B] まで　[C] 行きました　[D] 飛行機

3. もう学校（　）（　）（ ★ ）（　）。
   [A] 会いました　[B] 李さん　[C] で　[D] に

4. スーパー（　）（　）（ ★ ）（　）買いました。
   [A] や　[B] で　[C] 肉　[D] 魚を

5. 9時（　）（ ★ ）（　）（　）。
   [A] はじまります　[B] から　[C] 学校　[D] が

6. 私は（　）（　）（ ★ ）（　）でした。
   [A] は　[B] 京都　[C] 行きません　[D] へ

7. 学校（　）（　）（　）（ ★ ）を買いました。
   [A] 本　[B] で　[C] の　[D] 近く

四、阅读文章，在 [A] ～ [D] 中选出最佳选项。

（一）

王さんの家は駅の（ 1 ）にあります。

隣にパン屋があります。前は郵便局で、郵便局の隣（ 2 ）学校です。王さんは毎日歩いて学校へ行きます。

あした、王さんの友だち（ 3 ）来ます。王さんは魚料理を作ります。冷蔵庫に魚が（ 4 ）から、王さんはこれから魚を買います。

1. [A] 近い　[B] 近き　[C] 近く　[D] 近の
2. [A] と　[B] は　[C] に　[D] の
3. [A] を　[B] が　[C] で　[D] に
4. [A] いません　[B] います　[C] ありません　[D] あります
5. 王さんはなにで学校へ行きますか。
   [A] 電車　[B] 脚　[C] 歩いて　[D] バス
6. 友だちはいつ来ますか。
   [A] あした　[B] きょう　[C] おととい　[D] きのう
7. 王さんはこれから何をしますか。
   [A] 魚料理を作ります。　[B] 学校へ行きます。
   [C] 魚を買います。　[D] パン屋へ行きます。

（二）

佐藤：お誕生日、おめでとうございます。これ、どうぞ。

李：ありがとうございます。じゃ、いただきます。これは何ですか。チョコレートですか。

佐藤：これは中国のお菓子です。

李：そうですね。確かに先週中国へ行きましたね。

佐藤：はい。そうです。中国でお菓子をたくさん買いました。あしたは李さんの誕生日ですから、これを李さんにあげます。

1. 李さんは何をもらいましたか。

［A］中国のお土産　　［B］中国のお菓子

［C］チョコレート　　［D］日本のお菓子

2. 李さんの誕生日はいつですか。

［A］昨日　　［B］来週　　［C］明日　　［D］今日

3. 佐藤さんはどうして（为什么）お菓子を李さんにあげますか。

［A］あしたは李さんの誕生日ですから

［B］佐藤さんは中国から帰りましたから

［C］中国のお菓子をたくさん買いましたから

［D］李さんは誕生日プレゼントをもらいましたから

五、以《怎样度过假期》为题，写一篇 200 ～ 250 字的作文。

第 9 课　四川料理は辛いです

一 词汇拓展

1 **料理（りょうり）：饭菜**

【关】料理（りょうり）を作（つく）る：做饭

2 **食（た）べ物（もの）：食物，食品**

【速】たべ—たべる—吃

もの—东西

3 **お湯（ゆ）：热水，开水**

【速】お—美化

ゆ—热水

4 **水（みず）：水，凉水**

【关】おひや：凉水

5 **浴衣（ゆかた）：夏季和服**

【关】着物（きもの）：和服

6 **薬（くすり）：药**

【速】音同“苦死了”

【关】薬（くすり）を飲（の）む：吃药

7 **海（うみ）：大海**

【速】う—连接

み—水

8 **山（やま）：山**

【速】源「やむ」—停止，不动

9 **紙（かみ）⓪：纸**

【关】髪（かみ）⓪：头发

神（かみ）①：神

10 **女性（じょせい）：女性**

【关】男性（だんせい）：男性

11 **グラス (glass)：玻璃**

【关】ガラス (glas)：玻璃

12 **気持（きも）ち：心情**

【速】き—气（精神）

もち—持（も）つ—拿着

13 **辛（から）い：辣的**

【速】か—火

ら—辣

14 **甘（あま）い：甜的**

【速】あ—あじ—味道

ま—满，满足

【解】还有不成熟和幼稚的意思。

15 **酸（す）っぱい：酸**

【速】す—酢（す）—醋

っぱい—有……的感觉

16 **苦（にが）い：苦**

【速】に—重

が—か—挂

17 **おいしい：好吃**

【速】お—美化

い—いい—好

しい—形容词词尾

【关】うまい：好吃（偏男性用语）

18 まずい：不好吃，难吃

【速】ま—真正，本体

ずーない—否定

19 熱(あつ)い：热，烫

【速】あつ—聚集

【关】厚(あつ)い：厚的

分厚(ぶあつ)い：厚重的

20 冷(つめ)たい：冷

【速】つめ—爪—指尖

たい—源「痛(いた)い」—疼

【关】涼(すず)しい：凉爽的（天气）

21 楽(たの)しい：愉快，快乐

【速】た—て—手

の—伸展

しい—形容词词尾

22 面白(おもしろ)い：有趣，有意思

【速】おも—面(おも)—眼前

しろい—白(しろ)い—白，亮

23 つまらない：无聊

【速】源「つまる」—塞满，挤满—放在心里

ない—否定

24 広(ひろ)い：广阔，宽敞

【速】ひろ—广

25 狭(せま)い：狭窄

【速】せ—缝隙

ま—间隔

26 大(おお)きい：大

【速】おお—大的

き—古语形容词词尾

27 小(ちい)さい：小

【速】ち—小

い—长音表强调

さ—小

28 忙(いそが)しい：忙，忙碌

【速】いそが—急(いそ)ぐ—着急

い——直

そ—快

が—か—强调

しい—形容词词尾

29 悪(わる)い：不好，坏

【速】わ—分开

る—转动，滚动

30 すばらしい：极好，绝佳

【速】す—超过

ば—は—终点

らしい—形容词词尾

31 遠(とお)い：远

【速】と—飞—远

お—长音表强调

32 近(ちか)い：近

【速】ちか—近

33 高(たか)い：高，贵

【速】た—高

か—加

34 低(ひく)い：低

【速】ひ——端

く—方向

35 安(やす)い：便宜

【速】や—小

す—轻

36 寒(さむ)い：寒冷

【速】さ—（吹风产生的）摩擦感

む—加强

37 青(あお)い：蓝色的

【速】あ—上

お—大，覆盖

38 白(しろ)い：白色的

【速】しろ—白

39 新(あたら)しい：新

【速】あたら—あら—新

しい—形容词词尾

40 古(ふる)い：旧

【速】ふ—深

る—留

41 難(むずか)しい：难

【速】む—封闭

ず—す—错位

か—表修饰

しい—形容词词尾

42 易(やさ)しい：简单的

【速】や—舒适

さ—清爽

しい—形容词词尾

【关】優(やさ)しい：温柔的

43 多(おお)い：多

【速】おお—多的

44 少(すく)ない：少

【速】すく—空(す)く—空

ない—没有

45 かわいい：可爱

【速】かわ—顔(かお)—脸

いい—好

二 语法延伸

1. 形容词的敬体活用

表 5　形容词的敬体活用

	肯定	否定
现在 / 将来	～いです	～くないです（くありません）
过去	～かったです	～くなかったです（くありませんでした）

特殊变形：いい（视为从「よい」开始变形）

表6 「いい」的特殊变形

	肯定	否定
现在 / 将来	いいです	よくないです よくありません
过去	よかったです	よくなかったです よくありませんでした

注：「名词＋です」中「です」参与活用变形；「形容词＋です」中「です」仅为敬体的标志，不参与活用变形。

2. 形容词变形后的音调

（1）简体形发音为0调时

否定式：～くない

过去式：～かった

过去否定式：くなかった

（2）简体形发音在「い」前面降调时

否定式：「～くない」或「～○くない」

过去式：「～かった」或「～○かった」

过去否定式：「～くなかった」或「～○くなかった」

3. 形容词作表语

形容词い形用于描述现在的感受或一般性概念。

形容词かった形用于描述过去的感受。

4. 形容词作定语

形容词作定语时一般只用い形直接接名词，不用かった形，也不需要加「の」。

5. 「は」与其他助词的搭配原则

「が」「を」后面加「は」时，「が」「を」直接删掉；其他助词后面加「は」时，二者共用。举例如下：

（1）「は」表主题时

ご飯(はん)を食(た)べました。　　ご飯(はん)（を → は）食(た)べました。

（2）「は」表对比时

私(わたし)は北京(ペキン)に行(い)きました＋私(わたし)は上海(シャンハイ)に行(い)きませんでした＝

私(わたし)は北京(ペキン)に行(い)きましたが、上海(シャンハイ)には行(い)きませんでした。（不省略任何一个助词，同时用「に」和「は」)

(3)「は」表强调时

私（わたし）はコーヒーを飲（の）みます。

私（わたし）は（表示主题）コーヒーは（代替「を」表示强调）飲（の）みません。

6.「多（おお）い」和「少（すく）ない」的用法

「多（おお）い」不作定语，表示“很多……”时，应使用「多（おお）くの～」，比如「多（おお）くの人（ひと）」(很多人)。类似的用法还有：遠（とお）くの森（もり）（远方的森林)、近（ちか）くの公園（こうえん）（附近的公园)。

「少（すく）ない」的否定形式是「少（すく）なくない」。

三 基本课文与音调

1. 四川料理（しせんりょうり）は 辛（から）いです。
2. このスープは あまり 熱（あつ）くないです。
3. 旅行（りょこう）は とても 楽（たの）しかったです。
4. 中国（ちゅうごく）は 広（ひろ）い 国（くに）です。

A 甲：天気（てんき）は よかったですか。

乙：いいえ、あまり よく なかったです。

B 甲：天安門（てんあんもん）へ 行（い）きましたか。

乙：はい。とても 大（おお）きい 建物（たてもの）ですね。

C 甲：万里（ばんり）の 長城（ちょうじょう）は 北京（ペキン）から 遠（とお）いですか。

乙：いいえ、あまり 遠（とお）く ないです。

D 甲：北京（ペキン）ダックは 食（た）べましたか。

乙：はい、食（た）べました。とても おいしかったですよ。

四 应用课文 温泉

李：小野（おの）さん、この 浴衣（ゆかた）は ちょっと 小（ちい）さいです。

小野：あら、それは 子供用（こどもよう）ですよ。これを どうぞ。

李：これは ちょうど いいです。

小野：李（り）さん、熱（あつ）く ないですか。
李：いいえ、ちょうど いいです。とても 気持（きも）ちが いいですね。

李：小野（おの）さん、すばらしい 眺（なが）めですね。
小野：ええ、本当（ほんとう）に。

李：小野（おの）さん、それは 何（なん）ですか。
小野：ああ、これは 温泉（おんせん）の お湯（ゆ）です。李（り）さんも 飲（の）みますか。
李：ええ。あまり おいしくないですね。

五 习题

1. 写出下列词语的读音。
薬（　　　）　水（　　　）　海（　　　）　女性（　　　）　天気（　　　）　料理（　　　）　温泉（　　　）　狭い（　　　）　難しい（　　　）　忙しい（　　　）

2. 写出下列假名对应的汉字。
おゆ（　）　やま（　）　ゆかた（　）　きもち（　）　たのしい（　）　にがい（　）　ひろい（　）　ふるい（　）　やすい（　）　しおからい（　）

3. 请在[A]～[D]中选出最佳选项。

(1) 昨日、いい（　）を聞きました。
[A] しんぶん　[B] ニュース　[C] しんもん　[D] ニーズ

(2) 本棚の上に（　）本があります。
[A] おおい　[B] おおきい　[C] たくさん　[D] たくさんの

(3) この子供用の薬はあまり（　）。
[A] からいです　[B] にがくないです
[C] にがいです　[D] ふるくないです

(4) あついですね。(　　) をください。
[A] お湯　　[B] 水　　[C] スープ　　[D] 寒い水

(5) ——日本語は難しいですか。
——いいえ、(　　) ないです。(　　) です。
[A] むずかしく、やさしい
[B] むすかしい、やさしい
[C] むずかしく、やすい
[D] むずかしく、やさしくない

(6) 昨日のパーティーは (　　)。
[A] たのしかったです　　[B] うれしかったです
[C] たのしいでした　　[D] うれしいでした

(7) (　　) お菓子をもらいました。
[A] おいしくの　　[B] おいしく
[C] おいしいの　　[D] おいしい

(8) ——お湯、熱くないですか。
——いいえ、(　　) いいです。
[A] ちょっと　　[B] ちょっど
[C] ちょうど　　[D] ちょうと

(9) ——家から会社までとおいですか。
——この前の家は (　　)。でも (但是)、今はちかいです。
[A] とおかったです
[B] とおいでした
[C] とおくないです
[D] とおくなかったです

(10) 李さんに (　　) コートを貸しました。
[A] 青　　[B] 青い　　[C] 青いの　　[D] 青な

(11) ——この映画、おもしろかったですか。
——いいえ、とても (　　)。
[A] つまらないです
[B] つまらなかったです
[C] つまらなくなかったです
[D] おもしろかったです

(12) 昨日、すき焼きを食べました。(　　) おいしかったです。たくさん食べました。
[A] とても　　[B] すこし　　[C] あまり　　[D] ちょっと

（13）——この部屋、（　　）。
　　——いいえ、とてもいいです。

［A］いいですか　　［B］よかったですか
［C］よくなかったですか　　［D］よくないですか

4. 先将[A]～[D]排序，再选出填入（　★　）的选项。

（1）（　　）（　　）（　★　）（　　）私のです。
［A］自転車　［B］新しい　［C］その　［D］は

（2）誕生日（　　）（　　）（　★　）（　　）見ました。
［A］映画　［B］面白い　［C］を　［D］に

（3）天安門（　　）（　　）（　★　）（　　）ですね。
［A］建物　［B］とても　［C］すばらしい　［D］は

5. 将下列句子译成日语。

（1）——昨天的考试难吗?
　　——是的，有一点难。

（2）附近的温泉不怎么宽敞。

（3）我吃了很苦的药。

（4）昨天天气不怎么好。

（5）这部新电影真的很有趣。

第 10 课　京都の紅葉は有名です

一 词汇拓展

1 紅葉(もみじ)：红叶（特指枫叶）

【关】紅葉(こうよう)：红叶（指所有红色的树叶）

楓(かえで)：枫树

2 故郷(こきょう)：故乡

【关】故郷(ふるさと)：故乡

3 町(まち)：城市

【速】源「道(みち)」

【关】街(まち)：街道

4 お店(みせ)：餐馆，商店

【速】お—美化

みせ—見(み)せる—展示

5 自動車(じどうしゃ)②：汽车

【关】自転車(じてんしゃ)⓪：自行车

6 道具(どうぐ)：工具

【关】ツール (tool)：工具

7 **魚（さかな）：鱼**

【速】さか—さけ—酒

な—菜

8 **お菓子（かし）：点心，糕点**

【速】お—美化

か—果

し—子

【关】おやつ：零食

9 **平日（へいじつ）：平日，非休息日**

【关】祝日（しゅくじつ）：节假日

土日（どにち）：周末

10 **生活（せいかつ）：生活**

【关】暮（く）らし：生活

11 **雨（あめ）：雨**

【速】あ—上

め—み—水

【关】雨（あめ）が降（ふ）る：下雨

12 **曇（くも）り：阴天**

【速】くも—云

り—连用形

13 **雪（ゆき）：雪**

【速】ゆ—冷

き—气

14 **汚（きたな）い：脏**

【速】き—金属

た—打

ない—不

15 **にぎやか：热闹，繁华**

【速】に—黏的

ぎ—紧紧的

やか—形容动词词尾

16 **静（しず）か：安静**

【速】し—死—消失

ず—ない—没有，无

か—表修饰

17 **暇（ひま）：空暇**

【速】ひ—日

ま—间隔

【关】暇潰（ひまつぶ）し：打发时间

18 **親切（しんせつ）：亲切**

【关】熱心（ねっしん）：热心，热情

19 **好（す）き：喜欢**

【速】す—吸引

き—气—心情

20 **嫌（きら）い：讨厌**

【速】き—切—切断

ら—拉—拉开

い—一直

21 **元気（げんき）：元气**

【关】元気満々（げんきまんまん）：精神饱满

二 语法延伸

1. 形容词的分类

形容词：
- 一类形容词：又称“い形容词”“形容词”
- 二类形容词：又称“な形容词”“形容动词”

2. 名词的敬体活用

表 7　名词的敬体活用

	肯定	否定
现在 / 将来	N+ です	N+ ではありません
过去	N+ でした	N+ ではありませんでした

3. 动词的敬体活用

表 8　动词的敬体活用

	肯定	否定
现在 / 将来	R+ ます	R+ ません
过去	R+ ました	R+ ませんでした

* ます形去「ます」后，即连用形，本书中用 R 表示

4. 形容词的敬体活用

表 9　形容词的敬体活用

	肯定	否定
现在 / 将来	～いです	～くないです ～くありません
过去	～かったです	～くなかったです ～くありませんでした

5. 形容动词的敬体活用

表 10　形容动词的敬体活用

	肯定	否定
现在 / 将来	NA です	NA ではありません
过去	NA でした	NA ではありませんでした

* 形容动词词干，本书中用 NA 表示

6. 不同词性的词修饰名词的方式

名词 + の + 名词　例：京都(きょうと)の紅葉(もみじ)

形容词非过去式 + 名词　例：おいしい料理(りょうり)、楽(たの)しくない旅行(りょこう)

形容动词 + な + 名词　例：静(しず)かな町(まち)

三 基本课文与音调

1. 京都（きょうと）の 紅葉（もみじ）は 有名（ゆうめい）です。
2. この 通（とお）りは にぎやかでは ありません。
3. 奈良（なら）は 静（しず）かな 町（まち）です。
4. 昨日（きのう）は 日曜日（にちようび）でした。

A 甲：どんな お土産（みやげ）を 買（か）いましたか。

　乙：きれいな 人形（にんぎょう）を 買（か）いました。

B 甲：京都（きょうと）は どうでしたか。

　乙：とても きれいでした。でも、静（しず）かでは ありませんでした。

C 甲：横浜（よこはま）は どんな 町（まち）ですか。

　乙：大（おお）きい 町（まち）です。そして、にぎやかな 町（まち）です。

D 甲：東京（とうきょう）の 天気（てんき）は どうでしたか。

　乙：昨日（きのう）は 晴（は）れでした。でも、おとといは 雨（あめ）でした。

四 应用课文 美術館

長島：昨日（きのう）京都（きょうと）へ 行（い）きました。

小野：京都（きょうと）ですか。京都（きょうと）の 紅葉（もみじ）は どうでしたか。

長島：とても きれいでした。でも、町（まち）は あまり 静（しず）かじゃ ありませんでした。

李：えっ？

長島：今（いま） ちょうど 修学旅行（しゅうがくりょこう）の シーズンです。とても にぎやかでした。

李：この 通（とお）りは 静（しず）かですね。

長島：ああ、今日（きょう）は 平日（へいじつ）ですね。でも、休（やす）みの日（ひ）は 観光客（かんこうきゃく）が 多（おお）いです。とても にぎやかですよ。

李：そうですか。

李：あれえ、だれも いませんね。

小野：そうですね。

李：ところで、この美術館（びじゅつかん）には どんな 作品（さくひん）がありますか。

小野：世界中（せかいじゅう）の 有名（ゆうめい）な 作家（さっか）の 彫刻（ちょうこく）です。

長島：美術館（びじゅつかん）の 庭（にわ）にも いろいろ おもしろいのが ありますよ。

五 习题

1. 写出下列词语的读音。

故郷（　　　）　人形（　　　）　紅葉（　　　）　彫刻（　　　）
作家（　　　）　平日（　　　）　雨（　　　）　簡単（　　　）
汚い（　　　）　生活（　　　）

2. 写出下列假名对应的汉字。

まち（　）　さくひん（　）　どうぐ（　）　せかい（　）　くもり（　）　ゆき（　）　ゆうめい（　）　しんせつ（　）　げんき（　）　ひま（　）

3. 完成下表。

形一	軽い	軽かったです		
	長い			
	つまらない			
形二	大丈夫		大丈夫ではありません	
	きれい			
	派手			
名	町			町ではありませんでした
	先生			

4. 请在[A]～[D]中选出最佳选项。

(1) 本当に（　　）町ですね。

［A］きれい　　［B］きれいの
［C］きれいな　　［D］きれいに

(2) 秋は旅行の（　　）です。

［A］シーゼー　　［B］シーゼン
［C］シースン　　［D］シーズン

(3) ——彼氏は（　　）人ですか。
——ハンサムです。そして、親切です。

［A］なんの　　［B］どの
［C］どんな　　［D］だれ

(4)（　　）道具をもらいました。

［A］べんりな　　［B］べんりの
［C］べんりに　　［D］べんり

(5) 公園はあまり静か（　　）。

［A］です　　［B］ではありません
［C］でした　　［D］くないです

(6) ——今日は忙しかったですか。
——いいえ、とても（　　）。

［A］忙しいです　　［B］暇です
［C］暇でした　　［D］暇ではありませんでした

(7) 京都の紅葉は（　　）ですか。

［A］ゆうめいな　　［B］ゆうめい
［C］ゆうめいの　　［D］ゆうめいに

(8) ——その本はどうですか。
——（　　）。

［A］面白いです。でも、ちょっと古いです
［B］あの本です
［C］はい、もう読みました
［D］李さんのです

(9) ——どんな傘を買いましたか。
——（　　）。

［A］はい、傘を買いました
［B］はい、きれいな傘を買いました

[C] きれいな傘を買いました
[D] はい、傘はきれいです

(10) ——東京はどうですか。
——( )。
[A] きれいです。そして、にぎやかです
[B] きれいです。でも、静かです
[C] きれいではありません。そして、静かです
[D] きれいではありません。でも、にぎやかではありません

(11) ——お菓子、どうですか。
——( )。
[A] ありがとうございます。いただきます
[B] はい、おいしいです
[C] いいえ、おいしくないです
[D] おもしろいです

(12) ——お菓子、どうでしたか。
——( )。
[A] ありがとうございます。いただきます
[B] はい、おいしいです
[C] いいえ、おいしくないです
[D] おいしかったです

5. 先将[A]～[D]排序，再选出填入（ ★ ）的选项。

(1) ( )(★)( )( ) 誰ですか。
[A] 人　[B] 好き　[C] な　[D] は

(2) もう少し( )(★)( )( ) です。
[A] の　[B] いい　[C] 安い　[D] が

(3) 美術館( )( )(★)( ) がありますか。
[A] どんな　[B] は　[C] に　[D] 作品

(4) おとといは( )(★)( )( )。
[A] では　[B] 晴れ　[C] ありません　[D] でした

6. 将下列句子译成日语。

(1) 昨天没有空。

(2) 东京很热闹。街道上有很多高楼。

(3) 昨天虽然是晴天，但不怎么热。

(4) ——工作怎么样?
——简单。但是有点忙。

(5) ——万里长城距离北京很远吗?
——不怎么远。

第 11 课 小野さんは歌が好きです

一 词汇拓展

1 歌(うた): 歌

【速】う—うむ—产生
た—节奏

【关】歌(うた)を歌(うた)う: 唱歌

2 絵(え): 画

【关】絵(え)を描(か)く: 画画

3 運転(うんてん): 驾驶, 开车

【关】運転手(うんてんしゅ): 司机

4 飲(の)み物(もの): 饮料

【速】のみ—飲(の)む—喝
もの—东西

【关】ドリンク (drink): 饮料

5 お酒(さけ): 酒

【速】お—美化
さ—清
け—き—气

【关】ソフトドリンク (soft drink): 无酒精饮料
アルコール類(るい) (alcohol): 含酒精饮料

6 肉(にく): 肉

【速】に—煮
く—吃

【关】豚肉(ぶたにく): 猪肉
牛肉(ぎゅうにく): 牛肉
鶏肉(とりにく): 鸡肉
ラム肉(にく): 羊肉

7 野菜(やさい): 蔬菜

【关】白菜(はくさい): 白菜
レタス (lettuce): 生菜
キャベツ (cabbage): 卷心菜
トマト (tomato): 西红柿
じゃが芋(いも): 土豆
人参(にんじん): 胡萝卜
大根(だいこん): 白萝卜
玉葱(たまねぎ): 洋葱

8 果物(くだもの): 水果

【速】くだ—くだる—下
もの—东西

【关】バナナ (banana): 香蕉
りんご: 苹果
なし: 梨
柿(かき): 柿子
みかん: 橘子

オレンジ (orange)：橙子

すいか：西瓜

いちご：草莓

ドリアン (durian)：榴莲

9 バラ：玫瑰

【关】バラ肉(にく)：五花肉

10 窓(まど)：窗，窗户

【速】ま—め—眼睛

ど—と—门

11 旅館(りょかん)：旅馆（和式）

【关】ホテル (hotel)：宾馆（洋式）

12 会議(かいぎ)：大型会议

【关】ミーティング (meeting)：小型会议

13 脚(あし)：腿

【速】あ—不好

し—长

【关】太股(ふともも)：大腿

膝(ひざ)：膝盖

すね：小腿

足(あし)：脚

14 僕(ぼく)：我，男性用语

【关】俺(おれ)：我（第一人称男性用语）

わし：老夫（第一人称男性用语，适用于老年人）

あたし：我（第一人称女性用语，非正式说法）

わたくし：我（自谦语）

15 分(わ)かる：懂，明白

【速】わ—分

か—け—开

る—动词词尾

【关】N+ が + 分(わ)かる：明白……

16 迷(まよ)う：犹豫，难以决定

【速】ま—め—眼睛

よ—摆动

う—无

【关】道(みち)に迷(まよ)う：迷路

17 できる：会；能；完成

【速】で—出

き—来

る—动词词尾

【关】N+ が + できる：能做……

18 閉(し)める：关闭，关门

【速】し—死

め—圆、包围

る—动词词尾

19 疲(つか)れる：疲倦，疲惫

【速】つ—て—手

かれる—枯萎

20 怖(こわ)い：害怕，恐怖

【速】こ—加强

わ—分开

21 赤(あか)い：红色的

【速】あ—明亮

か—火

【关】赤(あか)：红色

22 痛(いた)い：疼，疼痛

【速】い—一直

た—打

23 上手（じょうず）：擅长，水平高

【关】得意（とくい）：擅长（自称）

【解】「上手（じょうず）」一般不用于形容自己。

24 下手（へた）：不高明，水平低

【速】へ—減少

た—て—手

25 苦手（にがて）：不擅长，不善于

【速】にが—苦

て—手

语法延伸

1. 「が」的用法

（1）提示主语。

（2）放在句末表示转折。

（3）提示对象语（对象语指人的情感或能力所指向的事物），可视为固定搭配：

①「名词＋が」表示喜好：好（す）き、嫌（きら）い、怖（こわ）い、欲（ほ）しい；

②「名词＋が」表示能力：できる、できない、分（わ）かる（分（わ）からない）、上手（じょうず）、下手（へた）、苦手（にがて）、得意（とくい）。

2. 中文中的宾语不一定是日语中的宾语

吃苹果：りんご（宾语）を食（た）べる

见朋友：友達（ともだち）（对象）に会（あ）う

去日本：日本（にほん）（目的、对象）へ/に行（い）く

会做饭：料理（りょうり）（对象语）ができる

3. 「と」和「や」的区别

と：完全列举

や：不完全列举

4. 「から」的用法

（1）「名词＋から」表示“从”。

（2）「整句＋から」表示“因为”。例如：明日（あした）働（はたら）きますから、今晩（こんばん）は早（はや）く寝（ね）ます。

5. 「だから」的用法

「だから」属于连语词，又称接续词，用于两个完整的句子之间，其敬体形是「ですから」。

6. 「に」和「で」的区别

（1）表示在某地有某物时用「に」,「に」表示事物所在的地点。

（2）表示在某地发生某个动作时用「で」,「で」表示动作发生的地点。

どうぶつえん
動物園にパンダがいます。

どうぶつえん　　　　み
動物園でパンダを見ます。

どうぶつえん
動物園でイベントがあります。

注：表示“在某地有某活动”时，需要用「で」。因为“活动”本身不是具体实物且具有动态性。

三 基本课文与音调

1. 小野（おの）さんは 歌（うた）が 好（す）きです。

2. スミスさんは 韓国語（かんこくご）が 分（わ）かります。

3. 吉田（よしだ）さんは 時々（ときどき）中国（ちゅうごく）や 韓国（かんこく）へ 行（い）きます。

4. 森（もり）さんは お酒（さけ）が 好（す）きですから、毎日（まいにち）飲（の）みます。

A 甲：吉田（よしだ）さんは 料理（りょうり）が できますか。

乙：いいえ、全然（ぜんぜん）できません。

B 甲：どんな 音楽（おんがく）が 好（す）きですか。

乙：ロックや ポップスなどが 好（す）きです。

C 甲：長島（ながしま）さん、スペイン語（ご）が 分（わ）かりますか。

乙：ええ、大学（だいがく）で 習（なら）いましたから、少（すこ）し 分（わ）かります。

D 甲：小野（おの）さん、よく 音楽（おんがく）を 聞（き）きますか。

乙：ええ、家（いえ）で CD（シーディー）を よく 聞（き）きます。そして、たまに コンサートへ 行（い）きます。

四 应用课文 お土産

李：箱根（はこね）は ホテルや 旅館（りょかん）が 多（おお）いですね。

小野：そうですね。会社（かいしゃ）の 別荘（べっそう）も たくさん あります。

李：長島（ながしま）さんや 小野（おの）さんも よく 来（き）ますか。

長島：ええ、車（くるま）で 時々（ときどき） 来（き）ます。

小野：わたしは 運転（うんてん）が できませんから、いつも 電車（でんしゃ）です。

長島：ぼくは 来月（らいげつ） また 来（き）ますよ。

李：どうしてですか。

長島：この近（ちか）くの ホテルで 友達（ともだち）の 写真展（しゃしんてん）が ありますから。

李：箱根（はこね）の お土産（みやげ）は 何（なに）が いいですか。

小野：うーん、そうですね……迷（まよ）いますね。

長島：寄木細工（よせぎざいく）は いかがですか。とても 有名（ゆうめい）ですよ。

李：きれいな 模様（もよう）ですね。

小野：ええ。

長島：気（き）に 入（い）りましたか。

李：はい、とても。

五 习题

1. 写出下列词语的读音。

歌（　　　）　絵（　　　）　英語（　　　）　果物（　　　）　写真展（　　　）　別荘（　　　）　結婚式（　　　）　外国（　　　）　脚（　　　）　下手（　　　）

2. 写出下列假名对应的汉字。

すいえい（　）　うんてん（　）　のみもの（　）　まど（　）　りょかん（　）　かいぎ（　）　にく（　）　やさい（　）　わかります

（　　）　じょうず（　　）

3. 请在[A]～[D]中选出最佳选项。

（1）スミスさんは（　　）が上手です。
［A］ピアノ　［B］ビアノ　［C］ヒアノ　［D］ピュアル

（2）——森さんはどんな飲み物が好きですか。
——（　　）が好きです。
［A］にく　［B］ビル　［C］ビール　［D］サッカー

（3）このヒマワリがとても（　　）。これをください。
［A］気にしました　［B］気になりました
［C］気に入りました　［D］気をつけました

（4）今日は土曜日です。（　　）、銀行は休みです。
［A］そして　［B］でも　［C］だから　［D］ところで

（5）お酒が好きではありません。（　　）、たまに飲みます。
［A］だから　［B］でも　［C］そして　［D］それから

（6）私（　　）運転（　　）できますから、よく車で会社へ行きます。
［A］が、は　［B］は、に　［C］は、が　［D］は、を

（7）展示場（　　）展覧会があります。
［A］は　［B］で　［C］に　［D］を

（8）部屋の中に机（　　）椅子などが、たくさんあります。
［A］も　［B］や　［C］と　［D］で

（9）キムさんは（　　）韓国へ帰ります。
［A］あまり　［B］ぜんぜん　［C］よく　［D］とても

（10）——スミスさんは日本語がわかりますか。
——いいえ、（　　）。
［A］全然わかります　［B］全然わかりません
［C］あまりわかります　［D］たまにわかります

（11）——お菓子はいかがですか。
——（　　）。
［A］結構なものです　［B］今は結構です
［C］結構です。いただきます　［D］さき食べましたから

（12）——（　　）外国へ旅行に行きませんでしたか。
——飛行機が怖いですから。

[A] として　　[B] どう　　[C] いかが　　[D] どうして

(13) 私は肉がきらいです。(　　)。
[A] だから、よく食べます　　[B] だから、ぜんぜん食べません
[C] だから、たまに食べます　　[D] だから、時々食べます

4. 先将[A]～[D]排序，再选出填入（ ★ ）的选项。

(1) 私の家は（　）（　）（ ★ ）（　）、とても便利です。
[A] ですから　　[B] 駅　　[C] から　　[D] 5 分

(2) 時々（　）（ ★ ）（　）（　）、歌が上手です。
[A] に　　[B] カラオケ　　[C] から　　[D] 行きます

5. 将下列句子译成日语。

(1) 小李会做日本料理，所以有时候做。

(2) 小李很擅长做饭，所以教了小野。

(3) ——喝点茶吧。
——不，不用了。

(4) 外面很脏，所以关上了窗户。

(5) 小李喜欢日本，所以经常和日本人见面。

第 12 课　李さんは森さんより若いです

一 词汇拓展

1 冬(ふゆ)：冬天

【速】ふ—吹
ゆ—摇晃

2 ジュース (juice)：果汁

【关】ジューシー (juicy)：多汁的

3 人気(にんき)：人气

【关】人気(にんき)がある：有人气，受欢迎

4 席(せき)：座位

【关】席(せき)を譲(ゆず)る：让座
席(せき)に座(すわ)る：坐下

5 クラス (class)：班级

【关】ガラス (glas)：玻璃

6 種類(しゅるい)：种类

7 背(せ)：个子，身高

【关】背(せ)が低(ひく)い：个子矮
背(せ)が高(たか)い：个子高
背(せ)が伸(の)びる：长个子
背中(せなか)：后背

8 兄(あに)：哥哥，兄长

【速】あ—上

に—人

9 若(わか)い：年轻

【速】わ—不稳重

か—不确定

【关】年(とし)を取(と)る：年龄增长，上年纪

老(ふ)ける：老

10 暖(あたた)かい：温暖的

【速】あた—あつ—热

た—源「はた」—边缘

か—表修饰

【关】あったかい：温暖的（口语化表达）

11 涼(すず)しい：凉爽的

【速】すず—（感到）轻盈，流动

しい—形容词词尾

12 速(はや)い：快

【速】は—干脆利落

や—小

【关】早(はや)い：早（现在既可以表现“早”，也可以表现“快”）

13 大好(だいす)き：最喜欢

【关】大嫌(だいきら)い：最讨厌

二 语法延伸

1. 形容词的比较级和最高级

（1）A 比 B……

A は B より～（肯定形）

B より A のほうが～（肯定形）

其中，「が」表现了主语的排他性。

注意

ほう：汉字写作「方(ほう)」，为“方面”的意思。

（2）A 不如 B……

A は B ほど～（形容词）くないです（否定形）

A は B ほど～（形容动词）ではありません（否定形）

注意

ほど：表示程度，多用来表示高程度。

（3）A 最……

～（范围）で / 中（なか）で、A が一番（いちばん）～（形容词或形容动词）です

例如：クラスで / クラスの中（なか）で、私（わたし）が背（せ）が一番高（いちばんたか）いです。

该例句中的第一个「が」提示大主语，体现了排他性；第二个「が」提示小主语，且日语中现象句必用「が」，不体现排他性。

2.「が」的用法总结

（1）提示主语：①体现排他性；②用于现象句。

（2）放在句末表示转折。

（3）提示对象语（见第 11 课语法延伸部分）。

（4）放在句末缓和语气。

三 基本课文与音调

1. 李（り）さんは 森（もり）さんより 若（わか）いです。
2. 日本（にほん）より 中国（ちゅうごく）の ほうが 広（ひろ）いです。
3. 神戸（こうべ）は 大阪（おおさか）ほど にぎやかでは ありません。
4. スポーツの 中（なか）で サッカーが いちばん おもしろいです。

A 甲：北京（ペキン）は 東京（とうきょう）より 寒（さむ）いですか。

乙：ええ、冬（ふゆ）の 北京（ペキン）は 東京（とうきょう）より ずっと寒（さむ）いです。

B 甲：日本語（にほんご）と 英語（えいご）と どちらが 難（むずか）しいですか。

乙：日本語（にほんご）の ほうが 難（むずか）しいです。

C 甲：森（もり）さんは テニスが 上手（じょうず）ですね。

乙：いいえ、長島（ながしま）さんほど 上手（じょうず）では ありません。

D 甲：季節（きせつ）の 中（なか）で いつが いちばん 好（す）きですか。

乙：わたしは 春（はる）が いちばん 好（す）きです。

四 应用课文 お酒と お茶

李：長島（ながしま）さんは よく お酒（さけ）を 飲（の）みますか。

長島：ええ。お酒（さけ）は 大好（だいす）きですから、毎晩（まいばん） 飲（の）みますよ。

李：ビールと 日本酒（にほんしゅ）と、どちらが 好（す）きですか。

長島：どちらも 好（す）きです。でも、焼酎（しょうちゅう）が いちばん 好（す）きです。

小野：焼酎（しょうちゅう）は 最近（さいきん） 人気（にんき）が ありますね。

李：小野（おの）さんも 焼酎（しょうちゅう）が 好（す）きですか。

小野：いいえ。わたしは 焼酎（しょうちゅう）より ワインの ほうが いいです。でも、ビールも よく 飲（の）みますよ。

長島：中国（ちゅうごく）は お茶（ちゃ）の 種類（しゅるい）が 多（おお）いですね。

李：ええ。ウーロン茶（ちゃ）、ジャスミン茶（ちゃ）、緑茶（りょくちゃ）など、たくさん あります。

小野：どの お茶（ちゃ）が いちばん 人気（にんき）が ありますか。

李：やっぱり ウーロン茶（ちゃ）です。

小野：李（り）さんも よく 飲（の）みますか。

李：ええ。毎日（まいにち） ウーロン茶（ちゃ）か ジャスミン茶（ちゃ）を 飲（の）みます。

長島：どちらが おいしいですか。

李：どちらも おいしいですよ。わたしは ジャスミン茶（ちゃ）の ほうが 好（す）きですが……

五 习题

1. 写出下列词语的读音。

冬（　　　）　春（　　　）　席（　　　）　兄（　　　）　緑茶

（　　　　）　紅茶（　　　　）　季節（　　　　）　種類（　　　　）　最近（　　　　）　日本酒（　　　　）

2. 写出下列假名对应的汉字。

せ（　　）　すし（　　）　にんき（　　）　わかい（　　）　あたたかい（　　）

3. 请在[A]～[D]中选出最佳选项。

(1) 最近よく雨が（　　）。

[A] ふるます　[B] ふります
[C] ふます　[D] ふいます

(2)（　　）の中で、彼が一番人気があります。

[A] クラス　[B] グラス
[C] グレス　[D] クレス

(3) 紅茶と（　　）と、どっちが好きですか。

[A] ウロン茶　[B] ウローン茶
[C] ウッロン茶　[D] ウーロン茶

(4) 7月が（　　）暑いです。

[A] いちばん　[B] いつはん
[C] いちはん　[D] いっぱん

(5) 四川料理は広東料理より（　　）辛いです。

[A] いちばん　[B] ずっと
[C] たまに　[D] また

(6) 地下鉄（　　）バス（　　）速いです。

[A] より、ほう　[B] は、ほど
[C] は、より　[D] より、ほど

(7) 神戸（　　）、大阪（　　）がにぎやかです。

[A] より、ほう　[B] より、のほう
[C] は、ほど　[D] は、より

(8) 日本では、サッカー（　　）野球（　　）人気ではありません。

[A] は、が　[B] は、ほど
[C] は、より　[D] ほど、は

(9) 英語と日本語と、（　　）難しいですか。

[A] どのが　[B] どちらは
[C] どちらが　[D] どれが

4. 先将[A]～[D]排序，再选出填入（　★　）的选项。

（1）交通機関の中で、（　　）（　★　）（　　）（　　）です。
［A］いちばん　［B］が　［C］飛行機　［D］速い

（2）音楽の中で、（　★　）（　　）（　　）（　　）ですか。
［A］いちばん　［B］好き　［C］が　［D］何

（3）1週間で（　　）（　　）（　★　）（　　）月曜日です。
［A］いちばん　［B］は　［C］忙しい　［D］の

（4）この中で、（　　）（　★　）（　　）（　　）おいしいですか。
［A］果物　［B］どの　［C］いちばん　［D］が

（5）バスは（　　）（　★　）（　　）（　　）。
［A］ほど　［B］便利
［C］地下鉄　［D］ではありません

5. 将下列句子译成日语。

（1）——乌龙茶和红茶，哪个更好喝？
——哪个都好喝。

（2）比起烧酒来，我更喜欢喝葡萄酒。所以，小李生日时我送了她葡萄酒。

（3）水果比蔬菜好吃，所以我很喜欢吃水果。我经常吃。

（4）在中国，绿茶是最受欢迎的。乌龙茶没有绿茶受欢迎。

（5）——你最喜欢星期几？
——我最喜欢星期五。因为星期五不怎么忙。

第三单元测试

扫码获得听力
音频与原文

一、听录音，选出正确答案。

1番
1. はい、そうです　2. いいえ、ちがいます　3. わかりません

2番
1. あそこで友達の写真展がありますから
2. あそこで友達の結婚式がありますから
3. わかりません

3番
1. 浴衣　2. お菓子　3. わかりません

4番
1. 黒いカバン　2. 赤いハンカチ　3. 時計

5番
1. 私は日本語が下手です
2. 京都より、東京のほうが好きです
3. 京都は東京よりずっと賑やかです

6番
1. ロック　2. ポップス　3. クラシック

7番
1. 辛い料理　2. 甘い料理　3. 酸っぱい料理

8番
1. ウーロン茶　2. 緑茶　3. ジャスミン茶

9番
1. 7月　2. 8月　3. 9月

10番
1. 水泳　2. ゴルフ　3. サッカー

二、请在 [A] ～ [D] 中选出最佳选项。

1. 本当に簡単（　　）試験でした。
[A] に　[B] ×
[C] な　[D] の

2. 日本のタクシー料金が高いですから、（　　）タクシーで帰ります。
［A］よく　［B］あまり　［C］すこし　［D］たまに

3. 李さんは日本語が（　　）ですから、よく日本語で手紙を書きます。
［A］上手　［B］苦手　［C］嫌い　［D］おもしろい

4. この町は昔大阪ほど（　　）。
［A］にぎやかではありません
［B］にぎやかではありませんでした
［C］にぎやかでした
［D］にきやかです

5. 昨日は雪でした。（　　）とても（　　）。
［A］だから、暖かかったです
［B］でも、寒かったです
［C］だから、寒かったです
［D］だから、寒くなかったです

6. あの美術館（　　）ゴッホ（梵高）展があります。
［A］で　［B］に　［C］と　［D］は

7. 森さんは音楽（　　）好きですから、よくポップス（　　）ロックなどを聞きます。
［A］を、と　［B］が、や　［C］は、と　［D］が、も

8. ——タイはどうでしたか。
——とても（　　）。
［A］暑いです　［B］暑かったです
［C］暑いでした　［D］暑かったでした

9. ——箱根は（　　）町ですか。
——静かな町です。でも、（　　）。
［A］どう、寂しくないです
［B］どんな、人気があります
［C］どんな、寂しくないです
［D］何の、人気があります

10. 王さんはスポーツより（　　）好きです。
［A］音楽　［B］音楽のほう
［C］音楽のほうが　［D］音楽な

11. 太郎さんは（ ）クラシックを聞きます。
［A］よく　［B］とても　［C］いちばん　［D］より

12. この店の料理の中で、麻婆豆腐（　　）いちばんおいしいです。
[A] が　[B] は　[C] に　[D] か

13. 最近、日本で中国語のネット授業などは（　　）があります。
[A] 気　[B] 人気　[C] 歓迎　[D] 気持ち

14. ——北京の天気は（　　）。
——とても寒いです。ときどき雪が降ります。
[A] どんなですか　[B] どうですか
[C] どちらですか　[D] どれですか

15. 世界中の国々で中国が一番好きです。でも、（　　）。
[A] 中国語も好きです
[B] 中国人によく会います
[C] 中国語を勉強します
[D] 中国語はぜんぜんわかりません

16. ——いろいろな辞書がありますよ。どれを買いますか。
——（　　）。
[A] そうですか
[B] そうですね。迷いますね
[C] そうですか。わかりません
[D] そうか。これを買います

三、先将 [A] ~ [D] 排序，再选出填入（　★　）的选项。

1. 私（　　）（　　）（　★　）（　　）ですから、あまり犬と遊びません。
[A] 怖い　[B] は　[C] が　[D] 犬

2. 電車は（　　）（　★　）（　　）（　　）、新幹線で行きます。
[A] から　[B] 速くないです　[C] 新幹線　[D] ほど

3. 誕生日（　　）（　★　）（　　）（　　）をもらいました。
[A] な　[B] きれい　[C] に　[D] 花

4. ミカン（　　）（　　）（　★　）（　　）がずっとたかいです。
[A] の　[B] メロン　[C] ほう　[D] より

四、阅读文章，在 [A] ~ [D] 中选出最佳选项。

（一）

私は今京都にいます。おととい飛行機で中国（　1　）来ました。今は紅葉の季節ですから、京都はとてもにぎやかです。（　2　）私は京都の秋がいちばん好きです。

昨日、日本の友だちと店で本場（正宗）の日本料理を食べました。刺身や寿司、

（　3　）ものを食べました。私はうどんやそば（　4　）、寿司のほうが好きです。夕べ、清水寺へ行きました。雨でしたから、観光客が（　5　）いませんでした。本当に静かでしたね。

あした電車で奈良へ行きます。奈良の東大寺に有名な大仏があります。午後、李さんに会います。楽しみですね。

1. [A] に　　[B] まで　　[C] へ　　[D] から
2. [A] すこし　　[B] やはり　　[C] とても　　[D] 全然
3. [A] いろいろな　　[B] いろいろで　　[C] いろいろに　　[D] いろいろ
4. [A] から　　[B] ほう　　[C] より　　[D] ほど
5. [A] あまり　　[B] とても　　[C] すこし　　[D] たまに
6. 筆者はいつ、どこから日本に来ましたか。
   [A] 飛行機で中国から来ました。
   [B] おととい中国から来ました。
   [C] あさって京都から来ます。
   [D] おととい京都から来ました。
7. 筆者は京都のきせつの中で、いつが一番好きですか。
   [A] あき　　[B] もみじ　　[C] すし　　[D] なら
8. 清水寺はどうでしたか。
   [A] 紅葉の季節でした。とてもにぎやかでした。
   [B] 雨でしたから、観光客があまりいませんでした。本当に静かでした。
   [C] 有名な大仏がありましたから楽しみでした。
   [D] 行きませんでしたからわかりません。

（二）

李：昨日中国から帰りました。これ、森さんへのお土産です。
森：あ、中国の白酒ですか。ありがとうございます。
李：確かに、森さんはお酒が好きですね。
森：はい、私はお酒が大好きです。毎日飲みます。
李：ビールと焼酎と、どちらが好きですか。
森：やはり焼酎が好きです。焼酎はビールより強いですから。
李：ワインは？
森：うん——、ワインのほうがちょっと苦手です。

1. 森さんは何をもらいましたか。
   [A] ビール　　[B] 焼酎　　[C] 白酒　　[D] ワイン
2. どうして森さんは焼酎が好きですか。
   [A] 毎日飲みますから
   [B] ビールより、焼酎のほうが強いですから

[C] 焼酎に強いですから

[D] 焼酎はビールほど強くないですから

3. 森さんはワインが好きですか。

[A] はい、好きです。毎日飲みます。

[B] いいえ、好きではありません。

[C] ビールより、ワインのほうが好きです。

[D] ワインは焼酎より好きです。

五、以《喜欢的书》为题，写一篇 300 ～ 350 字的作文。

第 13 课　机の上に本が 3 冊あります

1 荷物（にもつ）：行李，包裹

【速】に—重担

もつ—有

【关】物（ぶつ）/ 物（もつ）→音读

物（もの）→训读

2 はがき：明信片

【速】は—端

がき—書（か）く—写

【关】絵葉書（えはがき）：绘图明信片

年賀状（ねんがじょう）：贺年卡

3 引（ひ）き出（だ）し：抽屉

【速】ひき—引（ひ）く—拉

だし—出（だ）す—出

4 漫画（まんが）：漫画（书）

【关】アニメ (animation)：动画片

5 生（なま）ビール [bier(荷)]：生啤

【关】生（なま）：也可以表示生啤

6 肉（にく）じゃが：土豆炖肉

【关】じゃが芋（いも）：土豆

7 髪（かみ）：头发

【速】かみ—上

【关】髪（かみ）の毛（け）：头发

8 昼（ひる）：中午

【速】ひ—日

る—留

【关】早朝（そうちょう）：早晨，清晨

朝（あさ）：早晨，午前

夕方（ゆうがた）/ 黄昏（たそがれ）：傍晚

晩（ばん）：晚上

夜（よる）：夜间

夜中（よなか）：深夜，半夜

真夜中（まよなか）：三更半夜

9 ほか：另外，其他

【速】ほ—外

か—加

10 かかる：花费（时间，金钱）

【速】か—悬挂

か—加

る—动词词尾

11 咲（さ）く：花开

【速】さ—开花

く—动词词尾

12 泳（およ）ぐ：游泳

【速】お—覆盖

よ—躲过

ぐ—方向

13 遊(あそ)ぶ：玩耍

【速】あそ—远—离开

ぶ—ふ—漂浮

14 吸(す)う：吸（烟）

【速】す—吸

う—封闭

15 切(き)る：切

【速】き—切

る—动词词尾

【关】着(き)る：穿

二 语法延伸

1. 动词连用形的用法

动词连用形 = 动词的ます形去「ます」

（1）连接其他动词或形容词，构成新词。

（2）一段动词与五段动词的连用形直接充当名词，例如「休(やす)み」。サ变动词的词干即为名词。

（3）表示中顿。

2. 训读词构词方法

同行假名意思相近，可相互通假。比如「酒」读作「さけ」，「居酒屋」读作「いざかや」。其中「か」即为「け」的通假。「ざ」是因为「酒」位于第二个汉字的位置，由「さ」发生了浊化。

3. 日语动词的分类——自他动词

（1）自动词

与助词「が」搭配。

（2）他动词

表示人主观的行为或动作，与助词「を」搭配。

4. 量词补充

（1）交通工具类量词

车 / 摩托车：台(だい)（一台(いちだい)）

电车：両(りょう)（一両(いちりょう)）

飞机：機(き)（一機(いっき)）/ 便(びん)（一便(いちびん)）

船：隻(せき)（一隻(いっせき)）/ 艘(そう)（一艘(いっそう)）

（2）衣服类量词

轻薄类（衬衫 / 毛衣 / 内衣裤）：枚（まい）（一枚（いちまい））

厚重类（外套 / 夹克 / 羽绒服 / 礼服）：着（ちゃく）（一着（いっちゃく））

裤子：枚（まい）（一枚（いちまい））

鞋 / 袜子：足（そく）（一足（いっそく））

手套：組（くみ）（一組（ひとくみ））/ 双（そう）（一双（いっそう））

（3）动物类量词

小动物、虫子：匹（ひき）（一匹（いっぴき））

鱼、虾：尾（び）（一尾（いちび））

大动物、蝶：頭（とう）（一頭（いっとう））

鸟、兔：羽（わ）（一羽（いちわ））

（4）食用类量词

大部分食物：一（ひと）つ、二（ふた）つ……

卷心菜：玉（たま）（一玉（ひとたま））

蔬菜：束（たば）（一束（ひとたば））

份：丁（ちょう）（一丁（いっちょう））

药：錠（じょう）（胶囊类，一錠（いちじょう））/ 服（ふく）（冲水服用类，一服（いっぷく））

（5）其他

一人（ひとり）：一个人

二人（ふたり）：两个人

度（ど）：表示固定频率的次数

5. 量词的用法

（1）作副词：卵一個（たまごいっこ）

（2）作名词：一個（いっこ）の卵（たまご）

6. 频率的表达

时间长度 + に + 次数：一週間（いっしゅうかん）に二回（にかい）、二年（にねん）に一度（いちど）

当时间段为一周、一个月、一年时，“一”可以省略。

7. 数字和量词搭配

1、3、6、8、10 后接量词时，多发生音变。

当量词为训读时，若前面的数字为 1、2，1、2 也必须训读，例如：

皿(さら)：一皿(ひとさら)、二皿(ふたさら)
玉(たま)：一玉(ひとたま)、二玉(ふたたま)
束(たば)：一束(ひとたば)、二束(ふたたば)

三 基本课文与音调

1. 机（つくえ）の 上（うえ）に 本（ほん）が 三冊（さんさつ）あります。

2. 李（り）さんは 毎日（まいにち）七時間（しちじかん）働（はたら）きます。

3. 李（り）さんは 一週間（いっしゅうかん）に 二回（にかい）プールへ 行（い）きます。

4. 午後（ごご）郵便局（ゆうびんきょく）へ 荷物（にもつ）を 出（だ）しに行（い）きます。

A 甲：すみません、はがきを 五枚（ごまい）ください。

乙：はい。五枚（ごまい）で 二百五十円（にひゃくごじゅうえん）です。

B 甲：よく 映画（えいが）を 見（み）ますか。

乙：ええ、一（いっ）か月（げつ）に 二回（にかい）ぐらい 見（み）ます。

C 甲：家（いえ）から 会社（かいしゃ）まで どのぐらい かかりますか。

乙：電車（でんしゃ）で 一時間（いちじかん）ぐらい かかります。

D 甲：昨日（きのう）何（なに）を しましたか。

乙：新宿（しんじゅく）へ 映画（えいが）を 見（み）に 行（い）きました。

四 应用课文 居酒屋

小野：これから 森（もり）さんと 近（ちか）くの お店（みせ）へ 飲（の）みに 行（い）きます。李（り）さんも いっしょに どうですか。

李：えっ、いいですか。お願（ねが）いします。

李：森（もり）さんたちは この お店（みせ）へ よく 来（き）ますか。

森：ええ、ぼくは 週（しゅう）に 二回（にかい）ぐらい 来（き）ます。

小野：わたしも よく 来（き）ます。

森：あのう、すみません。とりあえず 生（なま）ビールを 三（みっ）つ お願（ねが）いします。

李：生（なま）ビールが 一（いっ）杯（ぱい）三百円（さんびゃくえん）ですか。

森：ここは お酒（さけ）も 食（た）べ物（もの）も 安（やす）いです。焼（や）き鳥（とり）は 五本（ごほん）で 四百円（よんひゃくえん）ですからね。

小野：唐揚（からあ）げや 肉（にく）じゃがは 一（ひと）皿（さら）三百五十円（さんびゃくごじゅうえん）です。

李：ほかの お店（みせ）は いくらぐらいですか。

森：生（なま）ビールは だいたい 一（いっ）杯（ぱい）四百円（よんひゃくえん）か 四百五十円（よんひゃくごじゅうえん）ですね。

小野：焼（や）き鳥（とり）は 一（いっ）本（ぽん）百五十円（ひゃくごじゅうえん）ぐらいですよ。

李：じゃあ、ここは 安（やす）いですね。

五 习题

1. 写出下列词语的读音。

髪（　　）　昼（　　）　冊（　　）　匹（　　）　着（　　）
荷物（　　）　切手（　　）　漫画（　　）　週間（　　）
居酒屋（　　）

2. 写出下列假名对应的汉字。

ぞう（　）　しゅうり（　）　さきます（　）　すいます（　）　きります（　）

3. 请在[A]～[D]中选出最佳选项。

(1) 日に2本（　）を吸います。
[A] タハコ　[B] タパコ　[C] ダバコ　[D] タバコ

(2) 家から駅まで（　）かかりますか。
[A] どのぐらい　[B] いくつ　[C] いつ　[D] 何時

(3) 家から学校まで（　　）30分ぐらいかかります。
　[A] たいたい　[B] たいだい　[C] だいたい　[D] だいだい

(4) 友達から兎を2（　　）もらいました。
　[A] 匹　[B] 羽　[C] 個　[D] 頭

(5) 母に（　　）を送りました。
　[A] はがき　[B] かって　[C] はかき　[D] きて

(6) 机の上に鉛筆が（　　）あります。
　[A] さんほん　[B] さんぽん　[C] さんぼん　[D] さっほん

(7) 生ビールを（　　）お願いします。
　[A] ふたつ　[B] ふたり　[C] みつ　[D] にっこ

(8) 家から学校まで40分（　　）かかります。
　[A] ぐらい　[B] ころ　[C] を　[D] は

(9) 一人（　　）自転車（　　）森さんに会い（　　）行きました。
　[A] の、で、へ　[B] で、で、に
　[C] ×、と、へ　[D] で、に、に

(10) 私は日本（　　）好きです。年（　　）2回行きます。
　[A] を、×　[B] が、で　[C] が、に　[D] を、に

(11) 李さんは日本料理を（　　）行きました。
　[A] 食べに　[B] 食べますに　[C] 食べるに　[D] 食べます

4. 先将[A]～[D]排序，再选出填入（ ★ ）的选项。

(1)（　　）（　　）（ ★ ）（　　）に会います。
　[A] に　[B] 彼氏　[C] 1週間　[D] 1回

(2) 冷蔵庫の中に（　　）（　　）（ ★ ）（　　）。
　[A] ワイン　[B] あります　[C] 一本　[D] が

(3) 午後、展覧会へ（　　）（ ★ ）（　　）（　　）行きます。
　[A] に　[B] を　[C] 撮り　[D] 写真

(4) この（　　）（　　）（　　）（ ★ ）いくらですか。
　[A] で　[B] は　[C] 焼き鳥　[D] 3本

5. 将下列句子译成日语。

(1) 小森每周和朋友去公园看两次足球比赛。

(2) 我每天一个人用电脑学一个小时左右的日语。

（3）坐新干线从东京到大阪要多久？

（4）我喜欢喝茉莉花茶。刚才喝了三杯。

（5）我去便利店买了 3 张邮票，花了 200 日元。

第 14 课　昨日デパートへ行って、買い物しました

一　词汇拓展

1 書類(しょるい)：文件

【关】書類(しょるい)を整理(せいり)する：整理文件

ファイル (file)：文件

2 メモ (memo)：笔记

【关】メモする / メモる / メモを取(と)る：记笔记

パスワードをノートにメモする：将密码记在笔记本上

3 橋(はし)：桥

【关】橋(はし)を渡(わた)る：过桥

4 角(かど)：拐角

【速】か—交换—交叉

ど—と—停止

5 右(みぎ)：右边

【速】みぎ—源「にぎ」—握

6 左(ひだり)：左边

【速】ひ—日

だ—出

り—方向

7 交差点(こうさてん)：十字路口

【关】辻(つじ)：十字路口

十字路(じゅうじろ)：十字路口

8 道(みち)：道路

【速】み—御（美化语）

ち—区域，道路

【关】道(みち)を進(すす)む：沿道路前行

9 通(とお)る：通过，经过

【速】とお—「通」的音读

る—动词词尾

【关】トンネルを通(とお)る：穿过隧道

10 急(いそ)ぐ：急，匆忙

【速】い—一直

そ—快

ぐ—く—用力

【关】急(いそ)いで：赶快

11 飛(と)ぶ：飞行

【速】と—飞

ぶ—方向

【关】鳥(とり)は空(そら)を飛(と)ぶ：鸟在天空飞翔

12 死(し)ぬ：死亡

【速】し—死

ぬ—没

13 待(ま)つ：等待

【速】ま—慢

つ—尽，完

【关】ちょっと待(ま)って：等一下，稍等

14 売(う)る：卖，销售

【速】う—无

る—动词词尾

【关】売(う)り場(ば)：卖场

15 話(はな)す：说话

【关】話(はなし)：话，谈话内容

16 渡(わた)る：过（桥，马路）

【速】わ—完全，完整

た—大

る—动词词尾

【关】海(うみ)を渡(わた)る：渡海

17 下(お)ろす / 卸(お)ろす：取，卸货

【速】お—高

ろ—落

す—他动词词尾

【关】お金(かね)を下(お)ろす：取钱

18 選(えら)ぶ：选择

【速】え—选，选择

ら—拉，拉动

ぶ—并列

【关】正(ただ)しい答(こた)えを選(えら)ぶ：选择正确答案

19 消(け)す：关（灯），消除

【速】け—き—消失

す—他动词词尾

【关】電気(でんき)を消(け)す：关灯

20 歩(ある)く：步行

【速】あ—脚

る—转动，移动

く—方向

21 曲(ま)がる：拐弯

【速】ま—卷

が—变化

る—动词词尾

【关】角(かど)を左(ひだり)に / へ曲(ま)がる：拐角处左转

22 洗(あら)う：洗

【速】あ—相互

ら—拉，拉动

う—用力

【关】お手洗(てあら)い：洗手间

23 出(で)る：离开

【速】で—出

る—动词词尾

【关】家(いえ)を出(で)る：离开家

24 出(で)かける：外出

【速】で—出

かける—挂

25 開(あ)ける：打开，开启

【速】あ—打开

け—开

る—动词词尾

【关】ドアを開(あ)ける：开门

26 過(す)ぎる：过

【速】す—轻盈地

ぎ—き—消失

る—动词词尾

【关】三年間（さんねんかん）を過（す）ぎる：过了三年

27 見（み）せる：给……看，出示

【速】み—看

せる—使役态标志

28 つける：开（灯，开关）

【关】電気（でんき）をつける：开灯

29 降（お）りる：下（车，山）

【速】お—高

り—顺势而为

る—动词词尾

【关】電車（でんしゃ）を降（お）りる：下电车

降（ふ）る：下（雨，雪）

30 買（か）い物（もの）する：购物

【关】ショッピング (shopping)：购物

31 暗（くら）い：黑暗

【速】くら—黑，暗

语法延伸

1. 学习所有的动词变形有共同的思路，即 3W 原则：

（1）Why，为什么变形，即变形的意义；

（2）What，变形规律是什么，即变形的规则与音调的规律；

（3）How，变形后怎么用，即变形的基本用法。

2. 动词て形（从辞书形开始变）

（1）て形后接其他动词，有两类关系：

① V1 → V2（先 V1 后 V2；因 V1 而 V2）

② V1 V2（在 V1 的状态下做 V2；通过 V1 的手段或方法做 V2）

（2）变形规则

①五段动词：

词尾

く → いて（特殊：行（い）く → 行（い）って）

ぐ → いで

う / つ / る → って

ぶ / ぬ / む → んで

す → して

②一段动词：去掉词尾 + て

③する → して

来(く)る → 来(き)て

3. 动词て形的音调规律

辞书形 0 调 → て形仍为 0 调

辞书形非 0 调 → ①一类动词的降调位置不变；②二类动词的降调位置前移一拍［特例：「見(み)る」等降调位置无法前移的动词，降调位置保持不变。(見(み)る①→見(み)て①)］

4. 「てから」的用法

动词て形既可以表先后关系，也可以表因果、状态；而「てから」只表示先后关系，且表达更加明确，可避免歧义。

5. 「に」和「で」的区别

「ここに住所(じゅうしょ)と名前(なまえ)を書(か)いてください」中的「に」表附着点，用于提示填写的位置。

「ここで住所(じゅうしょ)と名前(なまえ)を書(か)いてください」中的「で」表动作发生的地点，用于提示人填表时所在的位置。

6. 「を」的用法

（1）提示宾语。

（2）表示位移、穿越：

①位移（内→外）：家(いえ)を出(で)る、大学(だいがく)を卒業(そつぎょう)する

②移动与穿越：公園(こうえん)を散歩(さんぽ)する、鳥(とり)は空(そら)を飛(と)ぶ

三 基本课文与音调

1. 昨日（きのう）デパートへ 行（い）って、買（か）い物（もの）しました。
2. 李（り）さんは 毎晩（まいばん）ラジオを 聞（き）いてから 寝（ね）ます。
3. ここに 住所（じゅうしょ）と 名前（なまえ）を 書（か）いて ください。
4. 李（り）さんは 毎朝（まいあさ）七時（しちじ）に 家（いえ）を 出（で）ます。

A 甲：今日（きょう）の 午後（ごご）は 何（なに）を しますか。

乙：図書館（としょかん）へ 行（い）って、勉強（べんきょう）を します。それから 家（いえ）へ 帰（かえ）って、手紙（てがみ）を 書（か）きます。

B 甲：いつ 出（で）かけますか。

乙：昼（ひる）ご飯（はん）を 食（た）べてから 出（で）かけます。

C 甲：すみません、この 荷物（にもつ）を 中国（ちゅうごく）へ 送（おく）って ください。

乙：船便（ふなびん）ですか、航空便（こうくうびん）ですか。

甲：船便（ふなびん）で お願（ねが）いします。

D 甲：この バスは 駅前（えきまえ）を 通（とお）りますか。

乙：はい、通（とお）ります。

四 应用课文 原稿

李：吉田課長（よしだかちょう）、原稿（げんこう）が できました。

吉田：箱根（はこね）の 記事（きじ）ですね。ちょっと 見（み）せて ください。

吉田：なかなか いいですね。いつ 書（か）きましたか。

李：昨日（きのう）会社（かいしゃ）で メモを 整理（せいり）して、小野（おの）さんに 見（み）せました。そして、アパートへ 帰（かえ）ってから 書（か）きました。

吉田：そうですか。大変（たいへん）でしたね。写真（しゃしん）も できましたか。

李：はい。これから 長島（ながしま）さんの 事務所（じむしょ）へ 行（い）って、写真（しゃしん）を 選（えら）びます。

吉田：そうですか。

李：後（あと）で 写真（しゃしん）も 見（み）て くださいませんか。

吉田：李（り）さん、もう 会社（かいしゃ）を 出（で）ますか。

李：はい。銀行（ぎんこう）で お金（かね）を 下（お）ろしてから 行（い）きます。

吉田：じゃあ、郵便局（ゆうびんきょく）の 近（ちか）くを 通（とお）りますね。すみませんが、この 手紙（てがみ）を 出（だ）して ください。

李：はい。速達（そくたつ）で 出（だ）しますか。

吉田：ええ、そうして ください。

五 习题

1. 写出下列词语的读音。

道（　　　）　左（　　　）　角（　　　）　船便（　　　）　原稿（　　　）　記事（　　　）　大変（　　　）　卒業（　　　）　交差点（　　　）　横断歩道（　　　）

2. 写出下列假名对应的汉字。

はし（　）　みぎ（　）　くらい（　）　でんき（　）　えきまえ（　）　わたります（　）　けします（　）　あらいます（　）

3. 完成下表。

辞书形	て形
離す	
持つ	
触る	
呼ぶ	
手伝う	
脱ぐ	
行く	
なる	
帰る	
来る	
操作する	

4. 请在[A]～[D]中选出最佳选项。

(1) 今回の（　）、なかなかおいしいですね。

[A] ぺーぺキュー　　[B] バーベキュー

[C] バービキュー　　[D] パーぺキュー

(2) 暗いですから、電気を（　）ください。

[A] あけて　　[B] あげて

[C] つけて　　[D] けして

(3) 渋谷で電車を（　）。

[A] おろしてください　　[B] おりてください

[C] おろってください　　[D] おりってください

(4) このバスは大学の近くを（　　）。

[A] わたります　　[B] とおります

[C] いきます　　[D] おります

(5) この道をまっすぐ行って、橋（　　）渡ってください。

[A] に　　[B] を　　[C] で　　[D] が

(6) すみません、この写真（　　）私（　　）見せてください。

[A] は、を　　[B] を、に　　[C] が、を　　[D] で、は

(7) ——李さん、（　　）帰りますか。

——はい、てがみを（　　）から帰ります。

[A] また、出す　　[B] もう、出して

[C] も、出て　　[D] まだ、送て

(8) その角（　　）右（　　）曲がってください。

[A] に、へ　　[B] へ、に

[C] で、へ　　[D] を、へ

(9) 家に帰って、勉強します。（　　）、ごはんを作って、食べます。

[A] これから　　[B] あれから

[C] それから　　[D] そこから

(10) メモを整理して、小野さんに（　　）ください。

[A] みせって　　[B] みせて　　[C] みせる　　[D] みせ

(11) 時間がありませんから、（　　）ください。

[A] いそいて　　[B] いそで　　[C] いそいで　　[D] いそて

(12)（　　）、この資料を整理してくださいませんか。

[A] ごめんなさいが　　[B] ありがとうございます

[C] すみませんが　　[D] おねがいします

5. 先将[A]～[D]排序，再选出填入（ ★ ）的选项。

昨日、箱根へ（　　）（ ★ ）（　　）（　　）行って、帰りました。

[A] に　　[B] 富士山　　[C] を　　[D] 見

6. 将下列句子译成日语。

(1) 请整理一下文件，用航空快件寄出去。

(2) 我明年大学毕业。

(3) 我每天早上 6 点钟从家出发，在食堂吃早饭，然后去公司。

(4) 请直行通过那个十字路口，然后在下一个转角右转。

(5) 我在图书馆学了 3 个小时日语，然后乘电车去见朋友。

(6) 这个药，请每天吃三次。

第 15 课　小野さんは今新聞を読んでいます

一　词汇拓展

1 ボート (boat)：小船

【关】一艘(いっそう)のボート：一艘小船（也可以用量词「艇(てい)」「隻(せき)」）

2 市役所(しやくしょ)：市政府

【关】役(やく)：角色

役(やく)に立(た)つ：起作用，有用

日本語(にほんご)の勉強(べんきょう)に役(やく)に立(た)つ：对学日语有帮助

3 携帯電話(けいたいでんわ)：手机

【关】携帯(けいたい) / スマホ (smartphone)：手机

4 風邪(かぜ)：感冒

【速】か—き—气

ぜ—じ—风

【关】風邪(かぜ)を引(ひ)く：患感冒

5 熱(ねつ)：热量

【关】熱(ねつ)が出(で)る：发烧

6 睡眠(すいみん)：睡眠

【关】睡眠不足(すいみんぶそく)：睡眠不足

7 お風呂(ふろ)：澡堂，浴室

【关】お風呂(ふろ)に入(はい)る：泡澡

シャワーを浴(あ)びる (shower)：淋浴

8 クーラー (cooler)：（制冷）空调

【关】エアコン (air conditioner)：空调

9 打(う)ち合(あ)わせ：事先商量，碰头

【速】うち—打

あわせ—使……相互……

10 乗(の)る：乘坐，乘

【速】の—上

る—动词词尾

【关】バス / 電車(でんしゃ)に乗(の)る：坐公交 / 电车

11 使(つか)う：使用

【速】つ—て—手

か—加

う—动词词尾

【关】日本語(にほんご)を使(つか)う：用日语

12 座(すわ)る：坐

【速】す—巢，占据

わ—完全

る—留

【关】椅子(いす)に座(すわ)る：坐在椅子上

13 入(はい)る：进入，加入

【速】は—裂开，张开

い—去，到

る—动词词尾

【关】部屋(へや)に入(はい)る：进入房间

14 申(もう)す：是，说，告诉

【速】も—ま—慢

う—上

す—做

【关】申(もう)し訳(わけ)ありません：对不起

15 取(と)る：取，取得

【速】と—取，拿

る—动词词尾

【关】90点(てん)を取(と)る：得到九十分

16 歌(うた)う：唱，唱歌

【速】う—うむ—产生

た—节奏

う—动词词尾

【关】歌(うた)を歌(うた)う：唱歌

17 伝(つた)える：传达，转告

【速】つ—接下来

た—他

え—方向

る—动词词尾

【关】気持(きも)ちを伝(つた)える：表达感情

18 止(と)める：停，制止

【速】と—停止

め—ま—完全

る—动词词尾

【关】戦争(せんそう)を止(と)める：制止战争

二 语法延伸

1. て形补充含义

（1）动词て形＋は → ～ては：如果（多伴随“不好”“担心”的情绪）

（2）动词て形＋も → ～ても：即使、无论

（3）动词て形＋补助动词（后续课程中陆续讲解）

2. 补助动词「いる」的用法

表示动作正在进行。

3. 「へ」和「に」的区别

へ：用法少，只能表示方向和目的地。

に：用法多，可表示方向、目的地、对象、时间点、附着点、存在地点等。

「へ」后面可以接助词「の」，「に」后面不可以接「の」。例如：先生(せんせい)へのプレゼント（○），先生(せんせい)にのプレゼント（×）。

续表

三 基本课文与音调

1. 小野（おの）さんは 今（いま）新聞（しんぶん）を 読（よ）んで います。

2. ここで 写真（しゃしん）を 撮（と）っても いいですか。

3. 飛行機（ひこうき）の 中（なか）で タバコを 吸（す）っては いけません。

4. 日曜日（にちようび）、小野（おの）さんは 公園（こうえん）で ボートに 乗（の）りました。

A 甲：もしもし、森（もり）さん？今（いま）どこですか。

乙：今（いま）市役所（しやくしょ）の 前（まえ）を 歩（ある）いて います。

B 甲：すみません。この 辞書（じしょ）を 借（か）りても いいですか。

乙：いえ、ちょっと……今（いま）使（つか）って います。

C 甲：すみません。ここに 座（すわ）っても いいですか。

乙：ええ、どうぞ。

D 甲：あっ、ここで 携帯電話（けいたいでんわ）を 使（つか）っては いけませんよ。

乙：すみません。これから 気（き）を つけます。

四 应用课文 風邪

小野：もしもし、小野（おの）です。どうしました？

李：ちょっと 熱（ねつ）が あります。今日（きょう）会社（かいしゃ）を 休（やす）んでも いいですか。

小野：ええ、もちろんです。あまり 無理（むり）を しては いけませんよ。

李：はい、分（わ）かりました。あのう、吉田課長（よしだかちょう）は？

小野：今（いま）会議室（かいぎしつ）で 打（う）ち合（あ）わせを して います。後（あと）で 伝（つた）えます。

李：お願（ねが）いします。

小野：もう 病院（びょういん）に 行（い）きましたか。

李：いいえ、まだです。

小野：じゃあ、病院（びょういん）に 行（い）ってから、ゆっくり 休（やす）んで ください。

李：はい、ありがとう ございます。

医者：風邪（かぜ）ですね。温（あたた）かい 物（もの）を 食（た）べて、十分（じゅうぶん） 睡眠（すいみん）を とって ください。それから 今晩（こんばん）お風呂（ふろ）に 入（はい）っては いけませんよ。

李：分（わ）かりました。

医者：では、薬（くすり）を 出（だ）します。薬局（やっきょく）に 行（い）って、もらって ください。

李：ありがとう ございました。

医者：お大事（だいじ）に。

五 习题

1. 写出下列词语的读音。

市役所（　　　）　風邪（　　　）　禁煙（　　　）　駐車禁止（　　　）　立入禁止（　　　）　火気厳禁（　　　）　大丈夫（　　　）　十分（　　　）　使います（　　　）　伝えます（　　　）

2. 写出下列假名对应的汉字。

けいたい（　）　ねつ（　）　すいみん（　）　おふろ（　）　やっきょく（　）　むり（　）　すわります（　）　うたいます（　）

3. 请在[A]～[D]中选出最佳选项。

（1）森さんはビールを（　）。

[A] のっています　[B] のんでいます
[C] よんでいます　[D] よっています

（2）これ以上タバコを吸っては（　）。

[A] いきません　[B] だめです　[C] むりです　[D] きません

（3）病院に行ってから、（　）休んでください。

[A] じゅっぷん　[B] ゆっかり　[C] ゆっくり　[D] じっぷん

（4）——ここでタバコを吸ってはいけません。

——（　）。

[A] はい、吸ってもいけません　　[B] はい、吸っています

[C] はい、気をつけます　　[D] はい、だめです

(5) ——クーラーを（　）。

——いえ、それはちょっと……

[A] ついてもいいですか　　[B] つけてはいけませんか

[C] つけていますか　　[D] つけてもいいですか

(6) 電車（　）乗って会社（　）行きます。

[A] を、に　　[B] に、で　　[C] で、へ　　[D] に、に

(7) ここ（　）入って（　）いけません。

[A] へ、×　　[B] に、は　　[C] で、が　　[D] へ、は

(8) ——吉田さんは何をしていますか。

——公園で子供と一緒に（　）。

[A] あそびます　　[B] あそぶ

[C] あそんでいます　　[D] あそんで

(9) ——あの時、何をしていましたか。

——会社の人と（　）。

[A] 飲んでいました　　[B] 飲んでいます

[C] 飲んではいけません　　[D] 飲んでもいいです

(10) 日本では、電車で電話（　）。

[A] してください　　[B] してもいいです

[C] してはいけません　　[D] してもかまいません

(11) ——風邪ですから、先に帰ってもいいですか。

——どうぞ、（　）。

[A] 帰ってください　　[B] お大事に

[C] いけません　　[D] 無理してください

4. 先将[A]~[D]排序，再选出填入（ ★ ）的选项。

(1) このカメラ（　）（ ★ ）（　）（　）ですか。

[A] 使って　　[B] いい　　[C] は　　[D] も

(2) すみません、カメラ（　）（　）（ ★ ）（　）。

[A] いけません　　[B] 使って　　[C] は　　[D] を

(3) 写真を（　）（ ★ ）（　）（　）ですか。

[A] 撮って　　[B] いい　　[C] 2枚　　[D] も

(4) ここ（　）（　）（ ★ ）（　）ですか。
[A] だめ　　[B] 座って　　[C] も　　[D] に

5. 将下列句子译成日语。

(1) 此处禁止左转。

(2) 不能吃了药就立刻去洗澡。（立刻：すぐ）

(3) 小李正在和朋友一起在卡拉 OK 唱歌。

(4) 可以给我一支钢笔吗？

(5) 我喜欢喝啤酒，所以回到家洗完澡后，我喝了一瓶啤酒。

第 16 课　ホテルの部屋は広くて明るいです

一　词汇拓展

1 機械（きかい）：机器、机械

【关】マシン (machine)：机器

機会（きかい）：机会

機械工学（きかいこうがく）：机械工程

2 デザイン (design)：设计

【关】デザイナー (designer)：设计师

3 形（かたち）：形状

【速】かた—形状

ち—血，灵

【关】型（かた）：型号，模型，模板

型（かた）にはまる：千篇一律

4 ネクタイ (necktie)：领带

【关】ネクタイを付（つ）ける：打领带

ネクタイを締（し）める：打领带

5 財布（さいふ）：钱包

【关】キャッシュ (cash)：现金

キャッシュレス (cashless)：无现金

電子（でんし）マネー (money)：电子货币

アリペー (Alipay)：支付宝

6 布（ぬの）：布匹

【速】ぬ—缝

の—伸长

7 水筒（すいとう）：水桶

【关】薬缶（やかん）：水壶

8 緑（みどり）：绿色

【速】み—水

ど—た—多

り—名词词尾

9 指（ゆび）：指头

【速】ゆ—よ—并列

び—拉伸

【关】親指（おやゆび）：大拇指

人差（ひとさ）し指（ゆび）：食指

中指（なかゆび）：中指

薬指（くすりゆび）：无名指

小指（こゆび）：小指

10 目（め）：眼睛

【关】耳（みみ）：耳朵

歯（は）：牙齿

口（くち）：嘴

舌（した）：舌头

唇（くちびる）：嘴唇

髪（かみ）の毛（け）：头发

眉毛（まゆげ）：眉毛

11 顔（かお）：脸

【速】か—上

お—ほ—外

12 頭（あたま）：头

【速】あ—上

たま—球

【关】頭脳（ずのう）：头脑

13 間違（まちが）い：错误

【速】ま—間（ま）—空间

ちがい—不对

【关】ミス (miss)：错误

エラー (error)：错误

14 入場料（にゅうじょうりょう）：入场费

【关】料金（りょうきん）：费用

15 サービス (service)：服务

【关】無料（むりょう）サービス：免费服务

16 クリスマスツリー (Christmas tree)：圣诞树

【关】～おめでとうございます：恭祝节日用语

メリークリスマス (Merry Christmas)：圣诞节快乐

17 皆（みな）さん：大家

【速】み—ま—满

な—名—人

さん—尊称

【关】皆（みんな）：大家

18 横（よこ）：旁边

【速】よ—并列

こ—地方

【关】傍（そば）：旁边

19 持（も）つ：带，有

【速】も—拿，持有

つ—连带着的

【关】財布（さいふ）を持（も）つ：带着钱包

才能（さいのう）/ 実力（じつりょく）/ お金（かね）を持（も）つ：有才能 / 实力 / 金钱

20 住（す）む：居住

【速】す—巣（す）—巢

む—封闭

【关】成都（せいと）に住（す）んでいる：住在成都

成都（せいと）で暮（く）らしている：生活在成都

済（す）む：完结，结束

21 知(し)る：知道

【速】し—吸收

る—动词词尾

【关】分(わ)かる：知道，懂得

N+を+知(し)る：知道……

N+が+分(わ)かる：明白……

22 直(なお)す：改正

【关】間違(まちが)いを直(なお)す：改正错误

治(なお)す：治疗

病気(びょうき)を治(なお)す：治病

23 片付(かたづ)ける：收拾，整理

【速】かた—单个

づける—付(つ)ける—解决

【关】部屋(へや)を片付(かたづ)ける：收拾房间

仕事(しごと)を片付(かたづ)ける：处理工作

24 明(あか)るい：明亮的

【速】あ—明亮

か—火

る—转动，滚动

【关】暗(くら)い：昏暗的

25 長(なが)い：长的

【速】な—长

が—か—加

26 短(みじか)い：短的

【速】みじ—音同“密集”

か—加—更加

27 軽(かる)い：轻的

【速】か—围绕

る—圆

【关】重(おも)い：重的

28 優(やさ)しい：温柔的

【速】や—舒适

さ—清爽

しい—形容词词尾

【关】厳(きび)しい：严厉的

29 細(ほそ)い：细长的，纤细的

【速】ほ—松

そ—轻

30 太(ふと)い：粗的

【速】ふと—肥头（谐音）

31 黒(くろ)い：黑的

【速】くろ—黑

【关】白(しろ)い：白的

32 派手(はで)：花哨，耀眼

【速】は—阳光

で—て—照耀

33 地味(じみ)：朴素的，质朴的

【关】ださい：土的

34 厳重(げんじゅう)：森严，严格

【关】深刻(しんこく)：严重

深刻(しんこく)な問題(もんだい)：严重的问题

二 语法延伸

1. 形容词、形容动词、名词的て形变形规则

(1) 形容词

～い → ～くて（无论本身有没有降调，て形的音调均为「～くて」）

(2) 形容动词

词干 + で（视为形容动词词尾的变形或视为助词「で」）

(3) 名词

词干 + で

2. 日语接续方法总结

通过后面单词的词性确定前面单词的具体形式：

表 11　日语接续方法总结

第二个词 第一个词	动词（V）	形容词（A）	形容动词（NA）	名词（N）
动词（V）	V て +V	×	×	V 简体形 +N
形容词（A）	A く +V	A く（て）+A	A く（て）+NA	A い +N
形容动词（NA）	NA に +V	NA で +A	NA で +NA	NA+ な +N
名词（N）	N は / が / を +V	N+ は / が +A	N+ は / が +NA	N+ で +N N+ の +N

3. 日语动词的分类

(1) 根据变形规则，日语动词可分为一段动词、五段动词、サ变动词和カ变动词。

(2) 根据含义，日语动词可分为自动词和他动词。

(3) 根据时间属性，日语动词可分为瞬态动词、持续动词和状态动词。其中：

瞬态动词忽略动作持续时间，只体现结果，这类动词有「完成(かんせい)する」「乗(の)る」「降(お)りる」等；

持续动词不能忽略动作持续时间，这类动词有「休(やす)む」「書(か)く」等；

状态动词多翻译成中文中的形容词，这类动词有「優(すぐ)れる」等。

4. 「ている」的用法

「瞬态动词 - て + いる」表示结果状态的存续。

死(し)ぬ：そこのゴキブリはもう死(し)んでいる。（那只蟑螂已经死了。）

止(と)まる：この時計(とけい)は止(と)まっている。（这只表停了。）

着(き)る：彼(かれ)は黒(くろ)いコートを着(き)ている。（他穿着黑色的外套。）

帰る：お姉さんはまだ帰っていません。（姐姐还没回来。）

5. 表示费用的词语汇总

（1）「～費」表示某项或某类开支：交通費（交通费）、生活費（生活费）、入院費（住院费）。

（2）「～料」表示消费者具有使用权，可享受产品的服务：交通料（交通费）、入場料（入场费）、授業料（上课费用）。

（3）「～代」表示缴费者具有所有权，可享受产品的服务：電話代（话费）、電気代（电费）、水道代（水费）、ガス代（煤气费）。

（4）「～金」多在特殊、正式场合使用：保証金（保证金）、奨学金（奖学金）、見舞金（慰问金）。

（5）「～賃」多与租借、劳务有关：家賃（房租）、運賃（运费）。

6. 「知る」与「分かる」的辨析

「知る」强调从不知道到知道的过程，助词用「を」。例如：あの人を知っています（认识那个人）。常用用法如下：

疑问句：～を知っていますか。（你知道……吗？）

→はい、知っています。

いいえ、知りません。

「分かる」强调从知道到清楚了解的过程，助词用「が」。例如：日本語がわかる（会日语）。常用用法如下：

疑问句：～が分かりますか。（你懂 / 会……吗？）

→ ～が分かります。

～が分かりません。

疑问句：分かりましたか。（你明白了吗？）

→はい、分かりました。

いいえ、まだ分かりません。

疑问句：分かってますか。［（情绪不耐烦）你明白吗？］

三 基本课文与音调

1. ホテルの 部屋（はや）は 広（ひろ）くて 明（あか）るいです。

2. この コンピュータの 操作（そうさ）は 簡単（かんたん）で 便利（べんり）です。

3. 森（もり）さんは 車（くるま）を 持（も）って います。

4. 三（さん）か月（げつ）パソコンを 練習（れんしゅう）しましたが、まだ あまり できません。

A 甲：森（もり）さんは どんな 人（ひと）ですか。

乙：背（せ）が 高（たか）くて 脚（あし）が 長（なが）くて、ハンサムな人（ひと）です。

B 甲：日本（にほん）は どうですか。

乙：町（まち）が きれいで 安全（あんぜん）ですが、物（もの）が 高（たか）いですね。

C 甲：スミスさんは 会社員（かいしゃいん）ですか。

乙：ええ。旅行会社（りょこうがいしゃ）の 社員（しゃいん）で、営業部（えいぎょうぶ）の 部長（ぶちょう）です。

D 甲：長島（ながしま）さんは どこに 住（す）んで いますか。

乙：家族（かぞく）と いっしょに 渋谷（しぶや）に 住（す）んで います。

四 应用课文 展示場

李：大（おお）きくて きれいな 建物（たてもの）ですね。

森：ええ。日本（にほん）の 有名（ゆうめい）な 建築家（けんちくか）の 設計（せっけい）で、最新（さいしん）の 展示場（てんじじょう）です。

李：デザインが ユニークで、形（かたち）が おもしろいですね。

李：警備（けいび）の 人（ひと）が いろいろな 所（ところ）に いますね。

森：ここは 駅（えき）から 近（ちか）くて、入場料（にゅうじょうりょう）も 安（やす）いです。たくさんの人（ひと）が 来（き）ますから、警備（けいび）が 厳重（げんじゅう）です。あっ、李（り）さん、ID（アイデイー）カードはありますか。

李：安心（あんしん）して ください。ちゃんと 持（も）って います。ほら。

李：入（い）り口（ぐち）は 狭（せま）いですが、中（なか）は とても 広（ひろ）いですね。

森：ええ。天井（てんじょう）が 高（たか）くて、窓（まど）が 多（おお）くて、とても 明（あか）るいです。

李：クリスマスツリーの 横（よこ）に 赤（あか）くて 大（おお）きい 看板（かんばん）が ありますね。あれは 何（なん）ですか。

森：ああ、あれは 航空会社（こうくうがいしゃ）の 広告（こうこく）ですよ。ずいぶん 派手（はで）ですね。

李：派手（はで）ですが、わたしは 嫌（きら）いじゃ ありませんよ。

五 习题

1. 写出下列词语的读音。

足（　　　）　鼻（　　　）　頭（　　　）　横（　　　）　操作（　　　）　最新（　　　）　財布（　　　）　天井（　　　）　派手（　　　）

2. 写出下列假名对应的汉字。

かわ（　）　かお（　）　せいひん（　）　せっけい（　）　もんだい（　）　まちがい（　）　けいび（　）　かるい（　）　あんぜん（　）　ふくざつ（　）

3. 请在[A]～[D]中选出最佳选项。

(1) 赤い（　）はフランス製です。
[A] ネクター　[B] ネタクイ　[C] ネクタイ　[D] ネクダイ

(2) この花瓶は（　）がいいです。
[A] からだ　[B] かたち　[C] あたま　[D] たまご

(3) このデザインは（　）で派手です。
[A] ユニクロ　[B] ユニック　[C] ユニーク　[D] ユーニク

(4) ——ごはんを食べましたか。
——（　）。
[A] また食べていません　[B] まだ食べていません
[C] また食べません　[D] まだ食べません

(5) 今大阪（　　）住んでいます。
[A] で　[B] に　[C] を　[D] が

(6) 李さんは（　　）中学生です（　　）、日本語がなかなか上手ですね。
[A] また、から　[B] まだ、でも
[C] まだまだ、で　[D] まだ、が

(7) この建物はずいぶん（　　）ユニークです。
[A] はでで　[B] はでくて　[C] はで　[D] はて

(8) 李さんは25歳（　　）、会社の社員です。
[A] て　[B] で　[C] ですが　[D] くて

(9) ——田中社長を知っていますか。
——いいえ、（　　）。
[A] 知っていません　[B] 知っています
[C] 知りません　[D] 知ります

(10) ——天気はどうでしたか。
——（　　）。
[A] 雨でしたがよくなかったです　[B] 晴れでよかったです
[C] 暖かくて気持ちいいです　[D] 雪で寒いです

4. 先将[A]～[D]排序，再选出填入（ ★ ）的选项。

(1) 李さんは日本（　　）（ ★ ）（　　）（　　）います。
[A] 3年　[B] もう　[C] 住んで　[D] に

(2) 東京スカイツリー（天空树）は、（ ★ ）（　　）（　　）（　　）タワー（塔）です。
[A] 高　[B] な　[C] くて　[D] 立派

(3) （　　）（ ★ ）（　　）（　　）に会いました。
[A] 人　[B] 親切　[C] おもしろい　[D] で

5. 将下列句子译成日语。

(1) ——这是什么钱包？
——这是日本产的布制钱包。

(2) 小森的家又宽敞又干净。

(3) 才四点钟，小森就已经回家了。

(4) 这台电脑操作简单又方便，我用一下可以吗？

(5) 这栋好看的建筑是日本有名的设计师设计的，是最新的展览馆。

(6) 请大家好好练习日语。我们下星期考试。

第四单元测试

扫码获得听力音频与原文

一、听录音，选出正确答案。

1 番

1. このコンビニは良くないです
2. 長島さんは月に 5 回ぐらい来ます
3. お酒は安いですが、食べ物は高いです

2 番

1. 35 人
2. 25 人
3. 30 人

3 番

1. このベンチに座ってはいけません
2. このベンチでタバコを吸ってはいけません
3. このベンチでタバコを吸ってもいいです

4 番

1. 大きくてきれいな建物ですから
2. ここは最新の展示場ですから
3. 大勢の人が来ますから

5 番

1. 新聞を読んでいます　2. 休んでいます　3. 写真を撮っています

6 番

1. ずっと家にいました
2. 蕎麦屋でそばを食べました
3. 映画を見に行きました

7 番

1. 速達　2. 航空便　3. 船便

8 番

1. アメリカ　2. 家族　3. 渋谷

9 番

1. 家へ帰って、休みます　2. 病院へ行きます　3. 薬を飲みます

10 番

1. 派手な財布　2. 地味な財布　3. 好きな財布

二、请在 [A] ~ [D] 中选出最佳选项。

1. 来年大学を（　　）して、社会人になります。
   [A] そぎょう　　[B] そっぎょう　　[C] そつぎょう　　[D] そつきょう

2. この（　　）は斬新でおもしろいです。
   [A] デザイン　　[B] デサイン　　[C] テサイン　　[D] デサーン

3. 息子は一人で（　　）帰りました。
   [A] ずいぶん　　[B] ちゃんと　　[C] なかなか　　[D] ずっと

4. 銀行へお金を（　　）に行って、帰ります。
   [A] おろして　　[B] おろす　　[C] おろし　　[D] おろって

5. 間違いを（　　）、出してください。
   [A] なおって　　[B] なおして　　[C] なおす　　[D] なおします

6. 毎日（　　）8時間寝ます。そして、いつも7時（　　）起きます。
   [A] ×、×　　[B] に、に　　[C] は、×　　[D] ×、に

7. 週（　　）2回日本語を勉強し（　　）来ました。
   [A] ×、へ　　[B] の、から　　[C] に、に　　[D] で、を

8. この紙（　　）名前と住所を書いて、あそこ（　　）待ってください。
   [A] で、に　　[B] に、を　　[C] に、で　　[D] で、へ

9. この橋（　　）まっすぐ行って、前の横断歩道（　　）右（　　）曲がってください。
   [A] で、に、へ　　[B] に、で、に
   [C] を、で、へ　　[D] を、を、に

10. 友達から手紙を（　　）もらいました。
   [A] 2張　　[B] 2封　　[C] 2枚　　[D] 2着

11. 妻と病院に（　　）から帰りました。
   [A] いて　　[B] いって　　[C] きって　　[D] くって

12. ——ここに入ってもいいですか。
   ——どうぞ、（　　）。
   [A] 入ってはいけません　　[B] 入れてください
   [C] 入ってもいいですよ　　[D] 入っています

13. 病院で大声で（　　）。
   [A] 話してください　　[B] 話してはいけません
   [C] 話してもいいです　　[D] 話してから

14. その背が（　　）脚が（　　）人はだれですか。
   [A] 長く、高く　　[B] 高くて、長い
   [C] 高いで、長くて　　[D] 高くで、長くで

15. 時々、家で果物でケーキを（　　）。
   [A] 作りました　　[B] 作っていました
   [C] 作ります　　[D] 作りません

三、先将 [A] ～ [D] 排序，再选出填入（ ★ ）的选项。

1. 部屋（　　）（　　）（ ★ ）（　　）あります。
   [A] 三つ　　[B] 窓　　[C] の　　[D] は

2. 李さんは（　　）（ ★ ）（　　）（　　）。
   [A] 結婚　　[B] いません　　[C] して　　[D] まだ

3. おいしいお菓子は、森さん（　　）（ ★ ）（　　）（　　）。
   [A] も　　[B] ください　　[C] あげて　　[D] に

4. 1 週間に 5 回会社（　　）（　　）（ ★ ）（　　）。
   [A] 仕事をし　　[B] 行きます　　[C] へ　　[D] に

四、阅读文章，在 [A] ～ [D] 中选出最佳选项。

（一）

私は撮影が好きです。休みの日はいつも公園や郊外へ写真を（ 1 ）行きます。ときどき美術館へ行きます。先週の土曜日、美術館の前（ 2 ）本田さんに会いました。本田さんは高校生の時の友だちです。本田さんも美術館へ写真を見に来ました。2 人でいっしょに写真を（ 3 ）。（ 4 ）、近くの喫茶店へ行きました。今週の土曜日、本田さんと一緒に公園へ写真を撮りに行きます。

1. [A] 撮って　　[B] 撮り　　[C] 撮りに　　[D] 撮るに
2. [A] から　　[B] を　　[C] で　　[D] に
3. [A] 見て　　[B] 見ます　　[C] 見ました　　[D] 見る
4. [A] それでは　　[B] それから　　[C] それで　　[D] それでも
5. 「2 人」は誰と誰ですか。
   [A]「私」と高校生
   [B] 本田さんと本田さんの友だち
   [C] 本田さんと「私」
   [D] 本田さんと高校生
6. 「私」は今週の土曜日に何をしますか。
   [A] 喫茶店へ行きます。　　[B] 友だちに会います。
   [C] 美術館へ行きます。　　[D] 写真を撮ります。

（二）

私は昨日の午後7時に、李さんと映画を見に行きました。私の家から映画館まで電車で片道2時間ぐらいかかりますから、晩ご飯の前に出かけました。映画が終わってから、二人で食事を取りに行きました。今朝、日本語の授業がありますから、家に帰ってから、宿題をしました。宿題が多くて難しいですから、夜12時までやって、寝ました。

1. 私は昨日何時ぐらい家を出ましたか。
   ［A］午前7時　　［B］午後7時
   ［C］午前9時　　［D］午後5時
2. 私はどうして夜遅く宿題をしましたか。
   ［A］宿題が難しいですから
   ［B］宿題が多いですから
   ［C］宿題が多くて難しいですから
   ［D］宿題がありませんでしたから

五、以《我的烦恼》为题，写一篇300～350字的作文。

第 17 课　わたしは新しい洋服が欲しいです

1 洋服（ようふく）：西式服装

【关】和服（わふく）：日式服装

着物（きもの）：和服

浴衣（ゆかた）：夏季和服

背広（せびろ）：西装

一着（いっちゃく）の背広（せびろ）：一套西装

2 セーター（sweater）：毛衣

【关】一枚（いちまい）のセーター：一件毛衣

3 天（てん）ぷら：天妇罗

【关】天丼（てんどん）：天妇罗盖饭

4 初詣（はつもうで）：新年后的首次参拜

【速】はつ—「初」的音读

もう—申（もう）す—说

で—出

5 恋愛（れんあい）：恋爱

【关】恋（こい）：恋爱

6 ドラマ（drama）：电视剧

【关】朝（あさ）ドラ：晨间剧

7 相手（あいて）：对象，对方

【速】あい—あう—相互

て—手

8 夏（なつ）：夏天

【速】源「あつ」—热

9 始（はじ）める：（人为）开始做

【速】はじ—开端

める—他动词标志

【关】授業（じゅぎょう）を始（はじ）める：开始上课

仕事（しごと）を始（はじ）める：开始工作

初（はじ）めて：首次，初次，第一次（名词）

初（はじ）めての授業（じゅぎょう）：第一次上课

10 欲（ほ）しい：想要

【速】ほ—外

し—吸

1.「～たい」的活用

因为「～たい」以「い」结尾，故在形式上可将其视为“一类形容词”，活用规则与一类形容词一致。

表 12 「～たい」的活用

	肯定	否定
现在 / 将来	R+ たい	R+ たくない
过去	R+ たかった	R+ たくなかった

2. 「を」和「が」在表意向的句子中的区别

「を」表宾语（强调后面的动词），「が」表对象语（强调前面）。

水を飲みたいです。 → 强调想喝（任何饮料皆可）

水が飲みたいです。 → 强调水（只喝水）

冷たい水が飲みたいです。 → 强调冷水（只喝冷水）

水をたくさん飲みたいです。 → 后面有修饰用「を」

たくさんの水が飲みたいです。 → 前面有修饰用「が」

3. 表提出建议时「ませんか」和「ましょうか」的区别

按建议实施动作的对象可划分为三种情况。

（1）建议“你”做：ませんか

（2）建议一起做：ませんか / ましょうか（「ませんか」的礼貌程度大于「ましょうか」）

（3）建议“我”做：ましょうか

4. 疑问词 + でも + 肯定 = 全部肯定；疑问词 + も + 否定 = 全部否定

だれでも分かります：谁都知道

だれも分かりません：谁都不知道

5. 「时间段 + に」的用法

表示在一段时间内完成或做成某事，后加瞬态动词。

三 基本课文与音调

1. わたしは 新（あたら）しい 洋服（ようふく）が 欲（ほ）しいです。
2. わたしは 映画（えいが）を 見（み）たいです。
3. いっしょに お茶（ちゃ）を 飲（の）みませんか。
4. ちょっと 休（やす）みましょう。

A 甲：今（いま）何（なに）が いちばん 欲（ほ）しいですか。

乙：安（やす）い 車（くるま）が 欲（ほ）しいです。

B 甲：今日（きょう） デパートへ 買（か）い物（もの）に 行（い）きます。李（り）さんも いっしょに どうですか。

乙：はい、ぜひ 行（い）きたいです。

C 甲：李（り）さん、何（なに）を 食（た）べたいですか。

乙：何（なん）でも いいです。

D 甲：土曜日（どようび）の 午後（ごご）、コンサートへ 行（い）きませんか。

乙：いいですね。行（い）きましょう。

四 应用课文 初詣

李：小野（おの）さんは 何（なに）を お願（ねが）いしましたか。

小野：健康（けんこう）と 恋愛（れんあい）です。

李：恋愛（れんあい）ですか？

小野：ええ。今年中（ことしじゅう）に 結婚（けっこん）したいです。

李：相手（あいて）は いますか。

小野：いいえ。まず 恋人（こいびと）が 欲（ほ）しいですね。

李：どんな 男性（だんせい）が いいですか。

小野：まじめで 優（やさ）しい 人（ひと）が いいですね。

李：じゃあ、森（もり）さんは どうですか。

小野：ええ？

小野：ちょっと 寒（さむ）いですね。温（あたた）かい 物（もの）を 食（た）べませんか。

李：そうですね。

小野：何（なに）が いいですか。

李：何（なん）でも いいですよ。

小野：じゃあ、お汁粉（しるこ）は どうですか。いい お店（みせ）を 知（し）って います。そこに 行（い）きましょう。

李：お汁粉（しるこ）？ぜひ 食（た）べたいです。

五 习题

1. 写出下列词语的读音。

初詣（　　　）　洋服（　　　）　恋愛（　　　）　恋人（　　　）
先輩（　　　）　今年（　　　）　相手（　　　）　連絡（　　　）
男性（　　　）　優しい（　　　）

2. 写出下列假名对应的汉字。

けんこう（　）　こんど（　）　ねがう（　）　おしるこ（　）　れんあい（　）　けっこん（　）　りっぱ（　）　みせ（　）　あいて（　）　なつ（　）

3. 请在[A]～[D]中选出最佳选项。

(1) 私は派手な（　）が欲しいです。
[A] センター　[B] セーター　[C] セーダー　[D] ゼータ

(2) 今年は（　）があついです。
[A] あつ　[B] なつ　[C] ゆき　[D] ふゆ

(3) その（　）な建物は鳥の巣です。
[A] りぱ　[B] りっぱ　[C] りぱい　[D] りっぱ

(4) （　）寝ますね。
[A] そうそう　[B] ぞろぞろ　[C] そろそろ　[D] そるそる

(5) わたしは新しいテレビ（　）ほしいです。
[A] が　[B] に　[C] は　[D] で

(6) コンサートのチケットが（　）ですが、まだありますか。
[A] ほしたい　[B] したい　[C] ほしい　[D] はしい

(7) 買い物に（　）ですが、お金がありません。
[A] 行きたい　[B] 行くたい
[C] 行って　[D] 行きません

(8) 暑い時は冷たいものを（　）です。
[A] ほしい　[B] 飲みたい　[C] 飲むたい　[D] はしい

(9) 庭で写真を（　）。
[A] 撮るましょう　[B] 撮ましょ
[C] 撮りましょう　[D] 撮ってましょう

(10) ——会議は何時に（　）。

——午後5時に終ります。

[A] 終りませんか　　[B] 終りますか

[C] 終りましょう　　[D] 終りましょうね

(11) 休みには（　　）。

[A] 誰でも会いたくないです　　[B] 誰でも会いません

[C] 誰にも会いませんでした　　[D] 誰に会いませんでしたか

(12) ——あした一緒に映画を見ませんか。

——あしたはちょっと（　　）。

[A] 仕事があります　　[B] 時間がいいです

[C] 映画があります　　[D] 一緒にいいです

4. 先将[A]～[D]排序，再选出填入（ ★ ）的选项。

(1)（　　）（　　）（ ★ ）（　　）たいですか。

[A] ところ　　[B] どんな　　[C] 住み　　[D] に

(2) まず（　　）（　　）（ ★ ）（　　）。

[A] です　　[B] たい　　[C] し　　[D] 結婚

(3) あの人は（　　）（　　）（ ★ ）（　　）。

[A] 話します　　[B] だれ　　[C] でも　　[D] と

5. 将下列句子译成日语。

(1) 我想看网球比赛。

(2) 我想要一套又新又大的公寓。

(3) 下个星期之内请你再联系我一下。

(4) 下次请一定来我家玩。

第18课　携帯電話はとても小さくなりました

一 词汇拓展

1 音（おと）：物的声音

声（こえ）：人或动物的声音

【关】風（かぜ）の音（おと）：风声

雨（あめ）の音（おと）：雨声

読書（どくしょ）の声（こえ）：读书声

鳴（な）き声（ごえ）：叫声（动物）

虫（むし）の音（ね）：叫声（虫子）

2 空気（くうき）：空气；氛围

【关】空気（くうき）を読（よ）む：察言观色

3 息子（むすこ）：儿子

【速】むす—产生

こ—孩子

【关】娘（むすめ）：女儿

4 お嬢（じょう）さん：令爱

【解】对别人家女儿的敬称。

【关】ご子息（しそく）：令郎

お子（こ）さん / お子様（こさま）：您的孩子

5 旅行（りょこう）ガイド：导游

【关】案内役（あんないやく）：导游

6 タイムサービス (time service)：限时特卖

【关】セール (sale)：甩卖

お買（か）い得（どく）：廉价销售

7 値段（ねだん）：价钱

【关】価格（かかく）：价格

8 準備（じゅんび）：准备

【关】用意（ようい）：准备

支度（したく）：准备

9 病気（びょうき）：疾病

【关】病気（びょうき）になる：生病

10 なる：变成，成为

【速】な—成为

る—动词词尾

11 開（あ）く：打开

【速】あ—打开

く—向着某个方向

12 似合（にあ）う：合适

13 うるさい：吵闹

【速】う—封闭

る—留

さ—轻

【关】顔（かお）がうるさい：面部表情夸张

语法延伸

1. 表示“变”的语法

(1) 表示自身变化用「なる」(自动词)

①形容词い→く＋なる

②形容动词＋に＋なる（「に」为副词化标志，意为“得”）

③名词＋に＋なる（「に」提示对象，意为“成”）

(2) 表示人为变化用「する」(他动词)

①～を＋形容词い→く＋する

②～を＋形容动词＋に＋する（「に」为副词化标志，意为“得”）

③～を＋名词＋に＋する（「に」提示对象，意为“成”）

2. 自动词和他动词

自动词：人或事物自身的、不会改变其他人或事物的行为；人或事物自身的状态。

不带宾语。

他动词：人施加给其他人或物的行为。带宾语。

我叫醒他，他才起床。叫醒→起(お)こす（他） 起床→起(お)きる（自）

经过治疗，伤口终于痊愈了。治疗→治(なお)す（他） 痊愈→治(なお)る（自）

手机坏了，是猫弄坏的吗？坏了→壊(こわ)れる（自） 弄坏→壊(こわ)す（他）

他笑得那么开心，是谁逗的呢？笑→笑(わら)う（自） 逗→笑(わら)わせる（他）

三 基本课文与音调

1. 携帯電話（けいたいでんわ）は とても 小（ちい）さく なりました。
2. テレビの 音（おと）を 大（おお）きく します。
3. 息子（むすこ）は 医者（いしゃ）に なりました。
4. 部屋（へや）を きれいに して ください。

A 甲：風邪（かぜ）は どうですか。

乙：ゆうべ 薬（くすり）を 飲（の）みましたが、まだ よく なりません。

B 甲：旅行（りょこう）の 荷物（にもつ）は 軽（かる）い ほうが いいですよ。

乙：はい。できるだけ 軽（かる）く します。

C 甲：お嬢（じょう）さんは おいくつですか。

乙：今年（ことし） 七歳（ななさい）に なりました。

D 甲：あのう、ちょっと うるさいですよ。

乙：あっ、すみません。静（しず）かに します。

四 应用课文 新春セール

李：小野（おの）さん、今日（きょう）は たくさん 買（か）いますか。

小野：ええ。お正月（しょうがつ）は 洋服（ようふく）が 安（やす）く なりますから、まとめて 買（か）います。

李：どのぐらい 安（やす）く なりますか。

小野：だいたい 定価（ていか）の 三割引（さんわりびき）か 半額（はんがく）に なります。

李：半額（はんがく）ですか？わたしも 新（あたら）しい 洋服（ようふく）が欲（ほ）しく なりました。

李：赤（あか）と 青（あお）と、どちらが いいですか。
小野：赤（あか）い ほうが いいですね。よく 似合（にあ）いますよ。
李：そうですか。じゃあ、これに します。

店員：間（ま）もなく タイムサービスの 時間（じかん）です。さらに お安（やす）く しますよ。

小野：もう すぐ 六時（ろくじ）に なりますから、タイムサービスが 始（はじ）まります。
李：タイムサービス？
小野：ええ、今（いま）から 七時（しちじ）まで もっと 安（やす）く なります。さあ、行（い）きましょう。

五 习题

1. 写出下列词语的读音。
医者（　　）　音（　　）　新春（　　）　社会人（　　）　声（　　）　病気（　　）　定価（　　）　色（　　）　半額（　　）　割引（　　）

2. 写出下列假名对应的汉字。
あお（　）　くうき（　）　ねだん（　）　りょこう（　）　じかん（　）　じゅんび（　）　しょうがつ（　）　むすこ（　）　こえ（　）　あか（　）

3. 请在[A]～[D]中选出最佳选项。

(1)（　　）とスカートが買いたいです。
[A] ジャズ　[B] シャヅ　[C] シャツ　[D] シヤツ

(2) ドアが（　　）。
[A] あけました　[B] あげました　[C] あくました　[D] あきました

(3) (　　) から、ラジオの音を小さくしてください。

[A] うるさい　　[B] うるおい
[C] うるさく　　[D] うるさいだ

(4) この部屋は派手ですね。(　　) にしましょう。

[A] シンプル　[B] シルク　[C] サンダル　[D] シンポル

(5) テレビの音 (　　) 小さくしてください。

[A] が　[B] を　[C] は　[D] で

(6) 東京は 12 時ごろから静か (　　) なります。

[A] に　[B] で　[C] の　[D] な

(7) 息子の部屋を (　　) してください。

[A] きれいに　[B] きれいで　[C] きれいな　[D] きれいだ

(8) 娘は今年の四月から大学生 (　　) なりました。

[A] が　[B] から　[C] に　[D] の

(9) 旅行の荷物は (　　) ほうがいいですよ。

[A] 軽い　[B] 軽いの　[C] 軽いで　[D] 軽く

(10) 公園は (　　) ほうがいいです。

[A] 静か　[B] 静かな　[C] 静かの　[D] 静かに

(11) ドア (　　) 開けてください。

[A] が　[B] を　[C] で　[D] に

(12) ——風邪はどうですか。

—— (　　)。

[A] ええ、いいです　　[B] ええ、よくなりました
[C] いいえ、よくないです　　[D] ええ、大丈夫です

4. 先将[A]～[D]排序，再选出填入 (★) 的选项。

(1) テレビ (　　) (　　) (★) (　　) します。

[A] を　[B] 音　[C] の　[D] 小さく

(2) 部屋は (　　) (　　) (★) (　　) です。

[A] いい　[B] ほうが　[C] な　[D] きれい

(3) 息子は (　　) (　　) (★) (　　) です。

[A] なりたい　[B] 将来　[C] 医者　[D] に

(4) このズボンは長かったですから、(　　) (　　) (★) (　　)。

[A] しま　[B] 短く　[C] した　[D] すこし

5. 将下列句子译成日语。

（1）太热了，把空调温度调低点。

（2）马上就 6 点了。

（3）孩子在睡觉，还是安静点比较好。

（4）西瓜还是大点比较好。

第 19 课　部屋のかぎを忘れないでください

一 词汇拓展

1 品物（しなもの）：物品

【速】し—する—做

な—名

もの—东西

【关】品揃（しなぞろ）えがいい / 悪（わる）い：商品齐全 / 不齐全

2 ゴミ：垃圾

【关】ゴミ分類（ぶんるい）：垃圾分类

可燃（かねん）ゴミ / 燃（も）やせるゴミ：可燃垃圾

資源（しげん）プラスチック：可回收塑料垃圾

有害（ゆうがい）ごみ：有害垃圾

ペットボトル：塑料瓶

不燃（ふねん）ごみ / 燃（も）やせないゴミ：不可燃垃圾

粗大（そだい）ごみ：大件垃圾

クズ：垃圾（粗话）

3 高級（こうきゅう）：高级

【解】「高級（こうきゅう）」「中級（ちゅうきゅう）」「低級（ていきゅう）」表示"品质，质量"的优劣，「上級（じょうきゅう）」「中級（ちゅうきゅう）」「下級（かきゅう）」表示难度水平。

4 喉（のど）：喉咙

【速】の—嗓子

ど—と—地方

5 触（さわ）る：触摸

【速】さ—（吹风产生的）摩擦感

わ—表面

る—动词词尾

【关】手（て）で電球（でんきゅう）に触（さわ）る：用手摸灯泡

6 脱（ぬ）ぐ：脱

【速】ぬ—脱落，掉

ぐ—く—向着某个方向

【关】上着（うわぎ）を脱（ぬ）ぐ：脱掉上衣

7 転（ころ）ぶ：摔倒

【速】ころ—圆，轱辘

ぶ—ふ—方向

【关】うっかりして転（ころ）びました：不小心摔倒了

8 渇（かわ）く / 乾（かわ）く：渴，干

【速】かわ—河

くー枯

【关】喉が渇いている：口渴

畑が乾いている：田地干旱

9 治る：痊愈，治好

【速】なお—直

る—动词词尾

【关】病気が治りました：病治好了

10 滑る：滑

【速】す—流畅的，顺滑的

べ—へ—方向

る—动词词尾

【关】口が滑る：说漏嘴

足が滑って転びました：脚滑摔倒

11 呼ぶ：叫

【速】よ—出声

ぶ—并列

【关】タクシーを呼ぶ(taxi)：叫出租车

12 返す：返还

【速】か—变化

え—元—最初

す—他动词词尾

【关】お金を返す：还钱

借りを返す：还人情

13 手伝う：帮忙

【速】て—手

つ—伸出

だ—た—下垂

う—动词词尾

14 運ぶ：搬运

【速】はこ—箱子

ぶ—并列

【关】足を運ぶ＝向かう：去某个地方

15 無くす：丢掉，弄掉

【速】なく—「ない」副词化

す—他动词词尾

【关】財布を無くす：弄丢钱包

16 落とす：使落下

【速】お—高

と—脱落

す—他动词词尾

【关】木の実を落とす：打下树上的果实

観光客からお金を落とす：赚游客的钱

17 置く：放置

【关】紙コップを机に置く：把纸杯放在桌子上

18 払う：驱赶；支付

【速】は—张开

ら—拉，拉动

う—无

【关】ハエを払う：驱赶苍蝇

お金を払う（支払う）：付钱

19 立つ：站，立

【速】た—立

つ—延伸

20 忘れる：忘记

【速】わ—分开

す—撕裂，错位

れる—离开

【关】かぎを忘れる：忘记钥匙

21 慌てる：慌张

【速】あわ—泡沫

てる—立てる—冒起

【关】慌てて走る：慌张地跑

22 捨てる：扔，扔掉

【速】す—轻盈的，流畅的

て—出

る—动词词尾

23 心配する：担心

【关】～に心配をかける：让……担心

二 语法延伸

1. 动词的简体否定形：ない

(1) 变形规则

五段动词：词尾的う段假名 → 同行的あ段假名 + ない

注：う→わ + ない

一段动词：去掉词尾 + ない

する⓪ → しない⓪

来る① → 来ない①

(2) 音调规律

辞书形若为 0 调，ない形也为 0 调，ない形后如有复合变形或后续其他助词，音调固定为「～な○」(「～ないと」是例外，仍为 0 调)。

辞书形若为非 0 调，ない形音调固定为「～ない」，如后续复合变形或其他助词，音调为「～な○」。

2. なければなりません

～ない → ～なければ（如果不……）

なる（变，成） → なりません（不成）

なければなりません：不做……不成，即“必须做……”

简体形：なければならない

3.「ない」的基本用法

（1）ないでください：请不要……

（2）なければならない＝ないといけない：必须……

（3）なくてもいいです：可以不……

4. 助词「が」的用法总结

（1）提示主语

①排他性：私（わたし）が吉田（よしだ）です。

②非排他性（仅用于现象句）：子供（こども）が公園（こうえん）で遊（あそ）んでいます。

（2）对象语 +12 个词（参照第 11 课语法延伸部分）

（3）放在句末

①铺垫，缓和语气。

②表逆接，意为“但是”。

三 基本课文与音调

1. 部屋（へや）の かぎを 忘（わす）れないで ください。

2. 李（り）さんは 今日（きょう）早（はや）く 帰（かえ）らなければ なりません。

3. 明日（あした）は 残業（ざんぎょう）しなくても いいですよ。

4. あの人（ひと）が 吉田課長（よしだかちょう）ですよ。

A 甲：その 品物（しなもの）に 触（さわ）らないで ください。

乙：あっ、すみません。

B 甲：李（り）さん、いっしょに 食事（しょくじ）に 行（い）きませんか。

乙：すみません。今日（きょう）は 早（はや）く 帰（かえ）って、レポートを 書（か）かなければ なりません。

C 甲：先生（せんせい）、もう 薬（くすり）を 飲（の）まなくても いいですか。

乙：はい、いいですよ。

D 甲：吉田課長（よしだかちょう）は いますか。

乙：わたしが 吉田（よしだ）ですが……

四 应用课文 スキー

李：小野（おの）さん、初（はじ）めてですから、ちょっと 怖（こわ）いです。

小野：心配（しんぱい）しなくても いいですよ。ここは 初心者（しょしんしゃ）コースですから。

李：森（もり）さん、小野（おの）さん、待（ま）って ください。先（さき）に 行（い）かないで ください。

小野：急（いそ）がなくても いいですよ。わたしたちも ゆっくり 滑（すべ）りますから。

森：李（り）さん、スキーは どうですか。

李：何度（なんど）も 転（ころ）びましたが、とても おもしろいです。

森：そうですか。だいぶ 上手（じょうず）に なりましたよ。

李：本当（ほんとう）ですか。でも、もっと 上手（じょうず）に なりたいです。

小野：じゃあ、もっと 練習（れんしゅう）しなければ なりませんね。もう 一度（いちど） 滑（すべ）りますか。

李：はい。今度（こんど）は 先（さき）に 滑（すべ）っても いいですか。

小野：いいですよ。でも、上級者（じょうきゅうしゃ）の コースには 入（はい）らないで ください。

李：大丈夫（だいじょうぶ）です。心配（しんぱい）しないで ください。

五 习题

1. 写出下列词语的读音。

品物（　　　）　皿（　　　）　初心者（　　　）　残業（　　　）　心配（　　　）　本当（　　　）　喉（　　　）　高級（　　　）　直る（　　　）　呼ぶ（　　　）

2. 写出下列假名对应的汉字。

さわる（　）　じょうきゅうしゃ（　）　あわてる（　）　おきる（　）　はこぶ（　）　しんぱい（　）　たつ（　）　ぬぐ（　）　さきに（　）　おさら（　）

3. 请在[A]～[D]中选出最佳选项。

(1)（　　）が渇いていますから、水を飲んでもいいですか。
[A] のと　[B] くち　[C] のど　[D] みず

(2) 手が（　　）、お皿を落としました。
[A] すべって　[B] さわって　[C] なくなって　[D] すわって

(3) 病気が（　　）よくなりました。
[A] たぶん　[B] だいぶ　[C] だいふ　[D] だいたい

(4) どこ（　　）痛いですか。
[A] の　[B] は　[C] が　[D] を

(5) 図書館の本を（　　）なりません。
[A] 返さなくても　[B] 返さないで
[C] 返さなくて　[D] 返さなければ

(6) 部長を待た（　　）いいです。
[A] ないでも　[B] なくても　[C] ない　[D] なかった

(7) 早く（　　）ください。
[A] 帰り　[B] 帰らないで　[C] 帰らなくて　[D] 帰らない

(8) お皿を洗わなくても（　　）ですか。
[A] いい　[B] いいで　[C] よくて　[D] よいで

(9) 人は水を（　　）なければなりません。
[A] 飲み　[B] 飲ま　[C] 飲む　[D] 飲め

(10) 東京の生活にだいぶ慣れましたから、（　　）ください。
[A] 心配して　[B] 心配にして
[C] 心配しないで　[D] 心配にしないで

(11) 今日中に報告書を（　　）。
[A] 出しなければなりません　[B] 出なければなりません
[C] 出さなければなりません　[D] 出てなければなりません

(12) 危ないですから、（　　）。
[A] きないでください　[B] きなくてください
[C] こないでください　[D] こなくてください

(13) このふた（盖子）は（　　）。
[A] 開けなくなりました　[B] 開かなくなりました
[C] 開かなければなりました　[D] 開かなくにしました

4. 先将[A]～[D]排序，再选出填入（　★　）的选项。

（1）部屋（　　）（　　）（　★　）（　　）ください。
[A] を　　[B] の　　[C] 鍵　　[D] 忘れないで

（2）翔太君は水泳が（　　）（　　）（　★　）（　　）いいですよ。
[A] ほうが　　[B] あまり
[C] 無理しない　　[D] 初めてですから

（3）ここ（　　）（　　）（　★　）（　　）ください。
[A] とめ　　[B] に　　[C] 車を　　[D] ないで

5. 将下列句子译成日语。

（1）请不要坐在这里。

（2）下午不去邮局寄行李也可以。

（3）明天有考试，今晚必须学习。

（4）口渴了，喝了很多水。

第 20 课　スミスさんはピアノを弾くことができます

一　词汇拓展

1 趣味(しゅみ)：爱好

【解】指长期喜爱。

【关】興味(きょうみ)：对……感兴趣（短期，阶段性）

数学(すうがく)に興味(きょうみ)を持(も)つ：对数学感兴趣

2 夢(ゆめ)：梦

【速】ゆめ—音同“游迷”

【关】夢(ゆめ)を見(み)る：做梦

3 釣(つ)り：钓鱼

【速】源「釣(つ)る」

4 手作(てづく)り：手工的

【速】て—手

づくり—作(つく)る—制作

【关】手作(てづく)りのヨーグルト (Joghurt)：手工酸奶

5 皮(かわ)：皮

【速】源「側(がわ)」

【关】川(かわ)：河流

皮(かわ)を作(つく)る / 伸(の)ばす：擀饺子皮

皮(かわ)を剥(む)く：剥皮（水果、蔬菜）

6 おなか：肚子（通俗叫法）

【速】お—美化

なか—中间

【关】腹(はら)：肚子（正式叫法）

7 授業：授课，上课

【关】授業を始める：开始上课（他动词）

授業が始まる：上课了（自动词）

8 自分：自己

【关】自分自身：自己

9 弾く：弹

【关】ギターを弾く (guitar)：弹吉他

10 空く：空，饿

【速】す—清澈

く—封闭

【关】おなかが空いた：肚子饿了

おなかが減った：肚子饿了

11 登る / 上る / 昇る：登上，攀升

【速】の—上

ぼ—ほ—荣誉

る—动词词尾

【解】搭配「を」表示空间的位移和穿越。

【关】山を登る / 山に登る：登山

階段を上る：爬楼梯

12 集める：收集

【速】あつ—聚集

め—ま—满

る—动词词尾

【关】切手を集める：集邮

13 浴びる：淋，浇

【速】あ—最高，最上方

び—水；潮湿

る—动词词尾

【关】太陽を浴びる：沐浴阳光

14 ご馳走する：请客

【关】ご馳走さまでした：多谢款待

语法延伸

1. 辞书形的基本用法

定义：动词简体形的非过去肯定形式。

（1）用于句子结尾：あしたは 8 時から働く。

（2）用于修饰名词：この会社で働く人。

> **注意**
>
> 既可将「动词简体形 + こと」视为动词简体形修饰「こと」，也可将其视为「こと」把动词名词化。

2. 动词简体形的活用

表 13　动词简体形的活用

	肯定	否定
现在 / 将来	辞书形	ない形
过去	た形	なかった形

3. 「～ができる」的用法

(1) 表示个人能力

(2) 表示条件许可

4. 「疑问词 + か」的用法

「疑问词 + か」表示不确定，「～か」整体视为一个名词，如后续助词「は」「が」「を」，则助词可省略。

いつ + か → いつか（某时）

なに + か → なにか（某物）

だれ + か → だれか（某人）

どこ + か → どこか（某处）

5. 「で」的用法

「で」可对主语数量进行限定。

みんなで餃子（ギョーザ）を作（つく）ります。（大家一起包饺子。）

わたしは一人（ひとり）で家（いえ）へ帰（かえ）ります。（我一个人回家。）

三 基本课文与音调

1. スミスさんは ピアノを 弾（ひ）く ことが できます。
2. わたしの 趣味（しゅみ）は 切手（きって）を 集（あつ）める ことです。
3. こちらへ 来（く）る 前（まえ）に、電話（でんわ）を かけて ください。
4. 冬休（ふゆやす）み、どこかへ 行（い）きたいです。

A 甲：李（り）さんは 車（くるま）を 運転（うんてん）する ことが できますか。

　乙：はい、できます。

B 甲：ここで 写真（しゃしん）を 撮（と）っても いいですか。

乙：いいえ、ここでは 撮（と）る ことが できません。

C 甲：何（なに）か 趣味（しゅみ）が ありますか。

乙：ええ。音楽（おんがく）を 聞（き）く ことです。

D 甲：森（もり）さんは いつ ギターを 練習（れんしゅう）しますか。

乙：毎晩（まいばん）、寝（ね）る 前（まえ）に 練習（れんしゅう）します。

四 应用课文 春節

小野：李（り）さん、春節（しゅんせつ）は 中国（ちゅうごく）へ 帰（かえ）りますか。

李：いいえ、今（いま） 日本（にほん）の 仕事（しごと）が 忙（いそが）しいですから、帰（かえ）りません。

森：じゃあ、いっしょに どこかへ 行（い）きませんか。

小野：横浜（よこはま）の 中華街（ちゅうかがい）へ 行（い）きましょうよ。中国（ちゅうごく）の 獅子舞（ししまい）を 見（み）ることが できますよ。

小野：料理（りょうり）は どうでしたか。

李：とても おいしかったですよ。特（とく）に 餃子（ギョーザ）は。

森：李（り）さんは 餃子（ギョーザ）を 作（つく）る ことが できますか。

李：ええ。北京（ペキン）では 春節（しゅんせつ）の 前（まえ）に、家族（かぞく） みんなで 餃子（ギョーザ）を 作（つく）ります。

小野：手作（てづく）りの 餃子（ギョーザ）は 皮（かわ）が おいしいですよね。

李：小野（おの）さんも 作（つく）る ことが できますか。

小野：ええ、もちろん。わたしの 趣味（しゅみ）は おいしい 物（もの）を 作（つく）る ことですから。

森：本当（ほんとう）ですか？じゃあ、いつか ごちそうして ください。

小野：いいですよ。李（り）さんが 帰国（きこく）する 前（まえ）に、ぜひ いっしょに うちに 来（き）て ください。

五 习题

1. 写出下列词语的读音。

趣 味（　　　）　興 味（　　　）　夢（　　　）　春 節（　　　）

餃 子（　　　）　寮（　　　）　獅子舞（　　　）　洗濯機（　　　）

中華料理（　　　）　書道（　　　）

2. 写出下列假名对应的汉字。

あみもの（　）　かいがん（　）　とくに（　）　つり（　）　きょうみ（　）　あびる（　）　じぶん（　）　ぜんぜん（　）　しりょう（　）　かわ（　）

3. 请在[A]～[D]中选出最佳选项。

(1) ずっと日本に（　）を持っています。

[A] しゅみ　[B] きょうみ　[C] しゅうみ　[D] きょみ

(2) 李さんはギターを（　）ことができます。

[A] きく　[B] ひく　[C] ひける　[D] ひびく

(3) お腹が（　）から、何かごちそうしてください。

[A] すきました　[B] すぎました　[C] すいていました　[D] ひきました

(4) 山（　）登ることがすきです。

[A] に　[B] が　[C] で　[D] と

(5) お酒を（　）ことができます。

[A] 飲む　[B] 飲み　[C] 飲みます　[D] 飲める

(6) 李さんの趣味は（　）ことです。

[A] 旅行　[B] 旅行します　[C] 旅行する　[D] 旅行の

(7) ご飯を（　）前に手を洗います。

[A] 食べる　[B] 食べます　[C] 食べた　[D] 食べました

(8) 食事（　）前に手を洗います。

[A] の　[B] ×　[C] です　[D] でした

(9) みんな（　）一緒に映画を観ましょう。

[A] に　[B] で　[C] から　[D] は

(10) 誰（　）一緒に図書館へ行きましょう。

[A] かと　[B] かに　[C] かを　[D] かは

(11) 図書館で写真を（　）ことができません。

［A］撮る ［B］撮った
［C］撮ります ［D］撮りました

（12）（　　）、電話をかけてください。
［A］こちらへ来る前に ［B］こちらへ行って
［C］こちらで来てから ［D］こちらへ来ない前に

4. 先将[A]～[D]排序，再选出填入（　★　）的选项。

（1）長嶋さんは（　　）（　　）（　★　）（　　）できます。
［A］話す ［B］を ［C］中国語 ［D］ことが

（2）日本へ（　　）（　　）（　★　）（　　）勉強しました。
［A］来る ［B］日本語 ［C］前に ［D］を

（3）私の趣味は（　　）（　　）（　★　）（　　）ことです。
［A］美味しい ［B］を ［C］作る ［D］もの

5. 将下列句子译成日语。

（1）不能把行李放在这里。

（2）小李的爱好是收集好看的照片。

（3）我每天睡觉前都会一个人看电影。

（4）暑假一起去哪里玩吗？

第五单元测试

扫码获得听力
音频与原文

一、听录音，选出正确答案。

1番
1. 男の人　2. 女の人　3. 男の人と女の人

2番
1. 土曜日の午前　2. 土曜日の午後　3. 日曜日の午後

3番
1. 来週の金曜日　2. 今週の土曜日　3. 来週の土曜日

4番
1. 半額　2. 3割引　3. 7割引

5番
1. 猫を飼いたかったから
2. 前の家は狭かったから
3. 子猫を飼い始めたから

6番
1. ギターを弾くこと　2. ピアノを練習すること　3. ピアノを弾くこと

7番
1. 紅茶　2. コーヒー　3. 水

8番
1. 最近のこと　2. 健康のこと　3. 恋愛のこと

9番
1. 静かなところ　2. 高いところ　3. 安いところ

10番
1. 火曜日　2. 土曜日　3. 日曜日

二、请在 [A] ~ [D] 中选出最佳选项。

1. 英語の辞書（　　）ほしいです。
[A] を　[B] は　[C] が　[D] に

2. 風（　　）窓が閉まりました。
[A] で　[B] が　[C] は　[D] に

3. いつお風呂に（　　）たいですか。
[A] はいる　[B] はいり　[C] いり　[D] いれ

4. いつ日本語を勉強しますか。（　　）7時になりますよ。
[A] もう　[B] すぐ　[C] もうすぐ　[D] も

5. （　　）を（　　）にします。
[A] デザイン、シンプル　[B] デザイナー、ユニック
[C] デザイン、シルク　[D] デザート、サンダル

6. 風邪は（　　）なりました。
[A] いいく　[B] いいに　[C] よいに　[D] よく

7. ——部屋は汚いですね。早くきれいにしてください。(过了一会)
——できました。（　　）。
[A] きたなくなりました　[B] きれいになりました
[C] きたなくしました　[D] きれにします

8. （　　）練習しましたから、うまくなりました。
[A] 一度も　[B] 一度でも　[C] 何も　[D] 何度も

9. 私は日本ドラマに（　　）があります。
[A] 趣味　[B] 興味　[C] 興趣　[D] 趣

10. 外は寒いですから、暖房に入る前に、（　　）。
[A] コートを脱がないでください　[B] コートを脱がなければなりません
[C] コートを脱がなくてもいいです　[D] コートを脱いでください

11. ——病気は治りましたか。
——（　　）。
[A] だいぶ良くなりました　[B] まだよくなりません
[C] 薬を飲んで治します　[D] おかげさまで、まだ元気です

12. ——お腹がすきました。
——（　　）、手を洗ってくださいね。
[A] 食事をします前に　[B] 食事をする前に
[C] 食事をするの前に　[D] 食事をし前に

13. 日本に行く前に、（　　）。
[A] 日本語がほしいです
[B] 日本語を勉強したいです
[C] 日本語を勉強することができます
[D] 日本語を勉強しなくてもなりません

14. ——将来、何になりたいですか。
——（　　）。
[A] 部屋をきれいにしたいです　　[B] 先生が欲しいです
[C] 20 歳になりたいです　　[D] パイロットになりたいです

15. ——どんなところに住みたいですか。
——（　　）。
[A] 美しい静かなところに住みたいです
[B] 美しくて静かなところに住みたいです
[C] 両親と一緒に住みたいです
[D] 上海に住みたいです

16. ——あした、会場に来なければなりませんか。
——いいえ、（　　）。
[A] 来なくてください　　[B] 来なくてもいいです
[C] 来てください　　[D] 来てはいけません

三、先将 [A] ～ [D] 排序，再选出填入（　★　）的选项。

1. （　　）（　　）（　★　）（　　）ください。
[A] 短く　　[B] 髪　　[C] して　　[D] を

2. この（　　）（　　）（　★　）（　　）です。
[A] スカートが　　[B] 赤い　　[C] たい　　[D] 買い

3. 私の趣味（　　）（　　）（　★　）（　　）です。
[A] 描く　　[B] 絵を　　[C] こと　　[D] は

4. 仕事を（　　）（　　）（　★　）（　　）。
[A] 完成　　[B] しないと　　[C] いけません　　[D] 早く

四、阅读文章，在 [A] ～ [D] 中选出最佳选项。

（一）

今日は（　1　）です。朝からずっと雨（　2　）、寒いです。私は昨日部屋を掃除しましたが、犬がゴミ箱を散らかして（弄得乱七八糟）、また（　3　）なりました。でも、もう掃除（　4　）です……

昼ご飯を食べてから、頭が痛く（　5　）から、（　6　）薬を飲んですこし寝ました。夜（　7　）、天気が（　8　）なりました。私も元気になりました。

1. [A] やすみ　　[B] やすむ　　[C] やすんで　　[D] やすみます
2. [A] くて　　[B] て　　[C] いで　　[D] で
3. [A] 汚い　　[B] 汚く　　[C] 汚いの　　[D] 汚いな
4. [A] したい　　[B] たい　　[C] したかない　　[D] したくない

5. [A] なります　　[B] なりました　　[C] します　　[D] しました
6. [A] もうすぐ　　[B] もう　　[C] すぐ　　[D] まっすぐ
7. [A] になる　　[B] になっての　　[C] になりく　　[D] になって
8. [A] いい　　[B] いく　　[C] よく　　[D] よい

（二）

私はゆり大学の図書館で働いています。この大学は新しくて、広いです。そして、とても便利です。うちでインターネットで読みたい本を探すことができます。いろいろな国の本や雑誌もあります。私は毎日図書館をきれいにします。

図書館へ入る前に、荷物をロッカー（寄存箱）に入れてください。学生はだれでも本を借りることができます。そして、24時間いつでも図書館を使うことができます。でも、ほかの人が本を読んできますから、携帯電話を使わないでください。

2階はロビーです。ロビーで携帯電話を使うことや、音楽を聞くことができます。

1. うちで本をチェックする（検索）ことができますか。
   [A] いいえ、できません。　　[B] 分かりません。
   [C] はい、本を探すことです。　　[D] はい、できます。
2. 筆者の仕事は（　　）ことです。
   [A] 図書館を掃除する　　[B] 本を探す
   [C] 荷物をロッカーに入れる　　[D] 本を読む
3. （　　）、図書館に入ってください。
   [A] 荷物をロッカーに入れる前に　　[B] 荷物をロッカーに入れてから
   [C] 荷物がロッカーに入ってから　　[D] 荷物をロッカーに入るから
4. 図書館で携帯電話を使うことができますか。
   [A] はい、できます。
   [B] いいえ、できません。
   [C] 1階で使うことができます。2階でできません。
   [D] 1階で使うことができません。2階でできます。

五、以《喜欢的季节》为题，写一篇200～250字的作文。

第21课　わたしはすき焼きを食べたことがあります

一　词汇拓展

1 言葉（ことば）：语言

【速】こと—事情

ば—は—端

2 終（お）わり：结束

【速】お—小

わ—完

り—る—连用形

【关】遊（あそ）びは終（お）わりだ：游戏结束了

3 京劇（きょうげき）：京剧

【关】劇場版（げきじょうばん）：剧场版

4 切符（きっぷ）：票

【解】多用于交通类。

【关】チケット：票

搭乗券（とうじょうけん）：登机牌

入場券（にゅうじょうけん）：入场券

5 体（からだ）：身体

【速】から—殻（から）—外壳

だ—大

【关】体（からだ）が小（ちい）さい/大（おお）きい：体型小/大

6 地震（じしん）：地震

【关】自身（じしん）：自己（同音词）

7 泥棒（どろぼう）：小偷

【关】盗賊（とうぞく）：盗贼

8 駐車場（ちゅうしゃじょう）：停车场

【关】駐輪場（ちゅうりんじょう）：停车场（自行车）

9 渡（わた）す：交付，交给

【速】わ—完全，完整

た—大

す—做

【关】この手紙（てがみ）を田中（たなか）さんに渡（わた）してください：请把这封信交给田中先生

渡（わた）る：过；渡；去

橋（はし）を渡（わた）る：过桥

10 遅（おく）れる：迟到，晚点

【速】お—追

く—痛苦，悲伤

れる—自动词标志

【关】授業（じゅぎょう）に遅（おく）れる：上课迟到

電車（でんしゃ）が遅（おく）れる：电车晚点

遅（おそ）い：慢，晚（形容词）

遅（おそ）く：慢，晚（副词）

11 考（かんが）える：考虑

【速】かん—勘（かん）—直觉，感觉

が—用力

え—へ—方向

る—动词词尾

12 調(しら)べる：调查

【速】し—吸收

ら—拉，拉动

べ—へ—部分

る—动词词尾

【关】事件(じけん)を調(しら)べる：调查案件

資料(しりょう)を調(しら)べる：查阅资料

調(しら)べ：调查；旋律（名词）

13 予約(よやく)する：预约

【关】予約(よやく)が入(はい)る：有预约

14 感謝(かんしゃ)する：感谢

【关】～に感謝(かんしゃ)する：感谢……

15 運動(うんどう)する：运动

【关】運動量(うんどうりょう)：运动量

運動不足(うんどうぶそく)：缺乏锻炼

16 洗濯(せんたく)する：洗涤

【关】洗濯物(せんたくもの)：要洗的衣物

選択(せんたく)：选择（同音词）

17 危(あぶ)ない：危险

【速】あ—打开

ぶ—ふ—摇晃

ない—形容词表强调

18 そんなに：那样……（表程度）

【关】こんなに：这样……

あんなに：那样……

どんなに：怎样……

语法延伸

1. 动词た形

（1）意义：初级阶段的た形可理解为动词的简体过去式。

（2）变形规则

将动词て形中的「て」替换为「た」，「で」替换为「だ」即可。

①五段动词：

词尾

く → いた（特殊：行(い)く → 行(い)った）

ぐ → いだ

う / つ / る → った

ぶ / ぬ / む → んだ

す → した

②一段动词：去掉词尾 + た

③する → した

来(く)る → 来(き)た

（3）音调规律

辞书形 0 调 → た形仍为 0 调

辞书形非 0 调 → ①五段动词的降调位置不变；②一段动词的降调位置前移一拍［特例：「見(み)る」等降调位置无法前移的动词，降调位置保持不变。(見(み)る①→見(み)た①)］

2. た形的基本用法

た形与「ました」对应，「ました」是动词敬体形的过去式，「た」是动词简体形的过去式，例如：

昨日(きのう) 8 時(じ)から 12 時(じ)まで働(はたら)きました。 → 働(はたら)いた

昨日(きのう)休(やす)みませんでした。 → 休(やす)まなかった

3. 「辞书形＋まえに」与「た形＋あとで」的用法解释

句末谓语动词的时态决定整个句子的时态，而时间状语从句中谓语动词的时态决定状语从句中谓语动词和句末谓语动词在时间先后上的关系：若时间状语从句中的谓语动词发生在句末谓语动词之前，则用た形；若时间状语从句中的谓语动词发生在句末谓语动词之后或二者同时发生，则用辞书形。

4. 「あとで」与「あとに」的区别

V1+ あとで +V2：V2 自然发生于 V1 之后

V1+ あとに +V2：人为刻意选择在 V1 后做 V2

5. 「た＋ほうがいい」与「辞书形＋ほうがいい」的区别

た＋ほうがいい：主观性强，站在个人角度给别人提建议。

辞书形＋ほうがいい：客观性强，站在客观角度给别人提建议。

三 基本课文与音调

1. わたしは すき焼（や）きを 食（た）べた ことが あります。

2. 李（り）さんは 会社（かいしゃ）が 終（お）わった 後（あと）で、飲（の）みに 行（い）きます。

3. もっと 野菜（やさい）を 食（た）べた ほうが いいですよ。

4. 窓（まど）を 閉（し）めましょうか。

A 甲：お寿司（すし）を 食（た）べた ことが ありますか。

乙：いいえ、一度（いちど）も ありません。天（てん）ぷらは 食（た）べた ことが あります。

B 甲：この資料（しりょう）を 見（み）ても いいですか。

乙：はい。読（よ）んだ 後（あと）で、森（もり）さんに 渡（わた）してください。

C 甲：ホテルを 予約（よやく）した ほうが いいですか。

乙：そうですね。連休（れんきゅう）ですから、その ほうが いいですね。

D 甲：何（なに）か 食（た）べましょうか。

乙：いいえ。寝（ね）る 前（まえ）に 食（た）べない ほうが いいですよ。

四 应用课文 歌舞伎

小野：少（すこ）し 急（いそ）ぎましょうか。遅（おく）れない ほうが いいですから。

李：そうしましょう。ところで、小野（おの）さんは よく 歌舞伎（かぶき）を 見（み）ますか。

小野：仕事（しごと）の 後（あと）で、何度（なんど）か 見（み）に 行（い）った ことが あります。終（お）わりは 九時過（くじす）ぎですね。食事（しょくじ）は どうしますか。

李：歌舞伎（かぶき）を 見（み）た 後（あと）で、食（た）べますか。それとも、見（み）る 前（まえ）に 何（なに）か 食（た）べますか。

小野：そうですね……休憩時間（きゅうけいじかん）に 食事（しょくじ）を しましょうか。

李：ええ、いいですよ。

小野：じゃあ、早（はや）く 行（い）って お弁当（べんとう）を 買（か）った ほうが いいですね。

李：言葉（ことば）は 分（わ）かりませんでしたが、とても よかったです。

小野：そうですね。課長（かちょう）に 感謝（かんしゃ）しましょう。

李：ええ。京劇（きょうげき）も いいですが、歌舞伎（かぶき）も すばらしい

ですね。小野（おの）さんは　京劇（きょうげき）を　見（み）た　ことが　ありますか。

小野：いいえ、一度（いちど）も　ありません。いつか　見（み）たいですね。

李：じゃあ、ぜひ　北京（ペキン）へ　京劇（きょうげき）を　見（み）に　来（き）て　ください。

五 习题

1. 写出下列词语的读音。

言葉（　　　）　感謝（　　　）　京劇（　　　）　切符（　　　）

地震（　　　）　泥棒（　　　）　駐車場（　　　）　体（　　　）

洗濯（　　　）　報告（　　　）

2. 写出下列假名对应的汉字。

おくれる（　）　わたす（　）　あぶない（　）　よやくする（　）

れんきゅう（　）　うんどう（　）　からだ（　）　どろぼう（　）

きっぷ（　）　きって（　）

3. 请在[A]～[D]中选出最佳选项。

(1) 電車で行きますか。（　）バスで行きますか。

[A] それでは　[B] それから　[C] そして　[D] それとも

(2) 予約の時間に１時間（　）。

[A] おくりました　[B] おくれました

[C] おそれました　[D] おびえました

(3) もう３時（　）ですから、はやく行ってください。

[A] すき　[B] すぎ　[C] にすぎ　[D] をすぎる

(4) 仕事の後で、（　）見に行ったことがあります。

[A] 何度か　[B] 一度も　[C] 何度でも　[D] 一度でも

(5) 歌舞伎を見た（　）があります。

[A] こと　[B] 前に　[C] あとで　[D] て

(6) 私はテニスを（　）ことがありません。

[A] して　[B] した　[C] しない　[D] できる

(7) 中国語の勉強を（　）ほうがいいです。

[A] できる　[B] した　[C] しろ　[D] して

(8) 森さんは仕事（　　）あとで、李さんと食事をします。
　[A] と　[B] の　[C] な　[D] に

(9) 日本に（　　）後で、日本語の勉強を始めました。
　[A] 来に　[B] 来て　[C] 来た　[D] 来いて

(10) 小野さんは自転車（　　）ことができません。
　[A] に乗る　[B] に乗った　[C] を乗って　[D] を乗る

(11) 李さんは（　　）。
　[A] 一度アメリカの映画を見たことがありません
　[B] 一度もアメリカの映画を見たことがあります
　[C] 何度もアメリカの映画を見たことがあります
　[D] 何度かアメリカの映画を見たことがありません

(12) お母さんが寝ていますから、（　　）。
　[A] テレビの音を小さいほうがいいです
　[B] テレビの音が大きくなったほうがいいです
　[C] テレビの音を小さくしたほうがいいです
　[D] テレビが消えたほうがいいです

(13) ——どうして家の近くで野球をすることができませんか。
　——（　　）。
　[A] 近くに病院がありますから、静かなほうがいいです
　[B] 天気が良くなっていないですから
　[C] 広くて新しい野球場がほしいですから
　[D] 友達と一緒にしたいですから

4. 先将[A]～[D]排序，再选出填入（ ★ ）的选项。

(1) 仕事の（　　）（　　）（ ★ ）（　　）ことがあります。
　[A] 映画を見に　[B] 後で　[C] 何度か　[D] 行った

(2) 宿題は（　　）（　　）（ ★ ）（　　）です。
　[A] 書いた　[B] 早めに　[C] いい　[D] ほうが

(3) 食事（　　）（　　）（ ★ ）（　　）しましょう。
　[A] 散歩　[B] 一緒に　[C] の　[D] 後で

5. 将下列句子译成日语。

(1) 把门关上吧。

(2) 我去过东京塔。

（3）还是不喝冷水比较好。

（4）洗过手之后再吃饭。

第 22 课　森さんは毎晩テレビを見る

一 词汇拓展

1 送別会（そうべつかい）：欢送会

【关】歓迎会（かんげいかい）：欢迎会

2 都合（つごう）：对自己好，对自己有利

【关】都合（つごう）がいい：时间方便

都合（つごう）が悪（わる）い：时间不方便

不都合（ふつごう）：不妥，不便；行为不端，没规矩

3 予定（よてい）：计划，预定

【解】多用作名词。

【关】予定（よてい）がある / 予定（よてい）が入（はい）る：有计划

4 おもちゃ：玩具

【速】お—美化

もちゃ—「持（も）ち遊（あそ）び」的省略

5 火事（かじ）：火灾

【关】家事（かじ）：家务（同音词）

6 転勤（てんきん）：换工作

【关】会社（かいしゃ）を変（か）える：改变公司（改革）

会社（かいしゃ）を変（か）わる：换公司（跳槽）

7 奥（おく）さん：夫人

【速】おく—内

さん—尊称

【解】对别人妻子的敬称。

【关】妻（つま）/ 家内（かない）/ 女房（にょうぼう）：妻子，老婆（对自己妻子的称呼）

8 やる：做

【速】や—对外

る—动词词尾

【关】ゲームをやる：玩游戏

遣（や）る：派遣；给予（同音词）

水（みず）をやる：浇水

9 嬉（うれ）しい：快乐

【速】うれ—「うら」的通假—内心

しい—音同“喜”

【解】指短暂的、当下的、临时的感受。

【关】楽（たの）しい：开心（长期的、持续的感受）

10 眠（ねむ）い：困倦

【速】ね—睡

む—封闭

11 急（きゅう）：突然；紧急

【关】急（きゅう）に：突然

12 ごめん：对不起

【关】ごめんください：家里有人吗？

二 语法延伸

1. 不同词性的单词的简体及敬体终止形

（1）动词

表 14　动词的简体终止形

	肯定	否定
现在 / 将来	辞书形	ない形
过去	た形	なかった形

表 15　动词的敬体终止形

	肯定	否定
现在 / 将来	ます	ません
过去	ました	ませんでした

（2）形容词

表 16　形容词的简体终止形

	肯定	否定
现在 / 将来	～い	～くない
过去	～かった	～くなかった

表 17　形容词的敬体终止形

	肯定	否定
现在 / 将来	～いです	～くないです / ～くありません
过去	～かったです	～くなかったです / ～くありませんでした

（3）形容动词及名词

表 18　形容动词及名词的简体终止形

	肯定	否定
现在 / 将来	だ	ではない
过去	だった	ではなかった

表 19　形容动词及名词的敬体终止形

	肯定	否定
现在 / 将来	です	ではありません
过去	でした	ではありませんでした

2. 简体及敬体的区分使用

（1）口语中

口语中，敬体多用于晚辈对长辈，下级对上级，与不太熟悉的人或陌生人交谈，商务、演讲等正式场合；简体多用于长辈对晚辈，上级对下级，与关系亲密的家人、朋友交谈等不拘束的场合。

（2）书面语中

书面语中，敬体多用于信函、邮件、通知或带有回忆性质的日记的书写；简体多用于大部分论文、散文的书写。

3. 与「が」同义的词语

「けど」「けれど」「けれども」「ですけど」「だけど」等词语与「が」同义，均放在句尾，且都有以下两种含义：

（1）表逆接转折，意为“虽然……但是……”；

（2）铺垫下文，缓和语气，翻译时可不译出。

4. 「の」的用法

（1）表修饰或从属关系，相当于中文的“的”。

（2）作代词。

（3）置于句末表语气的加强，翻译时可不译出。（应用于两种场合：①向对方解释说明或想让对方给自己解释说明；②表明个人主张。）

三 基本课文与音调

1. 森（もり）さんは 毎晩（まいばん）テレビを 見（み）る。

2. 昨日（きのう）は とても 忙（いそが）しかった。

3. コンピュータは 簡単（かんたん）では ない。

4. 今日（きょう）は 曇（くも）りだ。

A 甲：明日（あした）ボーリングに 行（い）かない？

乙：ごめん。明日（あした）は 仕事（しごと）が あるから……

B 甲：昨日（きのう）の 試験（しけん）、どうだった？

乙：ちょっと 難（むずか）しかったけど、まあまあ できたよ。

C 甲：このネクタイ、派手（はで）？

乙：ううん、全然（ぜんぜん）派手（はで）じゃないわ。

D 甲：森（もり）さんの 電話番号（でんわばんごう）、知（し）ってる？

乙：うん、知（し）ってる。3493（さんよんきゅうさん）－（の）3945（さんきゅうよんご）だよ。

四 应用课文 友達

小野：もしもし、小野（おの）です。

清水：小野（おの）さん？清水（しみず）だけど。

小野：ああ、清水君（しみずくん）、どうしたの？

清水：最近（さいきん）大田（おおた）から 連絡（れんらく）あった？

小野：太田君（おおたくん）から？ううん、ないわよ。どうして？

清水：大田（おおた）、今度（こんど）中国（ちゅうごく）へ 転勤（てんきん）だって。

小野：本当（ほんとう）に？いつ 行（い）くの？

清水：たしか 来月（らいげつ）だよ。

小野：急（きゅう）ね。中国（ちゅうごく）の どこ？期間（きかん）は どのぐらい？

清水：北京（ペキン）だって。期間（きかん）は 四年（よねん）か 五年（ごねん）かな。

小野：ずいぶん 長（なが）いわね。太田君（おおたくん）一人（ひとり）で 行（い）くの？

清水：いや、奥（おく）さんも いっしょだよ。来週（らいしゅう）送別会（そうべつかい）を するけど、都合（つごう）は どうかな？

小野：ええと、火曜日（かようび）は 予定（よてい）が あるけど、それ以外（いがい）は 大丈夫（だいじょうぶ）よ。

清水：分（わ）かった。じゃあ、また 連絡（れんらく）するよ。

李：お友達（ともだち）からですか、小野（おの）さん？

小野：あっ、分（わ）かりました？

李：ええ。いつもの 話（はな）し方（かた）じゃ ありませんでしたから。

五 习题

1. 写出下列词语的读音。

送别会（　　　）　火事（　　　）　都合（　　　）　予定（　　　）
転勤（　　　）　急（　　　）　眠い（　　　）　重い（　　　）
期間（　　　）　歌手（　　　）

2. 写出下列假名对应的汉字。

おくさん（　）　だいとうりょう（　）　ねむい（　）　かじ（　）
おもい（　）　かしゅ（　）　つごう（　）　きかん（　）　れんらく（　）　けいたい（　）

3. 请在[A]～[D]中选出最佳选项。

(1) この単語の（　）方はまだわかりません。
[A] 読み　[B] 読む　[C] 読ま　[D] 読め

(2) 小野さん、来月中国に来る（　）。
[A] て　[B] だって　[C] って　[D] です

(3) なに、財布を落とした（　）？
[A] の　[B] んです　[C] ね　[D] よ

(4) ——その店の料理はどう？
——（　）。
[A] とても静かでよかった　[B] おいしくてやすかった
[C] 駅から近くてよかった　[D] やさしくてハンサムだ

(5) そのとき、そばにだれもいなくて、とても（　）。
[A] 寂しいだ　[B] 寂しくない
[C] 寂しいだった　[D] 寂しかった

(6) 子どものころは元気（　）。
[A] だっただ　[B] でしたのだ
[C] でした　[D] ではだった

(7) ——大連、静か？
——（　）。
[A] はい、あまり静かです　[B] はい、とても静かだ
[C] はい、とても静かます　[D] はい、静かだった

(8) 父は昔小学校の先生（　）けど、今は会社員になった。
[A] だ　[B] です　[C] だった　[D] ではない

(9) 先月は（　　）けど、今月は暇だ。
[A] 忙しい　[B] 忙しいだ　[C] 忙しかった　[D] 忙しだった

(10) ——お金があるの？
——いいえ、（　　）。
[A] あらない　[B] ない
[C] そうではない　[D] そうじゃない

(11) ——ご飯、食べた？
——（　　）。
[A] うん、もう食べた　[B] うん、もう食べない
[C] ご飯、食べたんだ　[D] ううん、食べているよ

(12) ——その単語の読み方、知ってる？
——（　　）。
[A] うん、知る　[B] うんん、知らない
[C] ううん、知らない　[D] うん、知てる

(13) 来週、楽しみ会をするけど、（　　）？
[A] 場合はどうかな　[B] 都合はどうかな
[C] 都合は何だ　[D] 都合はどうの

4. 先将[A]～[D]排序，再选出填入（ ★ ）的选项。

(1) 田中君は来月（　　）（　　）（ ★ ）（　　）。
[A] だって　[B] へ　[C] 転校　[D] アメリカ

(2) 京都（　　）（　　）（ ★ ）（　　）ある。
[A] 行った　[B] が　[C] こと　[D] へ

(3) 小野さん（　　）（　　）（ ★ ）（　　）いない。
[A] まだ　[B] は　[C] して　[D] 結婚

5. 将下列句子译成日语。（用简体形）

(1) 你知道四川菜的做法吗?

(2) 听说小王已经回国了。

(3) 下星期要开一个送别会，你时间方便吗?

(4) 小森每天晚上都看报纸。

第 23 课　休みの日、散歩したり買い物に行ったりします

一 词汇拓展

1 週末（しゅうまつ）：周末

【关】土日（どにち）：周末

2 味（あじ）：味道

【速】あ—上

じ—し—した—舌头

【关】味（あじ）が濃（こ）い / 薄（うす）い：味道浓 / 淡

味（あじ）がない：没有味道

味（あじ）を見（み）る：尝味道

3 通勤（つうきん）：通勤

【关】通勤時間（つうきんじかん）：通勤时间

4 船（ふね）：船

【速】ふ—漂浮

ね—根—木

【关】船（ふね）に乗（の）る：坐船

船（ふね）を漕（こ）ぐ：划船

5 生地（きじ）：布料，衣料

【速】き—活

じ—「地」的音读—基础

6 閉店時刻（へいてんじこく）：关店时间

【关】営業時間（えいぎょうじかん）：营业时间

7 違（ちが）う：不同

【速】ち—小

が—か—不确定

う—动词词尾

8 込（こ）む：拥挤，混杂

【速】こ—多，强

む—封闭

9 決（き）まる：决定

【速】き—切

ま—强调

る—动词词尾

10 知（し）らせる：通知

【速】し—吸收

らせる—使役态标志

【关】～に～を知（し）らせる：通知某人某事

11 確（たし）かめる：确认，弄清

【速】た—他，他人；外部

し—する—做

か—不确定

め—明—明确

る—动词词尾

12 濃（こ）い：浓的

【速】こ—加强

【关】色（いろ）が濃（こ）い：颜色深

化粧（けしょう） / メークが濃（こ）い：化妆浓

13 薄（うす）い：淡的；薄的

【速】う—无

す—轻

14 遅（おそ）い：晚；慢

【速】おそ—畏惧，害怕

二 语法延伸

1. 「たり」的用法

在形式上，「たり」可视作た形后面加「り」，但「たり」的含义与た形无关。一句话中，「たり」可重复出现，理论上使用次数没有限制，但「たり」常常成对出现；「たり」只出现一次时，表示仅举一例，暗指其他。「たり」后接「する」时，「する」可活用成「して」作状语，「して」可省略。

2. 「か」的用法

（1）接在疑问词后面，表示不确定，例如「だれか」「どこか」「なにか」等。

（2）接在小句后面，表示不确定。

V 简体形 + か + V 否定形 + か～：行くか行かないか、わかりません。

V 简体形 + かどうか～：行くかどうかわかりません。

（3）与疑问词呼应使用，表疑问。

休みの日に、何をしますか。

注：（1）（2）两种用法中「～か」整体视为一个名词，后面可省略助词「は」「が」「を」。

3. 「聞く」的用法

（1）从……听说：～から聞く

（2）向……问：～に聞く

三 基本课文与音调

1. 小野（おの）さんは 休（やす）みの 日（ひ）、散歩（さんぽ）したり 買（か）い物（もの）に 行（い）ったり します。

2. 日本語（にほんご）の 先生（せんせい）は 中国人（ちゅうごくじん）だったり 日本人（にほんじん）だったりです。

3. わたしは 今年（ことし）の 夏（なつ）、北京（ペキン）へ 行（い）くか どうか 分（わ）かりません。

4. かぎが どこに あるか 教（おし）えて ください。

A 甲：週末（しゅうまつ）に 何（なに）を しましたか。

乙：スケートを したり、ボーリングを したり しました。

B 甲：北京（ペキン）まで、飛行機（ひこうき）の チケットは いくらぐらいですか。

乙：季節（きせつ）によって 高（たか）かったり 安（やす）かったりです。

C 甲：李（り）さん、仕事（しごと）は 忙（いそが）しいですか。

乙：ええ、日（ひ）に よって 暇（ひま）だったり 忙（いそが）しかったりです。

D 甲：森（もり）さんが 何時（なんじ）ごろ 来（く）るか 知（し）って いますか。

乙：いいえ。今日（きょう）は 来（く）るか どうか 分（わ）かりません。

四 应用课文 送别会

森：小野（おの）さん、何（なに）を 買（か）うか 決（き）まりましたか。

小野：浴衣（ゆかた）は どうですか。

森：いいですね。でも、高（たか）く ないですか。

小野：高（たか）かったり 安（やす）かったり、いろいろ あります。あっ、そうだ。生地（きじ）を 買（か）って、わたしが 作（つく）りますよ。

吉田：日本（にほん）の 生活（せいかつ）は どうでしたか。

李：温泉（おんせん）に 入（はい）ったり 歌舞伎（かぶき）を 見（み）たりして、とても 楽（たの）しかったです。

吉田：ご両親（りょうしん）に いつ 帰（かえ）るか 知（し）らせましたか。

李：はい、昨日（きのう） 母（はは）に メールで 知（し）らせました。

森：ご両親（りょうしん）は メールが できますか。

李：母（はは）は できますが、父（ちち）は 電話（でんわ）か 手紙（てがみ）ですね。

小野：北京（ペキン）へ 帰（かえ）った 後（あと）、どうしますか。

李：一週間（いっしゅうかん）ぐらい 休（やす）みたいですね。春節（しゅんせつ）に 休（やす）みが なかったですから。

小野：休（やす）みに 何（なに）を しますか。旅行（りょこう）に 行（い）きますか。

李：旅行（りょこう）に 行（い）くか どうか、分（わ）かりません。たぶん友達（ともだち）に 会（あ）ったり、食事（しょくじ）に 行（い）ったり します。

五 习题

1. 写出下列词语的读音。

週末（　　　）　味（　　　）　決まる（　　　）　込む（　　　）
毎回（　　　）　通勤（　　　）　船（　　　）　生地（　　　）
閉店時刻（　　　）　違う（　　　）　多分（　　　）　濃い（　　　）　早い（　　　）

2. 写出下列假名对应的汉字。

かぶき（　）　しらせる（　）　たしかめる（　）　そつぎょうしき（　）　つうきん（　）　うすい（　）　ふね（　）　あじ（　）

3. 请在[A]～[D]中选出最佳选项。

(1) その件、みんな（　　）なりません。
[A] に知らせない　[B] と知らせたい
[C] に知らせなれば　[D] に知らせなければ

(2) ゴールデンウイーク、たぶん（　　）から、行くかどうかまだわからない。
[A] 込む　[B] 込んだ　[C] 込んでる　[D] 込まない

(3) 卒業式は時代（　　）違います。
[A] にとって　[B] について
[C] によって　[D] による

(4) 週末はだいたい家でテレビを見たり、本を（　　）します。
[A] よんたり　[B] よんだり　[C] よみたり　[D] よみだり

(5) 休みの日に、家族の人と料理を食べ（　　）おしゃべりをし（　　）。
[A] て、ています　[B] てり、てりします
[C] たり、たりみます　[D] たり、たりします

(6) 通勤は電車（　　）、車（　　）、日によって違います。
[A] たり、たり　[B] だったり、だったり
[C] だり、だり　[D] したり、したり

(7) 昨日何を（　　）か忘れました。
[A] 食べる　[B] 食べます　[C] 食べた　[D] 食べました

(8) 私はキムさんが（　　）かどうか知りません。
[A] 中国人　[B] 中国人だ　[C] 中国人な　[D] 中国人に

(9) 銀行はどこにある（　　）教えてください。
[A] が　[B] の　[C] か　[D] で

(10)（　　）もう一度見てください。
[A] 間違いがありません　[B] 間違いがあるかどうか
[C] 間違いがないの　[D] 間違いがあるの

(11)（　　）わかりません。
[A] 窓を閉めたかどうか　[B] 東京で何で行くか
[C] 来週は暇がない　[D] 土曜日に行っては

4. 先将[A]～[D]排序，再选出填入（ ★ ）的选项。

(1) 展覧会はいつ（　　）（　　）（ ★ ）（　　）。
[A] か　[B] 始まる　[C] わからない　[D] から

(2) 送別会を（　　）（ ★ ）（　　）（　　）ほうがいいです。
[A] 確かめた　[B] か　[C] どうか　[D] する

(3) 通勤は（　　）（　　）（ ★ ）（　　）違います。
[A] よって　[B] 日に
[C] 車だったりで　[D] 電車だったり

(4) どこへ出張（　　）（　　）（ ★ ）（　　）。
[A] まだ　[B] 分からない　[C] に　[D] 行くか

5. 将下列句子译成日语。

(1) 我不知道社长几点来公司。

(2) 我没吃过日本料理，所以还不知道好不好吃。

(3) 教室里有人。

(4) 休息的时候滑了滑冰，看了看报纸。

(5) 休息日有时是周一，有时是周六。

第 24 课　李さんはもうすぐ来ると思います

一 词汇拓展

1 お別(わか)れ：分别，分手

【速】お—美化

わかれ—別(わか)れる—分别

2 話(はなし)：说话；话题，事情

【速】は—（嘴）张开

な—长

し—连用形

【解】作“说话”讲时，「話(はなし)をする」相当于「話(はな)す」；作“话题，事情”讲时，「話(はなし)が違(ちが)う」意为“不是一码事”。

【关】～の話(はなし)：……的事情

3 間(あいだ)：时间，期间

【速】あ—打开

い—一直

だ—ど—地方

4 思(おも)う：想，思考

【速】おも—面

う—封闭

5 言(い)う：说；讲

【速】い—说

う—动词词尾

6 探(さが)す：找

【速】さ—指向

が—か—不确定

す—做

【关】鍵(かぎ)を探(さが)す：找钥匙

7 笑(わら)う：笑（自动词）

【速】わ—分开

ら—拉，拉动

う—动词词尾

【解】也可作他动词，表示“嘲笑”：他人(たにん)の失敗(しっぱい)を笑(わら)う（嘲笑别人的失败）。

8 やめる：戒；停止；放弃

【速】や—停止

め—む—闷

る—动词词尾

9 決(き)める：决定

【速】き—切

め—ま—强调

る—动词词尾

10 外出(がいしゅつ)：外出

【关】外出先(がいしゅつさき)：外出目的地

11 おかしい：可笑；滑稽

【速】お—不清楚

か—不确定

しい—形容词词尾

12 いっぱい：满，充满

【关】会場(かいじょう)は人(ひと)でいっぱいです：会场全是人

13 すごい：了不起的

【速】す—超过

ご—こ—超越

14 必ず：一定

【关】きっと：一定（带有一定必然性）

15 さようなら：再见

【解】长期分别的正式说法。

【关】また会いましょう：再会

また明日：明天再见

じゃね：再见（口语）

それでは：再见

失礼します：告辞

二 语法延伸

1. 助词「と」的用法

（1）表完全并列，相当于中文的“和”：AとB（A和B）。

（2）充当“引号”，用于「思う」「言う」「考える」「提案する」等表达信息内容的动词之前，前接独立完整的句子，即以终止形结尾的句子。

2. 「と思う」与「と思っている」的区别

「と思う」的主语只能为第一、第二人称，而「と思っている」的主语无限制。当「と思う」和「と思っている」的主语都为第一人称时，二者在含义上的差异如下：

と思う：表示日常的、临时的想法，即“我想……”。

と思っている：表示关键性的、原则性的、重要的想法，即“我一直想……”。

3. 「と言う」与「と言っている」的区别

「と言う」和「と言っている」的主语均无限制，二者在含义上的差异如下：

と言う：说……。

と言っている：一直说……。其中，「ている」表“反复、重复”。

4. 「の」的用法

（1）用于句末，表示语气的加强（语义上没有变化），故无固定翻译。

（2）使用场景：①表达自己的态度、主张、观点时，增强信服感；②向对方进行解释、说明时，增强信服感；③「の」在疑问句中表示希望对方给自己做出解释，可增强质问感。

（3）口语中，「の」会变为「ん」。

(4) 接续：品词连体形＋の（为避免助词重复，名词必须先加「な」再加「の」）

5.「中」的用法

(1) 名词＋中（ちゅう）：正在……。例：会議中（かいぎちゅう）。

(2) 名词＋中（じゅう）：整个、整体。例如：世界中（せかいじゅう）。

三 基本课文与音调

1. 李（り）さんは もう すぐ 来（く）ると 思（おも）います。

2. 陳（ちん）さんは パーティーに 行（い）くと 言（い）いました。

3. すみません、頭（あたま）が 痛（いた）いんです。

4. 東京（とうきょう）タワーへ 行（い）きたいんですが、どうやって 行（い）きますか。

A 甲：日本（にほん）の 音楽（おんがく）に ついて どう 思（おも）いますか。

乙：すばらしいと 思（おも）います。

B 甲：課長（かちょう）は 何（なん）と 言（い）いましたか。

乙：午後（ごご）から 出（で）かけると 言（い）いました。

C 甲：どうして 食（た）べないんですか。

乙：もう おなかが いっぱいなんです。

D 甲：李（り）さんを 探（さが）して いるんですが、どこに いますか。

乙：会議室（かいぎしつ）に いると 思（おも）います。

四 应用课文 見送り

小野：とうとう お別（わか）れですね。

李：ありがとう ございました。本当（ほんとう）に お世話（せわ）に なりました。

小野：こちらこそ。短（みじか）い 間（あいだ）でしたが、とても 楽（たの）しかったですよ。

森：課長（かちょう）は 出張中（しゅっちょうちゅう）ですが、李（り）さん

に よろしくと 言（い）って いましたよ。

李：そうですか。どうぞ 吉田課長（よしだかちょう）に よろしく お伝（つた）え ください。

森：ええ、必（かなら）ず 伝（つた）えます。

小野：これ、浴衣（ゆかた）です。わたしが 作（つく）ったんですが、どうぞ。

李：小野（おの）さんが 作（つく）ったんですか。すごいですね。ありがとうございます。

李：小野（おの）さん、森（もり）さん、いつか 北京（ペキン）へ 来（き）てください。

小野：ええ、必（かなら）ず 行（い）きます。今度（こんど）は 京劇（きょうげき）を 見（み）ましょう。李（り）さん、お元気（げんき）で。

森：ぼくも いつか 北京（ペキン）へ 行（い）きたいと 思（おも）います。李（り）さん、どうぞ お気（き）を つけて。“再见！”

李：さようなら。今度（こんど）は 北京（ペキン）で 会（あ）いましょう。

五 习题

1. 写出下列词语的读音。

世話（　　　）　間（　　　）　法律（　　　）　外出（　　　）　研究（　　　）　話（　　　）　笑う（　　　）　役（　　　）　気（　　　）　見送り（　　　）

2. 写出下列假名对应的汉字。

おわかれ（　）　おもう（　）　いう（　）　さがす（　）　きめる（　）　ねぼうする（　）　せわ（　）　はなし（　）　あいだ（　）　けんきゅう（　）

3. 请在[A]～[D]中选出最佳选项。

(1) この電車は（　）で乗ることができません。

[A] いっぱい　[B] いっぱい　[C] 多い　[D] たくさん

(2) 人はいつか（　）死ぬ。

[A] たぶん　[B] だいたい　[C] きっと　[D] かならず

(3) 李さんはずっと日本に住んでいるから、日本語が（　　）。
[A] 上手と思います　[B] 上手なを思います
[C] 上手だと思います　[D] 上手にと思います

(4) 森さんは今日から（　　）と言いました。
[A] タバコをやめる　[B] タバコをとめる
[C] タバコをやめた　[D] タバコをやめて

(5) そうか、あの方が李先生（　　）。
[A] なんだ　[B] のだ　[C] なです　[D] のです

(6) 森さんは（　　）と思います。
[A] もう帰る　[B] もう帰ったんだ　[C] もう帰りました　[D] もう帰った

(7) 父は昔は小学校の先生（　　）、今は会社員になった。
[A] だが　[B] ですけど　[C] だったが　[D] ではないが

(8)（　　）と思います。
[A] 今日は昨日ほど寒い　[B] 今日は昨日より寒かった
[C] 昨日より、今日のほうが寒いだ　[D] 昨日より、今日のほうが寒い

(9) ——小野さんは何と言いましたか。
——（　　）と言いました。
[A] 旅行に行くかどうかをわかりません
[B] 今年に結婚したかった
[C] 中華料理が一番好き
[D] 午後から出かける

(10) ——どうしてこの小説を読まないんですか。
——（　　）。
[A] 面白かったです　[B] 面白くないんです
[C] 最近忙しいだから　[D] 読まないんです

(11) ——近くの銀行に行きたいんですが、どうやって行きますか。
——（　　）。
[A] この道をまっすぐ行って、すぐ左にあります
[B] お金をおろしてから行きます
[C] お金をおろしに行きます
[D] 電車で行きました

(12) 携帯をなくしたから、（　　）。
[A] 新しいのを買いません
[B] 新しいのを買わなければならない

[C] 新しいのをほしい

[D] 買うことができる

(13) ——この半年間、お世話になりました。それじゃ、また北京で会いましょう。

——（　）。

[A] こちらこそ、お邪魔します

[B] お疲れ様でした

[C] よろしくお願いします

[D] どうぞお気を付けて

4. 先将[A]～[D]排序，再选出填入（ ★ ）的选项。

(1) もう（　）（　）（ ★ ）（　）です。

[A] いっぱい　[B] が　[C] お腹　[D] なん

(2) 4月は（　）（　）（ ★ ）（　）思います。

[A] 暖かく　[B] と　[C] なる　[D] もっと

(3) はじめまして、李です。（　）（　）（ ★ ）（　）。

[A] なります　[B] これから　[C] お世話　[D] に

5. 将下列句子译成日语。

(1) 小王说他下个月回国。

(2) 我觉得明天会比今天暖和。

(3) 关于音乐，我不是很懂。

(4) 我想去体育馆打网球，请问怎么走？

第六单元测试

扫码获得听力音频与原文

一、听录音，选出正确答案。

1 番

1. 男の人と映画を見に行く　2. 家に帰る　3. パーティーに行く

2 番

1. 北京　2. 上海　3. どこへも行きません

3 番

1. 見たことがあります　2. 見たことがありません　3. わかりません

4 番

1. 男の人　2. 女の人　3. 太田

5 番

1. 2 月 15 日　2. 午後一時　3. 午後五時

6 番

1. 行きます　2. 行きません　3. わかりません

7 番

1. 会議があります　2. ファックスを送ります　3. 打ち合わせをします

8 番

1. 宿題をする　2. 寝る　3. お風呂に入る

9 番

1. 沖縄　2. 北海道　3. 家

10 番

1. ピアノを練習する　2. 英語の本を買う　3. うどんを食べる

二、请在 [A] ~ [D] 中选出最佳选项。

1. ピアノを（　　）ことができる。
   [A] 弾く　[B] 弾きます　[C] 弾いて　[D] 弾いた

2. ——小野さん、もう結婚していますか。
   ——いいえ、まだ（　　）。
   [A] 結婚しています　[B] 結婚しました
   [C] 結婚していました　[D] 結婚していません

3. 日曜日はテニスを（　　）、映画を（　　）しました。
[A] したり、みたり　[B] して、みて
[C] する、みる　[D] した、みた

4. 私は今年の夏、北京へ行く（　　）分からない。
[A] ですか　[B] なのか　[C] こと　[D] かどうか

5. 鍵がどこに（　　）教えてください。
[A] ありますか　[B] あるか
[C] あったか　[D] あるかどうか

6. ——この電車はいつも込んでいますか。
——まあ、そうじゃないけど、時間に（　　）ね。
[A] かかります　[B] いります　[C] よります　[D] みます

7. 私はキムさんが中国人かどうか（　　）。
[A] 思わない　[B] 思っている
[C] 知っている　[D] 知らない

8. この書類に間違いがあるか（　　）か確かめてください。
[A] あります　[B] ある　[C] あった　[D] ない

9. 李さんはもうすぐ来る（　　）。
[A] と思います　[B] に思う
[C] で思った　[D] で思っています

10. 森さんは中国語の試験は難しいとよく（　　）。
[A] 言いません　[B] 言っています
[C] 言いました　[D] 言いませんでした

11. 東京スカイツリーへ行きたいんです（　　）、どうやって行きますか。
[A] か　[B] が　[C] だ　[D] と

12. 日本の音楽（　　）どう思いますか。
[A] によって　[B] には　[C] にも　[D] について

13. 切符を（　　）んですが、もう一度買わなければなりませんか。
[A] なくした　[B] なくす
[C] なくして　[D] なくさない

14. 森さんは中国語を（　　）から、ネット授業を探している。
[A] 勉強しない　[B] 勉強したい
[C] 勉強したことがある　[D] 勉強していた

15. ——お母さん、粗大ゴミの日って、いつ？
——ええと、（　　）土曜日かな。
[A] たしか　[B] 実に　[C] でも　[D] ぜひ

16. ——宿題はもう出したの？
——ええ？宿題があったの？（　　）。
[A] 覚えない　[B] 知らなかった
[C] 覚えなかった　[D] 知っていなかった

17. ——どうして仕事を休んだの？
——（　　）。
[A] うん、休むよ　[B] 病気だったの
[C] ええ、休みたい　[D] 課長と連絡してから家に帰るよ

18. ——もうこの本を読みましたか？
——いいえ、（　　）。
[A] まだです　[B] まだ読みました
[C] もうです　[D] もう読みませんでした

19. 日本人はご飯を食べる前に（　　）と言います。
[A] ごちそうさまでした　[B] ありがとうございます
[C] 失礼します　[D] いただきます

三、先将 [A]～[D] 排序，再选出填入（ ★ ）的选项。

1. 何（　　）（　　）（ ★ ）（　　）ください。
[A] か　[B] が
[C] ほしい　[D] 言って

2. 一人（　　）（　　）（ ★ ）（　　）ください。
[A] で　[B] 遊ば
[C] ないで　[D] この辺で

3. （　　）（　　）（ ★ ）（　　）可愛いです。
[A] 目が　[B] あの
[C] 大きくて　[D] 子は

4. この（　　）（　　）（ ★ ）（　　）教えてください。
[A] を　[B] 書き方
[C] かんじ　[D] の

四、阅读文章，在 [A]～[D] 中选出最佳选项。

今日は日本人の友達と回転寿司へ行きました。その店はいつもとても（ 1 ）が、

2時を過ぎていたからか、今日はすぐ入りました。もちろん、今（　2　）寿司を食べたことがあります。でも、回転寿司は（　3　）、とても嬉しかったです。えびやまぐろ（金枪鱼）などいろいろな寿司が回っていました。そしてわざわざ（　4　）、好きなものを取って食べることができます。これはとても便利です。寿司は1皿200円です。少し高いですが、美味しくて、10皿も食べて、おなかがいっぱい（　5　）。

1. [A] 込んでいました　　[B] 込めています
   [C] 込んでいません　　[D] 込めていました

2. [A] は　　[B] に
   [C] から　　[D] まで

3. [A] 初めて　　[B] 初めで
   [C] 初めてで　　[D] 初めてて

4. [A] 注文しなくても　　[B] 注文しては
   [C] 注文しないで　　[D] 注文してください

5. [A] にしました　　[B] にします
   [C] になりました　　[D] になります

6. 文中の「か」と使い方が同じなのはどれか。
   [A] 枝豆か冷ややっこを食べながら（一边）ビールを飲みます。
   [B] 合格するかどうか知りません。
   [C] 私は毎朝パンかお粥を食べます。
   [D] キムさんは韓国人ですか。

7. 「私」は友達といつ回転寿司の店へ行きましたか。
   [A] 今日の午前　　[B] 今日の午後
   [C] 今日の夕べ　　[D] 今日の夜

8. 今日はどうしてとても嬉しかったのですか。
   [A] 回転寿司を初めて食べましたから
   [B] 寿司を初めて食べましたから
   [C] えびやまぐろが食べられましたから
   [D] 回転寿司が安かったですから

9. 回転寿司の便利なところは何ですか。
   [A] いつも2時を過ぎると、すぐに座ることができるところ
   [B] いろいろな種類のえびやまぐろが食べられるところ
   [C] 店の人に「○○をください」と言わなくてもいいところ
   [D] 1皿200円で、お金を払う時、簡単なところ

五、以《我的一天》为题，写一篇 300 ～ 350 字的作文。

要点：1. 你每天是怎样度过的；

2. 你对你这种生活的简单评价。

要求：1. 字数为 300 ～ 350 字；

2. 格式正确，书写清楚；

3. 写作要点必须在文中体现出来；

4. 文章使用「です・ます」体。

参考答案

〈第1课〉

1. ちゅうごく　きょうじゅ　きぎょう　だいがく　にほんじん　けんしゅうせい

2. wa　re　ne　nu

3. 父　先生　学生　社員　課長

4. ku　ta　mi　shi/si　tsu/tu　yu　e

5. (1)-(5) CABAD　(6)-(10) CADBD

6. (1)C (DACB)　(2)A (BCAD)　(3)C (DACB)

7.

(1)——あの、王さんはJC企画の社員ですか。

——いいえ、彼は大学の先生です。

(2) はじめまして、ジョンソンです。私はフランス人です。

(3) 田中さんは東京大学の学生ではありません。日中商事の社員です。

(4)——林さんですか。

——いいえ、私は林じゃありません。吉田です。

——あっ、どうもすみません。

〈第2课〉

1. くつ　えんぴつ　じしょ　とけい　めいさんひん　ちゅうごくご　じてんしゃ

2. fu/hu　ho　ma　ya　ru　re　fu/hu　he　ro　ru　wa　u

3. 傘　机　会社　人　家族　雑誌　新聞　写真

4. (1)-(5) CABAA　(6)-(10) CDBCB

5. (1)A (BDAC)　(2)A (DCAB)　(3)A (CABD)　(4)C (BDCA)

6.

——小野さん、これは何ですか。

——それは家族の写真です。

——この方はどなたですか。

——私の母です。

——この方はお父さんですか。

——いいえ、父ではありません。叔父です。

——お父さんはどなたですか。

——この人です。

〈第3课〉

1. くに　ちず　ほんや　うけつけ　たてもの　じむしょ　ゆうびんきょく　もくようび　さんびゃくえん

2. ga　de　ba　po　cha　sho　nyu　bya　jyu　shinn　minn　bann　renn

3. 隣　銀行　食堂　図書館　周辺　会場　今日　喫茶店

4. (1)-(5) ACCBC　(6)-(9) CCCA

5. (1)D (CADB)　(2)B (CABD)　(3)C (DACB)　(4)A (BDAC)

6.

(1) お国はどちらですか。

(2) ここは図書館ですか、本屋ですか。

(3)——JC企画はどこですか。

——銀行の隣です。

(4)——森さんの傘はどれですか。

——これです。

(5)——このパソコンはいくらですか。

——十万円です。

〈第4课〉

1. かべ　いもうと　そと　き　ばしょ　めがね　きょうだい　ばいてん　としょしつ　れいぞうこ

2. beddo　jonn　chokore-toke-ki　jye-a-ru　pa-texi-　sofa-

3. 部屋　今　子供　両親　男　上　後ろ　駅　地下鉄　一人暮らし

4. (1)-(5) CDCBD　(6)-(10) CABAD　(11)-(12) AA

5. (1)B (DABC)　(2)D (CBDA)　(3)D (CBDA)　(4)C (BACD)

6.

(1)——JC企画はどこにありますか。

——銀行の隣にあります。

(2) 車の後ろに誰もいません。

(3)——レストランはデパートの七階にありますか。

——いいえ、レストランは六階にあります。

(4) 机の上に雑誌があります、新聞もあります。

(5) カメラ売り場はデパートの三階にあります。

第1单元测试

一、

1番-5番 12323　6番-10番 22211

二、

1-5 DBACC　6-10 CBCAC　11-16 CDDAC B

三、

1.B (CABD)　2.B (DCBA)　3.A (BDAC)　4.D (ACDB)

四、

1-5 AABBC　6-7 DC

〈第5课〉

1. いま　がっこう　あした　けさ　ちこく　しごと　きょねん　かんげいかい　はたらきます　べんきょうします

2. 朝　夜　休み　午前　試験　研修　先週　九時半　土曜日　旅行

3.

ます形	否定	过去	过去否定
寝ます	寝ません	寝ました	寝ませんでした
働きます	働きません	働きました	働きませんでした
休みます	休みません	休みました	休みませんでした
来ます	きません	きました	きませんでした
勉強します	勉強しません	勉強しました	勉強しませんでした

4. (1)-(5) DACBC　(6)-(11) ACBCC　D

5. (1)C (DACB)　(2)B (DBCA)　(3)C (DACB)　(4)A (DCAB)

6.

(1) 森さんは昨日働きませんでした。明日から働きます。

(2) 私は毎晩七時から九時まで勉強します。

(3) 学校は毎日八時から始まります。

(4) 今は十時三十分です。

〈第6课〉

1. おとうと　でんしゃ　ともだち　らいげつ　たんじょうび　ひこうき　びじゅつかん　こうつうきかん

2. 夜中　昨夜　新幹線　夏休み　子供　帰ります　韓国　北海道

3. (1)-(5) ACDBC　(6)-(10) DBABB

4. (1)A (DCAB)　(2)D (CADB)　(3)D (CADB)　(4)A (BADC)

5.

(1) 李さんは先月佐藤さんと新幹線で大阪へ行きました。

(2)——家から駅まで何で行きますか。

——歩いて行きます。

(3)——吉田さんはいつ中国にきましたか。

——吉田さんは六月に佐藤さんとフェリーで中国にきました。

(4) 私は八時に地下鉄で会社へ行きます。午前九時から午後六時まで働きます。

〈第7课〉

1. たまご　おかゆ　おんがく　えいが　やきゅう　もうしこみしょ　どうぶつえん　のみます　かきます　そうじします

2. お弁当　手紙　映画　読みます　聞きます　お邪魔します

3. (1)-(5) BCBAB　(6)-(10) DADBC　(11)-(12)BD

4. (1)C (BDCA)　(2)B (DCBA)　(3)C (BCDA)

5.

(1) 小野さんは今日会社へ行きませんでした。朝、部屋で手紙を書きました。

(2) 夜は友達と銀座へ行きました。

(3) 小野さんは友達と銀座で映画を見ました。

(4) 小野さんは十時に歩いて帰りました。十時から十一時まで音楽を聞きました。

(5) 小野さんはいつも十一時半か十二時に寝ます。

〈第8课〉

1. はし　　はな　　しゅくだい　　こうくうびん　　そくたつ　　じゅうしょ　　しんぶんし　　こむぎこ　　ゆうがた　　とどきます

2. 記念品　　お金　　昼休み　　飛行機　　韓国語　　太ります　　作ります　　届きます

3. (1)-(5) BCACB　　(6)-(10) CACCB　　(11)-(12) BC

4. (1)C (BDCA)　　(2)D (BDCA)

5.

(1) もう JC 企画にファックスを送りました。

(2) 私は駅で母に誕生日プレゼントを航空便で送りました。

(3) 李さんは小野さんに中国語の雑誌を貸しました。

(4) 李さんは小野さんに中国のお茶をあげました。

第2单元测试

一、

1番-5番 32332　　6番-10番 32333

二、

1-5 BABBA　　6-10 DADCD　　11-14 CCCB

三、

1. A (BACD)　　2. A (BDAC)　　3. D (CBDA)　　4. A (BCAD)　　5. C (BCDA)　　6. A (BDAC)

7. A (CDBA)

四、

(一)1-5 CBBCC　　6-7 AC　　(二)1-3 BCA

〈第9课〉

1. くすり　　みず　　うみ　　じょせい　　てんき　　りょうり　　おんせん　　せ

まい　むずかしい　いそがしい

2. お湯　山　浴衣　気持ち　楽しい　苦い　広い　古い　安い　塩辛い

3. (1)-(5) BDBBA　(6)-(10) ADCAB　(11)-(13) BAD

4. (1)A (CBAD)　(2)A (DBAC)　(3)C (DBCA)

5.

(1)——昨日の試験は難しかったですか。

——はい、ちょっと難しかったです。

(2) 近くの温泉はあまり広くないです。

(3) とても苦い薬を飲みました。

(4) 昨日の天気はあまりよくなかったです。

(5) この新しい映画は本当に面白いです。

〈第10课〉

1. こきょう　にんぎょう　もみじ　ちょうこく　さっか　へいじつ　あめ　かんたん　きたない　せいかつ

2. 町　作品　道具　世界　曇り　雪　有名　親切　元気　暇

3.

形一	軽い	軽かったです	軽くないです	軽くなかったです
	長い	長かったです	長くないです	長くなかったです
	つまらない	つまらなかったです	つまらなくないです	つまらなくなかったです
形二	大丈夫	大丈夫でした	大丈夫ではありません	大丈夫ではありませんでした
	きれい	きれいでした	きれいではありません	きれいではありませんでした
	派手	派手でした	派手ではありません	派手ではありませんでした
名	町	町でした	町ではありません	町ではありませんでした
	先生	先生でした	先生ではありません	先生ではありませんでした

4. (1)-(5) CDCAB　(6)-(10) CBACA　(11)-(12) AD

5. (1)C (BCAD)　(2)A (CADB)　(3)A (CBAD)　(4)A (BACD)

6.

(1) 昨日は暇ではありませんでした。

(2) 東京はにぎやかです。街には高いビルがたくさんあります。

(3) 昨日は晴れでした。でも、あまり暑くなかったです。

(4)——仕事はどうでしたか。

——簡単でした。でも、ちょっと忙しかったです。

(5)——万里の長城は北京から遠いですか。

——あまり遠くないです。

〈第11课〉

1. うた　え　えいご　くだもの　しゃしんてん　べっそう　けっこんしき　がいこく　あし　へた

2. 水泳　運転　飲み物　窓　旅館　会議　肉　野菜　分かります　上手

3. (1)-(5) ACCCB　(6)-(10) CBBCB　(11)-(13) BDB

4. (1)D (BCDA)　(2)A (BADC)

5.

(1) 李さんは日本料理ができます。だから、ときどきします。

(2) 李さんは料理が上手ですから、小野さんに教えました。

(3)——お茶はいかがですか。

——結構です。

(4) 外は汚いですから、窓を閉めました。

(5) 李さんは日本が好きです。だから、よく日本人に会います。

〈第12课〉

1. ふゆ　はる　せき　あに　りょくちゃ　こうちゃ　きせつ　しゅるい　さいきん　にほんしゅ

2. 背　寿司　人気　若い　暖かい

3. (1)-(5) BADAB　(6)-(9) CBBC

4. (1)B (CBAD)　(2)D (DCAB)　(3)D (ACDB)　(4)A (BADC)　(5)A (CABD)

5.

(1)——ウーロン茶と紅茶と、どちらがおいしいですか。

——どちらもおいしいです。

(2) 焼酎よりワインのほうが好きです。ですから、李さんの誕生日にワインをあげました。

(3) 果物は野菜よりおいしいです。ですから、果物が好きです。よく食べます。

(4) 中国では緑茶が一番人気です。ウーロン茶は緑茶ほど人気ではありません。

(5)——何曜日が一番好きですか。

——金曜日が一番好きです。金曜日はあまり忙しくないからです。

第3单元测试

一、

1番-5番 11212　　6番-10番 33223

二、

1-5 CDABC　　6-10 ABBCC　　11-16 AABBD B

三、

1. C（BDCA）　2. D（CDBA）　3. B（CBAD）　4. A（DBAC）

四、

(一) 1-5 DBACA　　6-8 BAB　　(二) 1-3 CBB

〈第13课〉

1. かみ　ひる　さつ　ひき　ちゃく　にもつ　きって　まんが　しゅうかん　いざかや

2. 象　修理　咲きます　吸います　切ります

3. (1)-(5) DACBA　　(6)-(11) CAABC A

4. (1) D（CADB）　(2) C（ADCB）　(3) B（DBCA）　(4) A（CBDA）

5.

(1) 森さんは週に2回友達と公園へサッカー試合を見に行きます。

(2) 私は毎日一人でパソコンで1時間くらい日本語を勉強します。

(3) 新幹線で東京から大阪までどのぐらいかかりますか。

(4) 私はジャスミン茶が好きです。さっき三杯飲みました。

(5) コンビニで切手を三枚買いました。200円かかりました。

〈第14课〉

1. みち　ひだり　かど　ふなびん　げんこう　きじ　たいへん　そつぎょう　こうさてん　おうだんほどう

2. 橋　右　暗い　電気　駅前　渡ります　消します　洗います

3.

辞书形	て形
離す	離して
持つ	持って
触る	触って
呼ぶ	呼んで
手伝う	手伝って
脱ぐ	脱いで
行く	行って
なる	なって
帰る	帰って
来る	来て
操作する	操作して

4. (1)-(5) BCBBB　(6)-(10) BBDCB　(11)-(12) CC

5. C (BCDA)

6.

(1) 書類を整理して、航空便で出してください。

(2) 来年は大学を卒業します。

(3) 私は毎朝六時に家を出て、食堂で朝ご飯を食べてから会社に行きます。

(4) その交差点をまっすぐ行って、次の角を右へ曲がってください。

(5) 私は図書館で日本語を三時間勉強して、電車で友達に会いに行きました。

(6) この薬は日に三回飲んでください。

〈第15课〉

1. しやくしょ　かぜ　きんえん　ちゅうしゃきんし　たちいりきんし　かきげんきん　だいじょうぶ　じゅうぶん　つかいます　つたえます

2. 携帯　熱　睡眠　お風呂　薬局　無理　座ります　歌います

3. (1)-(5) BBCCD　(6)-(11) DBCAC　B

4. (1)A (CADB)　(2)C (DBCA)　(3)A (CADB)　(4)C (DBCA)

5.

(1) ここを左に曲がってはいけません。

(2) 薬を飲んですぐにお風呂に入ってはいけません。

(3) 李さんは友達とカラオケで歌っています。

(4) 万年筆を一本くださいませんか。

(5) 私はビールが好きです。だから、家に帰って、お風呂に入ってからビールを一本飲みました。

〈第16课〉

1. あし　はな　あたま　よこ　そうさ　さいしん　さいふ　てんじょう　はで

2. 川　顔　製品　設計　問題　間違い　警備　軽い　安全　複雑

3. (1)-(5) CBCBB　(6)-(10) DABCB

4. (1)B (DBAC)　(2)A (ACDB)　(3)D (BDCA)

5.

(1)——これは何の財布ですか。

——日本製の布の財布です。

(2) 森さんの家は広くてきれいです。

(3) まだ4時ですが、森さんはもう帰りました。

(4) このコンピュータは操作が簡単で便利です。使ってもいいですか。

(5) このきれいな建物は日本の有名な建築家の設計で、最新の展示場です。

(6) 皆さん、ちゃんと日本語を練習してください。来週試験がありますよ。

第4单元测试

一、

1番-5番 22232　6番-10番 12311

二、

1-5 CABCB　6-10 DCCDC　11-15 BCBBC

三、

1. D（CBDA）　2. A（DACB）　3. A（DACB）　4. D（CADB）

四、

（一）1-6 CCCBC D　（二）1-2 DC

第17课

1. はつもうで　ようふく　れんあい　こいびと　せんぱい　ことし　あいて　れんらく　だんせい　やさしい

2. 健康　今度　願う　お汁粉　恋愛　結婚　立派　店　相手　夏

3. (1)-(5) BBDCA　(6)-(10) CABCB　(11)-(12) CA

4. (1)D（BADC）　(2)B（DCBA）　(3)C（BDCA）

5.

(1) テニスの試合を見たいです。

(2) 新しくて大きいマンションが欲しいです。

(3) 来週中にもう一度連絡してください。

(4) 今度はぜひ私の家に遊びに来てください。

第18课

1. いしゃ　おと　しんしゅん　しゃかいじん　こえ　びょうき　ていかいろ　はんがく　わりびき

2. 青　空気　値段　旅行　時間　準備　正月　息子　声　赤

3. (1)-(5) CDAAB　(6)-(10) AACAB　(11)-(12) BB

4. (1)A（CBAD）　(2)B（DCBA）　(3)D（BCDA）　(4)A（DBAC）

5.

(1) 暑いですから、エアコンの温度を下げてください。

(2) もうすぐ六時になります。

(3) 子供が寝ていますから、静かにしたほうがいいです。

(4) スイカは大きいほうがいいです。

〈第19课〉

1. しなもの　さら　しょしんしゃ　ざんぎょう　しんぱい　ほんとう　のど　こうきゅう　なおる　よぶ
2. 触る　上級者　慌てる　起きる　運ぶ　心配　立つ　脱ぐ　先に　お皿
3. (1)-(5) CABCD　(6)-(10) BBABC　(11)-(13) CCB
4. (1)A (BCAD)　(2)C (DBCA)　(3)A (BCAD)
5.
   (1) ここに座らないでください。
   (2) 午後は郵便局へ荷物を出しに行かなくてもいいです。
   (3) 明日は試験がありますから、今晩勉強しなければなりません。
   (4) 喉が渇きましたから、水をたくさん飲みました。

〈第20课〉

1. しゅみ　きょうみ　ゆめ　しゅんせつ　ギョーザ　りょう　ししまい　せんたくき　ちゅうかりょうり　しょどう
2. 編み物　海岸　特に　釣り　興味　浴びる　自分　全然　資料　皮
3. (1)-(5) BBAAA　(6)-(10) CAABA　(11)-(12) AA
4. (1)A (CBAD)　(2)B (ACBD)　(3)B (ADBC)
5.
   (1) ここに荷物を置くことができません。
   (2) 李さんの趣味は美しい写真を集めることです。
   (3) 毎日寝る前に一人で映画を見ます。
   (4) 夏休み、一緒にどこかへ遊びに行きませんか。

第5单元测试

一、

1番-5番 23311　6番-10番 13211

二、

1-5 CABCA　6-10 DBDBA　11-16 ABBDB　B

三、

1. A（BDAC）　2. D（BADC）　3. A（DBAC）　4. B（DABC）

四、

（一）1-5 ADBDB　6-8 CDC　（二）1-4 DABD

〈第21课〉

1. ことば　かんしゃ　きょうげき　きっぷ　じしん　どろぼう
   ちゅうしゃじょう　からだ　せんたく　ほうこく
2. 遅れる　渡す　危ない　予約する　連休　運動　体　泥棒　切符
   切手
3. (1)-(5) DBBAA　(6)-(10) BBBCA　(11)-(13) CCA
4. (1) A（BCAD）　(2) D（BADC）　(3) B（CDBA）
5.
   (1) ドアを閉めましょうか。
   (2) 東京タワーに行ったことがあります。
   (3) 冷たい水を飲まないほうがいいです。
   (4) 手を洗った後で食事をします。

〈第22课〉

1. そうべつかい　かじ　つごう　よてい　てんきん　きゅう　ねむい
   おもい　きかん　かしゅ
2. 奥さん　大統領　眠い　火事　重い　歌手　都合　期間　連絡
   携帯
3. (1)-(5) ACABD　(6)-(10) CBCCB　(11)-(13) ACB
4. (1) C（DBCA）　(2) C（DACB）　(3) D（BADC）
5.
   (1) 四川料理の作り方、知ってる？
   (2) 王さんはもう中国へ帰ったって。
   (3) 来週送別会をするけど、都合がどうかな？

(4) 森さんは毎晩新聞を読む。

〈第23课〉

1. しゅうまつ　あじ　きまる　こむ　まいかい　つうきん　ふね　きじ　へいてんじこく　ちがう　たぶん　こい　はやい
2. 歌舞伎　知らせる　確かめる　卒業式　通勤　薄い　船　味
3. (1)-(5) DCCBD　(6)-(11) BCACB　A
4. (1) A (DBAC)　(2) B (DBCA)　(3) B (DCBA)　(4) A (CDAB)
5.
   (1) 社長は何時ごろ会社に来るかわかりません。
   (2) 日本料理を食べたことがありません。美味しいかどうか分かりません。
   (3) 教室に誰かがいます。
   (4) 休みの日にスケートをしたり、新聞を読んだりしました。
   (5) 休みは月曜日だったり土曜日だったりです。

〈第24课〉

1. せわ　あいだ　ほうりつ　がいしゅつ　けんきゅう　はなし　わらう　やく　き　みおくり
2. お別れ　思う　言う　探す　決める　寝坊する　世話　話　間　研究
3. (1)-(5) BDCAA　(6)-(10) DCDDB　(11)-(13) ABD
4. (1) A (CBAD)　(2) B (DABC)　(3) D (BCDA)
5.
   (1) 王さんは来月帰国すると言いました。
   (2) 明日は今日より暖かいと思います。
   (3) 音楽についてよく分かりません。
   (4) 体育館にテニスをしに行きたいですが、どうやって行きますか。

第6单元测试

一、

1番-5番 23233　　6番-10番 32322

二、

1-5 ADADB　　6-10 CDDAB　　11-15 BDABA　　16-19 BBAD

三、

1. A（BCAD）　　2. B（ADBC）　　3. A（BDAC）　　4. B（CDBA）

四、

1-5 ADCAC　　6-9 BBAC

源简 | 日语学院

云图 YUN TU

【初级】

下册

新版标准日本语全解精练

主编 宵寒 于韶华

编委 郑雨 尹恒

北京理工大学出版社
BEIJING INSTITUTE OF TECHNOLOGY PRESS

图书在版编目（CIP）数据

标准日本语，不过如此．下册／宵寒，于韶华主编．—
北京：北京理工大学出版社，2022.1
ISBN 978－7－5763－0854－9

Ⅰ．①标…　Ⅱ．①宵…　②于…　Ⅲ．①日语－教材
Ⅳ．①H36

中国版本图书馆 CIP 数据核字（2022）第 018661 号

出版发行／北京理工大学出版社有限责任公司
社　　址／北京市海淀区中关村南大街 5 号
邮　　编／100081
电　　话／（010）68914775（总编室）
（010）82562903（教材售后服务热线）
（010）68944723（其他图书服务热线）
网　　址／http://www.bitpress.com.cn
经　　销／全国各地新华书店
印　　刷／天津市蓟县宏图印务有限公司
开　　本／787 毫米 ×1092 毫米　1/16
印　　张／25
字　　数／624 千字
版　　次／2022 年 1 月第 1 版　2022 年 1 月第 1 次印刷
定　　价／89.80 元

责任编辑／高　芳
文案编辑／胡　莹
责任校对／刘亚男
责任印制／李志强

图书出现印装质量问题，请拨打售后服务热线，本社负责调换

目录

目录

第25课　これは明日会議で使う資料です

1 数学（すうがく）：数学

【关】物理（ぶつり）：物理

化学（かがく）：化学（为避免与「科学（かがく）」混淆，也读作「ばけがく」）

科学（かがく）：科学

国語（こくご）：语文

歴史（れきし）：历史

政治（せいじ）：政治

2 専門（せんもん）：专业

【关】専攻（せんこう）：专业

専門店（せんもんてん）：专卖店

3 女優（じょゆう）：女演员

【关】男優（だんゆう）：男演员

4 道路（どうろ）：道路

【解】既可以指实际的道路，也可以指抽象的道路。

【关】中国（ちゅうごく）の特色（とくしょく）ある社会主義（しゃかいしゅぎ）道路（どうろ）：中国特色社会主义道路

5 空港（くうこう）：机场

【关】ターミナル（terminal）：航站楼

6 部品（ぶひん）：零件

【关】メーカー（maker）：制造商

7 絵本（えほん）：连环画

【关】イラスト（illustration）：插画

8 自然（しぜん）：自然

【解】既可以作名词指“大自然”，也可以作形容动词表示“自然的”。

【关】自然（しぜん）な成（な）り行（ゆ）き / 趨勢（すうせい）：自然的趋势

自然（しぜん）な話（はな）し方（かた）：自然的说话方式

9 給料（きゅうりょう）：工资

【关】時給（じきゅう）：时薪

月給（げっきゅう）：月薪

年俸（ねんぽう）：年薪

年給（ねんきゅう）：年薪

10 今夜（こんや）：今晚

【解】「今夜（こんや）」和「今晩（こんばん）」都是“今晚”的意思，但「今夜（こんや）」所指的时间更晚，一般指晚上十点后，而「今晩（こんばん）」一般指晚上八九点。

11 怪我（けが）：伤，受伤

【速】け—开裂

が—用力

【关】指(ゆび)を怪我(けが)する：手指受伤

怪我人(けがにん)：受伤的人

12 泊(と)まる：住宿，过夜

【关】ホテルに泊(と)まる：住酒店（「に」表附着点）

止(と)まる：停止（同音词）

13 結(むす)ぶ：连接，系；结果

【速】むす—产生

ぶ—并列

【关】靴(くつ)ひもを結(むす)ぶ：系鞋带

契約(けいやく)を結(むす)ぶ：签订合同

同盟(どうめい)を結(むす)ぶ：缔结盟约

実(み)を結(むす)ぶ：结果子

14 取(と)る：拿，取，放，得到

【速】と—取，拿

る—动词词尾

【关】草(くさ)を取(と)る：除草

メガネを取(と)る：摘掉眼镜

帽子(ぼうし)を取(と)る：摘掉帽子

学位(がくい)を取(と)る：取得学位

～に責任(せきにん)を取(と)る：对……负责，担当……责任

メモを取(と)る：记笔记

写真(しゃしん)を撮(と)る：拍照

写真(しゃしん)を手(て)に取(と)って見(み)る：把照片放到手上看

15 生(う)まれる：出生，孕育

【速】うま—うむ—产生

れ—来，靠近

る—动词词尾

【关】赤(あか)ちゃんが生(う)まれる：婴儿出生

絶望(ぜつぼう)の中(なか)で希望(きぼう)が生(う)まれる：在绝望中孕育希望

16 チェック（check）：确认

17 豊(ゆた)か：充裕，丰富

【速】ゆ—宽大

た—足够

か—形容动词词尾

【关】豊(ゆた)かな一人暮(ひとりぐ)らし：充实的单身生活

豊(ゆた)かな彩(いろど)り：丰富的色彩

18 大(おお)きな：大的

小(ちい)さな：小的

【解】「大(おお)きな」与「小(ちい)さな」皆为连体词，只能用来修饰名词，且多用来修饰抽象名词。

例：大(おお)きな変化(へんか)（巨大的变化）

大(おお)きな功績(こうせき)（卓越的功绩）

小(ちい)さな恋(こい)の歌(うた)（小小恋歌）

也可用来修饰具体的事物。

例：（あそこにある）（大(おお)きな）（白(しろ)い）建物(たてもの)は何(なん)ですか。

三个括号中的内容皆为建筑的定语，修饰词离名词越近，其重要性与典型性越强。

而「大(おお)きい」与「小(ちい)さい」为形容词，可以作定语、表语，有多种活用形，多用来修饰体积和年龄。

【关】大きな顔をする：摆谱，耍大牌；面无愧色，不知羞耻

大きな口を利く：说大话（「口を利く」意为“油嘴滑舌”）

19 別に：并不……（后加否定）

【关】「何か言いたいことがありますか。」（有什么想说的吗？）

「別にありません。」（并没有。）

20 このあたり：这一带，这附近

【关】辺り：附近

周辺：周边

语法延伸

1. 定语从句

（1）特点：日语中定语皆前置，即定语无论长短，均放在被修饰的名词之前。

（2）接续：定语从句修饰名词时，位于定语从句句尾的词如为动词，则该动词应为简体形（辞书形、た形、ない形、なかった形）；如为形容词，则该形容词应为简体形；如为形容动词，则该形容动词后应加「な」；如为名词，则该名词后需加「の」「である」「だった」。

（3）定语从句中助词「は」「が」的规律：主干中提示大主语的助词不受限制，定语从句中提示小主语的助词必用「が」。

2.「ところ」的用法

「ところ」对应汉字「所」，在含义上等同于英语的 point。本课的「～のところ」中的「ところ」指空间上的场所、地点。

3.「でしたね」的用法

除了表示过去，「でしたね」还可以表示确认的语气。可译为“……来着”。

4. 表示位置的词语

向こう / 向こう側：对面

隅：角落

隅々：每一个角落

真下：正下方

「真」除了接在方位词前，还可接在颜色、季节等词语前，表示最高程度，“正……”。

例：真ん中（正上方）、真っ赤（鲜红）、真冬（隆冬）。

三 基本课文与音调

1. これは　明日（あした）　会議（かいぎ）　で　使（つか）う　資料（しりょう）です。

2. わたしが　明日（あした）　乗（の）る　飛行機（ひこうき）は　中国航空（ちゅうごくこうくう）です。

3. 中国（ちゅうごく）で　買（か）った　CD（シーディー）を　友達（ともだち）に　貸（か）しました。

4. 操作（そうさ）が　簡単（かんたん）な　パソコンが　欲（ほ）しいです。

A 甲：李（り）さん、この人（ひと）は　だれですか。

乙：その人（ひと）は　中国（ちゅうごく）で　とても　人気（にんき）が　ある　女優（じょゆう）です。

B 甲：あの窓（まど）の　ところにいる　人（ひと）は　だれですか。

乙：あれは　受付（うけつけ）の　戴（たい）さんですよ。

C 甲：何（なに）を　して　いるんですか。

乙：昨日（きのう）　李（り）さんに　もらった　本（ほん）を　読（よ）んで　います。

D 甲：この　会社（かいしゃ）で　歌（うた）が　いちばん　上手（じょうず）な　人（ひと）は　だれですか。

乙：森（もり）さんだと　思（おも）います。

四 应用课文 北京市街へ

森：今日（きょう）　泊（と）まる　ホテルは　天安飯店（てんあんはんてん）でしたね。

李：ええ。1（いっ）か月（げつ）ぐらい　ホテルに　泊（と）まって　ください。ゆっくり　住（す）む　所（ところ）を　探（さが）しましょう。

森：ずいぶん　まっすぐな　道路（どうろ）ですね。

馬：これは　空港（くうこう）と　北京市街（ペキンしがい）を　結（むす）ぶ

高速道路（こうそくどうろ）で、市街（しがい）まで　だいたい　30分（さんじゅっぷん）ぐらいです。

森：あっ、これ、日本（にほん）の　歌（うた）ですね。

馬：はい、そうです。日本人（にほんじん）の　友達（ともだち）に　もらった　CD（シーディー）です。

森：日本（にほん）の　歌（うた）が　好（す）きなんですか。

馬：ええ、大好（だいす）きです。中国（ちゅうごく）には　日本（にほん）の　歌（うた）が　好（す）きな　人（ひと）が　たくさん　いますよ。

森：あそこに　ある　大（おお）きな　白（しろ）い　建物（たてもの）は　何（なん）ですか。

李：あれは　最近（さいきん）　できた　建物（たてもの）ですね。馬（ば）さん、知（し）って　いますか。

馬：ああ、あれは　自動車（じどうしゃ）の　部品（ぶひん）工場（こうじょう）ですよ。

森：だいぶ　車（くるま）が　多（おお）く　なりましたね。

馬：ええ。今（いま）　走（はし）っている　道路（どうろ）は　三環路（さんかんろ）ですが、この　あたりは　よく　渋滞（じゅうたい）　します。

李：三環路（さんかんろ）は　北京（ペキン）で　いちばん　交通量（こうつうりょう）が　多（おお）い　道路（どうろ）ですからね。

五 习题

1. 写出下列词语的读音。

数学（　　　）　女優（　　　）　絵本（　　　）　給料（　　　）
自然（　　　）　結ぶ（　　　）　生まれる（　　　）　豊か（　　　）
小さな（　　　）

2. 写出下列假名对应的汉字。

せんもん（　）　くうこう（　）　しがい（　）　どうろ（　）

こんや（　　）　　じさ（　　）　　じゅうたい（　　）　　おおきな（　　）
とうさんする（　　）

3. 请在[A]～[D]中选出最佳选项。

（1）あそこにある（　　）車は誰のですか。
[A] おおき　　[B] おおい　　[C] おおきな　　[D] おおきの

（2）今夜友だちの（　　）に泊まってもいいですか。
[A] ばしょ　　[B] ばあい　　[C] どころ　　[D] ところ

（3）これは李さん（　　）生まれた家の写真です。
[A] は　　[B] が　　[C] に　　[D] で

（4）（　　）で８階にあがる。
[A] エレベーター　　[B] エレヘーダー
[C] エリベーター　　[D] エレペーダー

（5）これは図書館で（　　）本です。午後返してください。
[A] 借りた　　[B] 借りました　　[C] 借りる　　[D] 貸した

（6）今窓のところに（　　）人はだれですか。
[A] あります　　[B] います　　[C] いる　　[D] いた

（7）昨日（　　）人は小野さんですか。
[A] 駅に会う　　[B] 図書館で会った
[C] 電車で会いました　　[D] 学校に会ったの

（8）（　　）人がたくさんいます。
[A] 中国では日本文化が好きの　　[B] 中国には日本文化を好き
[C] 中国には日本文化が好きな　　[D] 中国では日本文化が好きだ

（9）——小野さん、何をしていますか。
——（　　）。
[A] 先月の旅行で撮った写真を見ます
[B] 先月の旅行で撮った写真を見ています
[C] 先月の旅行で撮りました写真を見ています
[D] 先月の旅行で撮る写真を見ています

（10）——何がほしいですか。
——（　　）。
[A] デザインがユニークのかばんがほしいです
[B] デザインでユニークなかばんをほしいです

[C] デザインがユニークなかばんがほしいです

[D] デザインがユニークだかばんがほしいです

4. 先将[A]～[D]排序，再选出填入（ ★ ）的选项。

(1) （ ）（ ）（ ★ ）（ ）人は吉田さんですか。

[A] あそこ [B] たばこを [C] で [D] 吸っている

(2) これは（ ）（ ）（ ★ ）（ ）です。

[A] に [B] 課長 [C] 書類 [D] 見せる

(3) 森さんは（ ）（ ）（ ★ ）（ ）。

[A] 本 [B] 借りた [C] なくした [D] を

(4) 小野さんが（ ）（ ）（ ★ ）（ ）ですか。

[A] 帰る [B] 日は [C] いつ [D] 日本に

(5) （ ）（ ）（ ★ ）（ ）の本ですか。

[A] 好きな [B] 何 [C] 子供が [D] 本は

5.将下列句子译成日语。

(1) 我想进既清闲工资又高的公司。

(2) 这是一天吃三次的药。

(3) 我虽然没见过这个人，但看过他写的小说。

(4) 不能喝桌上放的水。

(5) 你最想去日本的哪里?

第 26 课　自転車に 2 人で乗るのは危ないです

一 词汇拓展

1 大雨(おおあめ)：大雨

【解】「雨(あめ)」①与「飴(あめ)」⓪同音不同调。

【关】小雨(こさめ)：小雨

霧雨(きりさめ)：毛毛雨

2 桜(さくら)：樱花

【速】さく—咲(さ)く—绽放

ら—词尾

3 風(かぜ)：风

【速】か—き—气

ぜ—じ—风

4 月(つき)：月亮

【速】源「つぎ」—次于

5 表(ひょう)：表格

【关】スケジュール表(ひょう)：日程表

腕時計（うでどけい）：手表

6 お辞儀（じぎ）：鞠躬

【解】「お」表示美化语，如：お茶（ちゃ）、お弁当（べんとう）。

【关】お辞儀（じぎ）をする：鞠躬

7 挨拶（あいさつ）：寒暄

【解】「挨拶（あいさつ）」还可指“致辞”。

8 手（て）：手，手段

【关】手（て）に取（と）って見（み）る：拿在手上看

ずっと欲（ほ）しかった本（ほん）を手（て）に入（い）れる：得到一直想要的书

手（て）を貸（か）す：帮忙（相当于「助（たす）ける」）

9 次（つぎ）：这回，下回

【速】つ—连接

ぎ—ぐ—方向

【关】次（つぎ）の人（ひと）：下一个人

次（つぎ）の方（かた）：下一位

次（つぎ）のプロセス：下一个步骤

次（つぎ）の段階（だんかい）：下一阶段

10 スーパー：超市

【解】「スーパーマーケット」（supermarket）的略称。

11 会費（かいひ）：会费

【解】「会費（かいひ）」⓪与「回避（かいひ）」①同音不同调。

12 バーゲン（bargain）：降价销售

【关】セール（sale）：廉售（同义词）

13 クレジットカード（credit card）：信用卡

14 仲（なか）：关系

【速】同：中（なか）

【解】「仲（なか）」①与「中（なか）」①同音同调。

【关】仲（なか）がいい：关系好

仲（なか）が悪（わる）い：关系不好

仲（なか）よくしてね：要好好相处

15 忘（わす）れ物（もの）：遗忘的物品

【速】わすれ—忘（わす）れる—忘记

もの—东西

16 防（ふせ）ぐ：预防，防备

【速】ふ—深

せ—缝隙

ぐ—用力

【关】風邪（かぜ）を防（ふせ）ぐ：预防感冒

敵（てき）の攻撃（こうげき）を防（ふせ）ぐ：防御敌人攻击

17 回（まわ）る：转圈，绕弯

【速】ま—圆

わ—圆

る—动词词尾

【关】時計（とけい）の針（はり）が回（まわ）る：表针旋转

校庭（こうてい）を回（まわ）る：走遍校园

18 吹（ふ）く：吹

【关】風（かぜ）が吹（ふ）く（自动词）：刮风

息（いき）を吹（ふ）く（他动词）：吹气

口笛（くちぶえ）を吹（ふ）く（他动词）：吹口哨

19 挙（あ）げる：举起

【速】あ—第一，最高

げ—が—变化

る—动词词尾

【关】荷物を棚の上に挙げる：把行李举到架子上

例を挙げる：举例

20 足りる：足，够

【速】源「足る」—足够，充分

【关】お金が足りる / 足りない：钱足够 / 不够

人手が足りる：人手够

資源が足りる：资源充足

21 合格する：及格，合格

【关】試験に合格する：通过考试

22 もしかしたら：或许

【解】常与「かもしれない」搭配使用：もしかしたら～かもしれない。

23 つい：不知不觉，无意中

【解】也指时间或空间上相隔很近。

【关】つい忘れました：无意间忘了

ついそこにいる：就在那里

ついこのあいだ：就在前几天

24 それで：因此

【解】「それ」代指前文内容，「で」表客观原因。

25 いけない：不行，不可以，行不通

【解】行く→行ける→行けない。

语法延伸

1. 用言的名词化

（1）动词的连用形可充当名词，如「引き出し」（抽屉），以及上册学过的「连用形 + に（目的）+ 行く / 来る」。

（2）动词 + こと：①动词 + ことがある / ない；②动词 + ことができる。

（3）动词 + の

例：パソコンで表を作るのは楽です。

2.「の」和「こと」的区别

（1）只能用「の」不能用「こと」的情况

①当与「見る」「見える」「見られる」「聞く」「聞こえる」等感官动词搭配使用时。例：

李さんは森さんが車から降りるのを見ました。

鳥が鳴くのが聞こえますか。

②当名词性从句的动作与主句的动作同时同地发生时。例：

李さんは料理を作るのを手伝う。

電車が来るのを待つ。

③固定搭配：～のが必要だ / 役立つ / 時間がかかる / 都合がいい / 便利だ。

※ 综上所述，「の」的特点是具有主观性和整体性。

（2）只能用「こと」不能用「の」的情况

①当与「言う」「書く」「述べる」「伝える」「思う」「信じる」「知らせる」等表示语言、思想、心理活动及信息传达的动词搭配使用时。例：

森さんが休むことを課長に伝えてください。

彼は成績がよくなることを信じています。

②固定搭配：～ことがある / できる。

※ 综上所述，「こと」的特点是具有客观性和具体性。

（3）「の」和「こと」可以互换的情况

①日本語を勉強するのは難しい。

日本語を勉強することは難しい。

②森さんが会社を辞めたのを知っていますか。

森さんが会社を辞めたことを知っていますか。

3. 日语简体句加「だろう」，敬体句加「でしょう」表示推测。一般译为“……吧”。

4.「もしかしたら / もしかすると～かもしれない」表示推测。一般译为“或许……”。

※ 主观把握性排序：だろう / でしょう＞かもしれない＞もしかしたら / もしかすると～かもしれない

5. 接续词「それで」中，「それ」表示指代，「で」表示原因，因此「それで」表示原因、理由。

日本には握手の習慣がありません。それで、つい握手するのを忘れました。

如将上述两句合并为一句，可改写为：

日本には握手の習慣がありませんから、つい握手するのを忘れました。

注意

「だから」既可以与意志性表达（请求、建议、命令、禁止、要求、推测、希望、决心）连用，也可以与非意志性表达（客观陈述）连用。

「それで」只能与非意志性表达（客观陈述）连用。

6. 公司中经常使用的寒暄用语

表示道歉：すみません、ごめんなさい、申し訳ありません（敬意最高）

表示辛苦了：お疲れ様でした（可用于上级对下级，也可用于下级对上级）

ご苦労様でした（只能用于上级对下级、长辈对晚辈）

表示好久不见：お久しぶりです（用于长时间内有一定联系，但未见面的情况）

ご無沙汰しています（用于长时间内既无一定联系，也未见面的情况）

表示保重：お大事に（只能用于对方生病、受伤的情况）

万能用语：どうも（表示“谢谢”“对不起”“你好”）

三 基本课文与音调

1. 自転車（じてんしゃ）に　2人（ふたり）で　乗（の）るのは　危（あぶ）ないです。

2. 手紙（てがみ）を　出（だ）すのを　忘（わす）れました。

3. 明日（あした）の　朝（あさ）は　大雨（おおあめ）に　なるでしょう。

4. 森（もり）さんは　今日（きょう）　会社（かいしゃ）を　休（やす）むかもしれません。

A 甲：李（り）さんは　絵（え）を　かくのが　好（す）きですね。

乙：ええ、大好（だいす）きです。でも、あまり　上手（じょうず）では　ありませんよ。

B 甲：吉田（よしだ）さんが　転勤（てんきん）したのを　知（し）って　いますか。

乙：えっ、本当（ほんとう）ですか。知（し）りませんでした。

C 甲：会議（かいぎ）は　何時（なんじ）に　終（お）わりますか。

乙：2時（にじ）には　終（お）わるでしょう。

D 甲：馬（ば）さんは　まだ　来（き）ませんね。

乙：もしかしたら、今日（きょう）は　来（こ）ないかも　しれませんよ。

四 应用课文 握手と お辞儀

楊：はじめまして、楊（よう）です。

森：はじめまして。森（もり）です。よろしく お願（ねが）いします。

陳：日本（にほん）には 握手（あくしゅ）の 習慣（しゅうかん）が ないんですね。

森：ええ、そうなんです。それで、つい 握手（あくしゅ）するのを 忘（わす）れます。

森：中国（ちゅうごく）では 握手（あくしゅ）するのが 普通（ふつう）なんですか。

陳：ええ、そうですよ。日本（にほん）には お辞儀（じぎ）の ほかの あいさつはないんですか。

森：そうですね……手（て）を 挙（あ）げたり、握手（あくしゅ）したり する人（ひと）も いますが、ほとんど お辞儀（じぎ）ですね。

戴：陳（ちん）さん、森（もり）さんの 午後（ごご）の 予定（よてい）は あいさつ回（まわ）りですね。

陳：ええ。今（いま）1時半（いちじはん）ですから、これから 4社（よんしゃ）ぐらい 回（まわ）ることが できるでしょう。

戴：そうですね。5社（ごしゃ） 行（い）くことが できるかも しれませんよ。森（もり）さん、次（つぎ）は 握手（あくしゅ） するのを 忘（わす）れないでくださいね。

五 习题

1. 写出下列词语的读音。

大雨（　　　）　風（　　　）　月（　　　）　習慣（　　　）

普通（　　　）　料金（　　　）　仲（　　　）　走る（　　　）

発言（　　　）　合格（　　　）

2.写出下列假名对应的汉字。

さくら（　　）　つぎ（　　）　かいひ（　　）　ほうさく（　　）　ふせぐ（　　）　ゆうしょう（　　）　やくそく（　　）

3.请在[A]～[D]中选出最佳选项。

(1) 夜になって、(　　) が昇りました。
[A] げつ　[B] がつ　[C] つき　[D] つぎ

(2) (　　) に買い物に行きます。
[A] スーバー　[B] スーパー　[C] スーパ　[D] ズーバー

(3) 会社からの電話があって、(　　) 急いで出かけました。
[A] それで　[B] そうして　[C] それから　[D] これから

(4) その手を (　　) 人は誰ですか。
[A] あがった　[B] あげます　[C] あけている　[D] あげている

(5) 先生が来ました！ (　　) に行かなければなりません。
[A] あさいつ　[B] あいつさ　[C] あいさつ　[D] あついさ

(6) もらったCDを (　　) 聞きました。
[A] ずいぶん　[B] ほとんど　[C] ぜんぜん　[D] たぶん

(7) ようやく大学 (　　) 合格しました。
[A] を　[B] に　[C] で　[D] が

(8) 彼が朝早く走る (　　) を見ました。
[A] こと　[B] の　[C] もの　[D] と

(9) (　　) を聞きました。
[A] あした試験があること　[B] あした試験があるの
[C] あした試験があったこと　[D] あした試験があったの

(10) ——天ぷらが好きですか。
——そうですね。(　　) 好きですよ。
[A] 何度も食べたのがありますから
[B] 一度も食べたのがありませんが
[C] 何度も食べたことがありますから
[D] 一度も食べたことがありませんから

(11) 私は母が掃除する (　　) を手伝いました。
[A] こと　[B] の　[C] もの　[D] と

（12）来週は雪（　　）。
［A］だかもしれません　［B］かもしれません
［C］のかもしれません　［D］なかもしれません

（13）今日は晴れですから、明日も晴れ（　　）。
［A］でしょう　［B］でしょうか
［C］だろうか　［D］だかもしれません

4. 先将[A]～[D]排序，再选出填入（ ★ ）的选项。

（1）駅前に（　　）（ ★ ）（　　）（　　）ことがありますか。
［A］行った　［B］できた　［C］新しい　［D］スーパーへ

（2）天気が悪いから、（　　）（　　）（ ★ ）（　　）ほうがいいです。
［A］歩いて　［B］やめた　［C］いく　［D］のは

（3）もう6時だから、李さんはもう（　　）（ ★ ）（　　）（　　）。
［A］い　［B］会社に　［C］かもしれない　［D］ない

5. 将下列句子译成日语。
（1）在中国没有鞠躬的习惯，所以现在一不小心就会忘记鞠躬。
（2）我看见过他们两个在咖啡店见面。
（3）最近很忙，所以这周可能不去了。
（4）全家人一起旅行很开心。
（5）你知道他考过了N1吗?

第27课　子供の時、大きな地震がありました

一 词汇拓展

1 大勢（おおぜい）：大批（的人），众多（的人）

【解】发音：大（おお）（训读）＋勢（ぜい）（音读）。只能用于表示人多，不能用于表示物品多。既可作名词也可作副词。

【关】大勢（おおぜい）の人（ひと）がいる／人（ひと）が大勢（おおぜい）いる：有很多人

2 日記（にっき）：日记

【关】日記（にっき）をつける：写日记

3 お年寄り（としより）：老年人

【速】お—美化
とし—年，年龄
より—靠近

【关】老人（ろうじん）：老人（近义词）

4 バスケットボール（basketball）：篮球

【解】简称「バスケ」。

5 有料：收费

【关】無料：免费

フリー（free）：免费

6 賞：奖

【关】賞を贈る / 送る：颁奖

賞をもらう / 受ける：获奖

7 信号：红绿灯

【解】只有红绿灯的意思，不同于中文的“信号”。

【关】赤信号：红灯

青信号：绿灯

8 はさみ：剪刀

【速】は—张开

さ—指向

み—む—封闭

9 スピーチ（speech）：演讲，演说

10 グラフ（graph）：图表

11 企画：计划，策划

【关】プロジェクト（project）：计划（近义词）

12 説明：说明

【解】可作为名词使用，也可作为サ变动词使用。

【关】今回の企画について説明します：针对本次策划进行说明

13 ご飯：饭，米饭

【关】ライス（rice）：米，饭

米：米

飯：饭

14 おじいさん：爷爷

【速】お—美化

じい—爷爷

さん—尊称

15 おばあさん：奶奶

【速】お—美化

ばあ—奶奶

さん—尊称

16 姉：姐姐

【解】指亲姐姐。

【关】兄：（亲）哥哥

いとこ：堂 / 表兄弟姐妹

17 通う：往来；流通

【速】か—变化

よ—摆动

う—在某个空间里

【解】表示多次往返。

【关】学校に通う：上学

会社に通う：上班（「に」表示目的地）

空気が通う：换气

窓を開けて、空気を通わせる：把窗户打开，让空气流通

18 集まる：集合，聚集

【速】あつ—聚集

ま—满

る—动词词尾

【关】公園に集まる：在公园集合（「に」表“附着点”，指集合到公园这一点）

公園で集まる：在公园集合（「で」表“动作发生的场所”，指集合的地点是公园）

19 踊る：跳舞

【速】お—あ—脚

ど—と—节奏

る—动词词尾

【解】「踊る」既可作自动词使用，也可作他动词使用。

例：社交ダンスを踊る（跳交谊舞）

还可指抽象的跳动。

例：胸/心が踊る（心潮澎湃）

20 要る：需要（五段动词）

【速】い—需要

る—动词词尾

【关】居る：存在（一段动词）

射る：发射（五段动词）

例：射るたびに、私は新しい自分を見つける（每当射箭的时候，我都能发现一个新的自己）

「～たびに」表示“每当……”。

21 困る：难办，窘，不好对付，麻烦

【速】こ—加强

ま—卷

る—留

【解】「困る」为状态动词，作定语时用た形，作表语时用ている形。

例：困ったこと（为难的事）

この男は困っている（这个男人很为难）

22 叩く：打，敲，拍

【速】たた—嗒嗒

く—苦，苦闷

【关】幸せなら手を叩こう：幸福的话就拍拍手

23 入れる：放入，放进

【速】い—去，到

れ—来，靠近

る—动词词尾

【关】コーヒーに砂糖を入れる：在咖啡中加糖

24 看病する：护理

【关】お年寄りを看病する：护理老年人

25 利用する：利用，使用

【解】「利用する」有一种“我这一方的东西请你来用”的感觉，可用于使用公共设施。「使用する」更偏重“科学地、有效地使用”。

26 相談します：商谈

【关】～と相談に乗る：和……商量

27 ほかに：另外

【解】「に」为接续助词，可视为名词、形容动词副词化的标志。

28 しばらく：片刻

【关】ちょっと待ってください：请稍等（口语）

しばらくお待ちください：请稍等（正式）

29 気が付く：察觉，发现

【解】「気が付く」同「気付く」，例：ミスに気が付く/気付く（发现错误）。

语法延伸

1. 简体句 + 時

当「時」单独存在时，其音调为②。当「時」前面出现定语时，如果「時」前定语的音调为⓪，「時」的音调则变为①；如果「時」前定语的音调为ⓝ（n ≥ 1），「と」和「き」则均为低音。

> **注意**
>
> 句末谓语动词体现时态，时间状语从句中的动词体现先后。
>
> 例：日本に行く時、お土産を買いました。（要去日本的时候，买了很多土特产。）
>
> 日本に行った時、お土産を買いました。（在去日本时，买了很多土特产。）
>
> 注：若句末谓语动词为一般现在时，则前面时间状语从句中的动词也体现时态。

2.「ながら」的用法

连用形接「ながら」表示同一主体同时进行两个动作，可译为“一边……一边……”。

3.「でしょう」的用法

「だろう」是「でしょう」的简体形式，当读升调时，表示确认；当读降调时，表示推测。

4.「ている」的用法

（1）「ている」在本课课文中表示反复和习惯。

（2）表示反复和习惯时，「ている」与辞书形有以下区别：

辞书形：所有时间内的反复和习惯。

ている：长期持续的习惯。

5.「で」的用法

表示原因、理由，但后半句仅接客观陈述或描述，不能接意志性表达。且前半句必为客观原因。

6. そういえば

そう：那样地

いう：说

ば形：如果……的话

そういえば：如果那样说的话

7. 与公司有关的词汇

広報（こうほう）/ 宣伝（せんでん）：宣传

支配人（しはいにん）：经理

ミーティング（meeting）：小型会议

会議（かいぎ）：大型会议

プレゼン：プレゼンテーション（presentation）的缩写，做报告

原価（げんか）/ コスト：生产成本

就職活動（しゅうしょくかつどう）：找工作，简称「就活（しゅうかつ）」

転職（てんしょく）：转业，转行

転勤（てんきん）：转岗

三 基本课文与音调

1. 子供（こども）の時（とき）、大（おお）きな　地震（じしん）が　ありました。

2. 映画（えいが）を　見（み）る時（とき）、いつも　いちばん　後（うし）ろの　席（せき）に　座（すわ）ります。

3. 李（り）さんは　テレビを　見（み）ながら　食事（しょくじ）を　して　います。

4. 李（り）さん、明日（あした）パーティーに　行（い）くでしょう。

A　甲：学生（がくせい）の　時（とき）、何（なに）を　勉強（べんきょう）しましたか。

乙：日本（にほん）の　経済（けいざい）に　ついて　勉強（べんきょう）しました。

B　甲：馬（ば）さん、暇（ひま）な　時（とき）、この書類（しょるい）を　整理（せいり）して　ください。

乙：はい、分（わ）かりました。

C　甲：葉子（ようこ）さんは　アルバイトを　しながら　学校（がっこう）に通（かよ）って　いるんですよ。

乙：そうですか。なかなか　大変（たいへん）ですね。

D 甲：森（もり）さん、昨日（きのう）、駅前（えきまえ）の　喫茶店（きっさてん）に　いたでしょう？

乙：はい。仕事（しごと）で、楊（よう）さんと　会（あ）って　いたんです。

四 应用课文 朝の 公園

森：今朝（けさ）、公園（こうえん）を　散歩（さんぽ）している　時（とき）、大勢（おおぜい）の　人（ひと）が　集（あつ）まっているのを　見（み）ました。

李：ああ、お年寄（としよ）りが　多（おお）かったでしょう？

森：ええ。太極拳（たいきょくけん）や　ラジオ体操（たいそう）を　して　いました。

李：朝（あさ）の　運動（うんどう）ですよ。社交（しゃこう）ダンスを　している　人（ひと）たちも　いたでしょう？

森：ええ、いました。ほかに、踊（おど）りながら　歌（うた）を　歌（うた）っている　人（ひと）も　いましたよ。

森：公園（こうえん）に　入（はい）る　時（とき）、入園料（にゅうえんりょう）を　払（はら）いましたが、どの　公園（こうえん）も　有料（ゆうりょう）ですか。

李：ええ。有料（ゆうりょう）の　公園（こうえん）が　多（おお）いですね。

森：じゃあ、朝（あさ）の　運動（うんどう）を　して　いる　お年寄（としよ）りたちも　入園料（にゅうえんりょう）を　払（はら）うんですか。

李：そうですよ。でも、毎日（まいにち）　利用（りよう）する　人（ひと）は　割引（わりびき）が　あるんです。

戴：そう　言（い）えば、小（ちい）さい　時（とき）、よく　祖母（そぼ）と　いっしょに　公園（こうえん）へ　行（い）きました。

森：へえ、いっしょに　運動（うんどう）を　したんですか。

戴：いいえ。わたしは　遊（あそ）びながら　祖母（そぼ）が　太極拳（たいきょくけん）を　するのを　見（み）て　いました。

李：休（やす）みの　時（とき）、わたしも　公園（こうえん）で　ジョギングを　して　います。

戴：朝（あさ）や　夕方（ゆうがた）の　涼（すず）しい　時（とき）に　スポーツを　するのは　気持（きも）ちが　いいですよね。

五 习题

1. 写出下列词语的读音。

経済（　　　）　大勢（　　　）　日記（　　　）　卓球（　　　）
砂糖（　　　）　信号（　　　）　説明（　　　）　集まる（　　　）
相談（　　　）

2. 写出下列假名对应的汉字。

あね（　）　こうこう（　）　きょうし（　）　かんびょう（　）　おとしより（　）　しょう（　）　ゆうりょう（　）　おどる（　）　りようする（　）

3. 请在[A]～[D]中选出最佳选项。

(1) わたしはバス（　）学校（　）通っている。
[A] に、を　[B] で、に　[C] で、を　[D] に、へ

(2) 病気（　）会社（　）3ヶ月休みました。
[A] に、が　[B] で、は　[C] で、を　[D] と、が

(3) 小野さんは李さんが佐藤さん（　）結婚した（　）を伝えました。
[A] に、の　[B] と、こと　[C] や、の　[D] と、の

(4) （　）時、お荷物をフロントに預けてもいいですよ。
[A] 出かけた　[B] 出かけるの　[C] 出かける　[D] 出かけたの

(5) 約束があることに（　）、急いで出かけた。
[A] 気をつけて　[B] 気がついて　[C] 気つき　[D] 気にして

(6) （　）時、ときどき恋人に手紙を書きます。
[A] 夜静かの　[B] 夜静か　[C] 夜静かな　[D] 夜静かに

(7) （　）時、電気を消すのを忘れないでください。
[A] 浴室を使う　[B] 浴室を使った
[C] 浴室を使いません　[D] 浴室を使わない

(8) （　）ながら、歌ったり踊ったりします。
[A] 手をたたく　[B] 手をたたいて　[C] 手をたたき　[D] 手をつかい

(9) ——切手を買ったり手紙を出したり（　　）時にどこへ（　　）ですか。
——郵便局です。
[A] する、行くの [B] する、行く　[C] した、行くの　[D] した、行く

(10) 会社に行く途中で、よく（　　）。
[A] 本を読んだり音楽を聞いたりしました
[B] 音楽を聞くながら本を読みます
[C] 音楽を聞きました
[D] 本を読んでいます

4. 先将[A]～[D]排序，再选出填入（ ★ ）的选项。

(1) あそこで（　　）（ ★ ）（　　）（　　）人はだれですか。
[A] いる　[B] 笑い　[C] 話して　[D] ながら

(2)（　　）（　　）（ ★ ）（　　）時、「はじめまして」と言います。
[A] 会った　[B] 会ったことがない
[C] 人　[D] に

(3) スミスさんはカラオケで（　　）（　　）（ ★ ）（　　）かもしれません。
[A] 飲み　[B] 歌っている　[C] ながら　[D] お酒を

(4) 毎日ジムで（　　）（　　）（ ★ ）（　　）もいいです。
[A] 学生たちも　[B] 払わなくて
[C] 入場料を　[D] 運動している

5. 将下列句子译成日语。
(1) 小野正在一边给大家展示表格、图表，一边对新企划进行说明。
(2) 小时候，我想成为一名医生。现在，我在大学学习国际关系学。
(3) 红灯的时候，不能横穿马路。
(4) 我喜欢一边吃饭一边看电视。
(5) 我在公园散步的时候，看到很多人聚在一起。

第 28 课　馬さんはわたしに地図をくれました

一 词汇拓展

1 マフラー（muffler）：围巾

【关】マフラーを巻(ま)く：围围巾

2 ネックレス（necklace）：项链

【关】一本(いっぽん)のネックレス：一条项链
ネックレスをつける：戴项链

3 文章(ぶんしょう)：文章

【关】文(ぶん)：句子

4 意味(いみ)：意思

【解】既可作名词也可作动词。例：このマークは入(はい)ってはいけないと意味(いみ)します（这个标志的意思是“不能进入”）。

5 雰囲気(ふんいき)：气氛，氛围

【解】可以指周围环境的氛围，也可表示人的气场。

【关】空気(くうき)：空气，气氛（作“气氛”讲时指周围的环境或氛围）

例：空気(くうき)を読(よ)めない（不会察言观色）

オーラ（aura）：（神秘的）气氛，氛围，灵气

6 発音(はつおん)：发音

【关】発音(はつおん)がきれい / うまい：发音很棒

発音(はつおん)がうまくない：发音不好

7 引(ひ)っ越(こ)し：搬家

【速】ひっ—ひく—拉

こし—こす—穿越

【解】由「引っ越す」变化而来。

【关】新居(しんきょ)に引(ひ)っ越(こ)す：搬到新家（「に」表示目的地）

引(ひ)っ越(こ)し先(さき)：新家所在地

取引先(とりひきさき)：客户（「先(さき)」表示“目的地”）

8 孫(まご)：孙子，孙女

【速】ま—间隔

ご—こ—子

9 係(かか)り：工作人员，主管人员

【速】源「かかる」—挂；与……相关

【解】「名词＋係(かか)り」表示“负责……”，其中「係(かか)り」的第一个「か」要浊化。

例：受(う)け付(つ)け係(がか)り（负责接待的人）。

10 拾(ひろ)う：捡，拾

【速】ひ—拉，拽

ろ—落

う—我

【关】財布(さいふ)を拾(ひろ)う：捡到钱包

タクシーを拾(ひろ)う：打车

捨(す)てる：丢弃（反义词）

例：ゴミを捨(す)てる（扔垃圾）

11 訳(やく)す：翻译

【速】やく—「訳」的音读

す—做

【解】一般指笔译。

【关】訳(やく)する（サ变动词）：翻译

例：中国語(ちゅうごくご)を日本語(にほんご)に訳(やく)す / 訳(やく)する（把中文翻译成日语）

通訳(つうやく)：口译

翻訳(ほんやく)：笔译

12 くれる：给（我）

【速】く—方向

れ—来，靠近

る—动词词尾

13 届ける：投递，递送

【速】と—门

ど—门

け—挂

る—动词词尾

【关】届ける（他动词）

例：手紙を届ける（送信）

届く（自动词）

例：手紙がもう届きました（信已经送到了）

目が届く場所（眼睛看得见的地方）

手が届く場所（手碰得到的地方）

子供の手が届かない場所に保管してください（请保管在小孩碰不到的地方）

14 交換する：交换

【关】名刺を交換する：交换名片

15 紹介する：介绍

【关】AにBを紹介する：把B介绍给A

16 すてき：漂亮，极好

【解】汉字写作「素敵」。

17 うまく：高明地，很好地

【关】うまくできました：做得好

18 それに：而且

【解】表递进、叠加。

【关】それで：所以……（表因果）

そして：然后，而且（表因果、并列、递进）

それから：然后，再加上（表先后、并列）

二 语法延伸

1. 授受关系（动词て形＋あげる / もらう / くれる）

本质：亲疏远近关系不同的人之间的指向关系。

あげる：我给别人做某事或甲给乙做某事。

もらう：我请别人做某事或我“得到了”别人为我做某事。

くれる：别人为我做某事。

> **注意**
>
> 「てあげる」表示说话人或说话人一方的人为别人做某事，不过因为这种形式含有赐恩于对方的意思，显得不太礼貌，因此不能面对面直接对尊长使用，但可以使用征求对方意见的形式「～ましょうか」。

2. どの辺（へん）

辺（へん）：比较口语的说法

辺（あた）り：比较正式的说法

3. 关于房地产的用语

アパート：公寓，一般指木制的板房，一般是两层，最多三层

マンション：十几至二十多层的公寓

一戸建（いっこだ）て：独栋楼房，也可写成「一軒家（いっけんや）」

三 基本课文与音调

1. 馬（ば）さんは　わたしに　地図（ちず）を　くれました。

2. 森（もり）さんは　お年寄（としよ）りの　荷物（にもつ）を　持（も）って　あげました。

3. 森（もり）さんは　李（り）さんに　北京（ペキン）を　案内（あんない）して　もらいました。

4. 女（おんな）の人（ひと）が　わたしの　財布（さいふ）を　拾（ひろ）って　くれました。

A 甲：すてきな　マフラーですね。

乙：ええ、小野（おの）さんが　誕生日（たんじょうび）に　くれたんです。

B 甲：森（もり）さんは　明日（あした）　引（ひ）っ越（こ）しですね。

乙：ええ、みんなで　手伝（てつだ）って　あげましょう。

C 甲：この　文章（ぶんしょう）の　意味（いみ）が　分（わ）からないんですが……

乙：戴（たい）さんに　訳（やく）して　もらいましょう。英語（えいご）が　得意（とくい）ですから。

D 甲：おいしい　お茶（ちゃ）を　送（おく）って　くれて、どうも　ありがとう。

乙：いいえ、どう　いたしまして。

四 应用课文 森さんの 新居

加藤：森君（もりくん）、住（す）む 所（ところ）は もう 決（き）まったの？

森：いいえ、まだなんです。さっき、陳（ちん）さんに 不動産屋（ふどうさんや）さんを 紹介（しょうかい）して もらいました。それに、李（り）さんや 馬（ば）さんも いろいろと 探（さが）して くれて います。

森：支社長（ししゃちょう）、引（ひ）っ越（こ）し先（さき）が 決（き）まりました。

加藤：それは よかった。どの辺（へん）？

森：国際貿易（こくさいぼうえき）センターの 近（ちか）くです。

馬：「国貿」（こくぼう）ですか。あの辺（へん）は よく 知（し）って います。

森：そうなんですか。

馬：ええ。今度（こんど） 近所（きんじょ）を 案内（あんない）して あげますよ。

森：ありがとう ございます。

戴：森（もり）さん、引（ひ）っ越（こ）しは 明日（あした）ですね。

森：ええ。馬（ば）さんと 李（り）さんが 手伝（てつだ）いに 来（き）て くれます。

戴：家具（かぐ）は どうしたんですか。

森：もう 買（か）いましたよ。明日（あした） 届（とど）けて もらいます。冷蔵庫（れいぞうこ）は、支社長（ししゃちょう）が くれました。

五 习题

1. 写出下列词语的读音。

意味（　　　　）　雰囲気（　　　　）　新居（　　　　）　近所（　　　　）

就職（　　　　）　案内（　　　　）　発音（　　　　）　支社長（　　　　）

2. 写出下列假名对应的汉字。

まご（　）　かかり（　）　かぐ（　）　ぶんしょう（　）　ひろう（　）　とくい（　）　しんせん（　）　こうかん（　）

3. 请在[A]～[D]中选出最佳选项。

(1)（　）を手伝ってあげましょう。
[A] ひっこむ　[B] ひっこす　[C] ひっこし　[D] ひっこり

(2)（　）李さんは行かないかもしれない。
[A] もしかしたら　[B] だいぶ　[C] ほとんど　[D] それに

(3) 拾った財布を警察に（　）。
[A] 届けた　[B] 届いた　[C] 送った　[D] あげた

(4) 公園の中を（　）くださいますか。
[A] あんない　[B] あんないして　[C] あんないする　[D] あんないし

(5) ——どうも、ありがとうございます。
——（　）。
[A] 大丈夫です　[B] けっこうです
[C] どういたしまして　[D] こちらこそ

(6) 小野さん（　）妹（　）操作が簡単なパソコンを（　）。
[A] は、が、あげました　[B] が、に、もらいました
[C] は、に、くれました　[D] が、を、くれました

(7) 日本語を学生に教えて（　）のはうれしいです。
[A] くれる　[B] あげる　[C] もらう　[D] くださる

(8) 友だちが空港まで送って（　）、本当に助かりました。
[A] あげて　[B] もらて　[C] くれて　[D] あがって

(9) 李さんが作った表をわたしに（　）。
[A] 見てもいいですか　[B] 見てもらってもいいですか
[C] 見せてください　[D] 見せてあげましょう

(10) 仕事を遅くまで手伝って（　）、ありがとうございます。
[A] いて　[B] くれて　[C] あげて　[D] くれた

(11) 私に届いた中国の手紙を、李さんが訳して（　）。
[A] あげました　[B] くれました
[C] もらいました　[D] あげましょう

4. 先将[A]～[D]排序，再选出填入（　★　）的选项。

（1）今、うまく（　　）（　★　）（　　）（　　）います。

[A] 読んで　　[B] 手紙を

[C] もらった　　[D] 訳して

（2）それは小野さんが東京を（　　）（　★　）（　　）（　　）ものです。

[A] 時　　[B] くれた　　[C] もらった　　[D] 案内して

（3）森さんは私（　　）（　　）（　★　）（　　）くれた。

[A] 送って　　[B] 空港　　[C] に　　[D] を

5. 将下列句子译成日语。

（1）你能告诉我大使馆的电话吗？

（2）虽然告诉了我大使馆的电话，但是我把记下的号码弄丢了。

（3）他很快帮我翻译完了这篇文章，我自己也能读懂了。

（4）我给爸爸买了一台操作简单的电脑。

（5）这道菜真好吃。说起来，去年我们来吃过一次。

第七单元测试

扫码获得听力音频与原文

一、听录音，选出正确答案。

1番
1. お茶を飲んでいる　2. 数学教師をしている　3. 周さんと話している

2番
1. アルバイトをしている　2. 学校に通っている　3. 会社で働いている

3番
1. 太極拳　2. 社交ダンス　3. ジョギング

4番
1. 大阪に行く　2. 切符を買う　3. 会議室を予約する

5番
1. 新居は15階建てのマンションです
2. 新居の近くを地下鉄が走っている
3. 部屋を探す時、友達が助けてくれました

6番
1. 参加しない　2. 参加する　3. わからない

7番
1. 引っ越しの手伝いに来る　2. 不動産屋さんを紹介した　3. 新宿を案内する

8番
1. 握手　2. 手を挙げる　3. お辞儀

9番
1. マフラーを買いたい
2. 女の人にプレゼントを贈りたい
3. 母にプレゼントを贈りたい

10番
1. 会議の場所は会社です
2. メガネをかけた人は森さんです
3. 周さんは厳しいですが、頼りになる人です

二、请在 [A] ~ [D] 中选出最佳选项。

1. さっき、あの男が財布を（　　）を見ましたか。
[A] 落ちたの　　[B] 落ちたこと

[C] 落としたの　　[D] 落としたこと

2. 引っ越し（　　）は環境がいいし、会社にも近いです。

[A] 先　　[B] 家　　[C] 方　　[D] 所

3. 昨日聞いたCDは（　　）でしたか。

[A] だれ　　[B] どうな　　[C] どう　　[D] どんな

4. 俺（　　）バイトを辞める（　　）を店長に伝えてください。

[A] は、の　　[B] が、の　　[C] は、こと　　[D] が、こと

5.（　　）、王さんは一人で来るかもしれません。

[A] もしかしたら　　[B] だいぶ　　[C] たぶん　　[D] だいたい

6.——ここはみどり公園です。私はよくここでジョギングします。

——（　　）、私が小さい時によく行った公園もみどり公園でした。

[A] そういって　　[B] それでも　　[C] そういえば　　[D] それでは

7.——重いですね。先生。わたしが（　　）。

——どうもありがとう。

[A] 持ってあげましょう　　[B] 持ってもらいますか

[C] 持ちましょう　　[D] 持ちませんか

8. 中央中学の（　　）はおいしいお店がたくさんあります。

[A] 辺りに　　[B] 辺りで　　[C] よこに　　[D] よこで

9. 李さんは私にマフラーを（　　）。

[A] もらいました　　[B] あげました　　[C] くれました　　[D] やりました

10. 森さんはよく（　　）本を読みます。

[A] 電車に乗りに　　[B] 電車の中で

[C] 電車にいながら　　[D] 電車に乗って

11. 私は先月からスポーツセンター（　　）。

[A] にかよる　　[B] にかよっています

[C] にかよった　　[D] にかよっていた

12. あの方は英語を教えている（　　）かもしれません。

[A] 先生だ　　[B] 先生な　　[C] 先生の　　[D] 先生

13. 昨日約束したから、たぶん来る（　　）。

[A] ×　　[B] でしょう　　[C] かもしれない　　[D] でしょうか

14. 吉田さんは昨日（　　）でしょう。

[A] 帰りませんでした　　[B] 帰りません

[C] 帰らなかった　[D] 帰らなくなった

15. （　　）いけません。
[A] 運転ながら携帯電話を使うのは　[B] 運転ながら携帯電話を使いは
[C] 運転しながら携帯電話を使うのは　[D] 運転しながら携帯電話を使っては

16. 私はまだ一度も富士山を（　　）。
[A] 見たくないです　[B] 見たことがありません
[C] 見るのが好きです　[D] 見に行きたいです

17. 昨日、家で吉田さんに（　　）本を読みました。
[A] 貸してくれた　[B] 貸してもらった
[C] 借りてくれた　[D] 借りてもらった

18. 私の財布を拾った知らない人は財布を（　　）。
[A] 届いてもらいました　[B] 届けてもらいました
[C] 届いてくれました　[D] 届けてくれました

19. いくらかかるか教えて（　　）、修理を（　　）決めます。
[A] もらったら、頼むかどうか　[B] もらったら、頼んでも
[C] あげたら、頼むかどうか　[D] くれたら、頼んでも

20. ——車の修理をお願いしたいんですが、どれぐらいかかりますか。
——1週間ぐらい（　　）かもしれません。
[A] かかります　[B] かかった　[C] かかる　[D] かかって

21. ほら、見て、マラソン大会に参加（　　）人たちが（　　）。
[A] する、集まる　[B] する、集まった
[C] した、集まる　[D] した、集めた

22. 協力して（　　）ボランティア（志愿者）たちに、そのあとでプレゼントを（　　）。
[A] もらう、送りました　[B] もらう、送っています
[C] もらった、送りました　[D] もらった、送っていました

三、先将 [A]～[D] 排序，再选出填入（ ★ ）的选项。

1. 私は（　　）（　　）（ ★ ）（　　）好きです。
[A] の　[B] スケッチする　[C] が　[D] 色鉛筆で

2. 田中さん（　　）（　　）（ ★ ）（　　）もらいました。
[A] を　[B] 歌舞伎　[C] 説明して　[D] に

3. 若い女の人は（　　）（ ★ ）（　　）（　　）をしています。
[A] ながら　[B] のみ　[C] ジュースを　[D] 電話

4. 子供が泣きながらお母さん（　　）（　　）（ ★ ）（　　）。
　[A] 探していた　　[B] 見ました　　[C] を　　[D] のを

5. その地図（　　）（　　）（ ★ ）（　　）もらいましたか。
　[A] 見せて　　[B] に　　[C] だれ　　[D] を

6. 一人（　　）（　　）（ ★ ）（　　）のは大変です。
　[A] する　　[B] で　　[C] 引越し　　[D] を

7. 昨日交差点で交通事故が（　　）（　　）（ ★ ）（　　）か。
　[A] を　　[B] あった　　[C] 知っています　　[D] の

四、阅读文章，在 [A] ～ [D] 中选出最佳选项。

（一）

今朝、早く起きた（ 1 ）、一人で散歩（ 2 ）出かけました。歩いたり休んだりして、川の近くを1時間（ 3 ）回りました。犬と散歩している人にたくさん出会いました。可愛い犬を（ 4 ）私も、犬を飼いたいと思いました。

家に帰ってから、散歩の途中で買ったパンと、冷蔵庫にあるヨーグルトを食べました。おなかが（ 5 ）ので、とてもおいしかったです。

1. [A] のは　[B] のが　[C] ので　[D] のだ
2. [A] を　[B] に　[C] し　[D] で
3. [A] だけ　[B] しか　[C] ぐらい　[D] を
4. [A] 見ない　[B] 見る　[C] 見て　[D] 見た
5. [A] 痛かった　[B] 空いていた
　[C] いっぱいになった　[D] なかった
6. 今朝、何をしましたか。
　[A] 川の近くを一人で歩きました。
　[B] 川の近くで1時間座っていました。
　[C] 川の近くを犬とジョギングしました。
　[D] 川の近くで朝ご飯を食べました。

（二）

日本では、引っ越しをしたとき、近所の家へあいさつに行く習慣があります。「これからいろいろお世話になります。どうぞよろしくお願いします。」という意味です。アパートやマンションでは、自分の部屋の隣に住んでいる人や、上の部屋と下の部屋に住んでいる人などにあいさつをします。あいさつに行くときは、小さな品物を持っていくことが多いです。例えば、タオルやせっけん、お菓子などです。しかし、大事なのはあいさつをすることなのですから、どんなものを持って行くかはあまり心配しなくてもいいです。挨拶に行ったけれども、誰もいなかったときは、あいさつの言葉を書いた手紙などを玄関のポスト（郵箱）に置いたほうがいいでしょう。

最近は、「引っ越しのあいさつ」をしない人も多くなっています。特に一人で住むときは、あいさつをしない人がたくさんいます。しかし、私は「引っ越しのあいさつ」は、やはりいい習慣だと思います。

1. 日本では、引っ越しをしたとき、どんな習慣がありますか。
   [A] 小さなものを持って近所にあいさつする。
   [B] 隣の人に何か小さなものを渡す。
   [C] 隣の人にあいさつの手紙を書いて出す。
   [D] あいさつの手紙を自分の玄関に置く。
2. 手紙などを玄関のポストに置くのはどうしてですか。
   [A] あとで品物を取りに来てもらいたいから
   [B] 暇なときに遊びに来てもらいたいから
   [C] あいさつに来たことを知らせたいから
   [D] あとで連絡してもらいたいから
3. 最近は、どんな人が増えていますか。
   [A] 一人で住む人
   [B] ほかの人と住む人
   [C]「引っ越しのあいさつ」をする人
   [D]「引っ越しのあいさつ」をしない人

五、以《难忘的生日》为题，写一篇 300 ～ 350 字的作文。

要点：1. 这次生日为何难忘；
　　　2. 这次生日的感受。

要求：1. 字数为 300 ～ 350 字；
　　　2. 格式正确，书写清楚；
　　　3. 写作要点必须在文中体现出来；
　　　4. 文章使用「です・ます」体。

第 29 课 電気を消せ

一 词汇拓展

1 質問：提问

【解】指一问一答中的问题，也可以作动词使用。

【关】～に質問をかける：向……提问

質問に答える：回答问题

質問する：提问

問題：问题（近义词，指老师提的问题或卷面问题，也指生活中存在的实际问题）

2 場合：情况，场合

【关】場合によって：视情况而定

私の場合：对我来说

3 迷惑：麻烦

【关】迷惑をかける：添麻烦

4 鳥：鸟

【速】と—飞

り—迅速

5 マーク（mark）：符号

6 横断禁止：禁止横穿

【关】横断歩道：斑马线

7 免許証：许可证

【关】免許：许可

運転免許：驾驶证

8 テーブル（table）：桌子（统称）

【关】机：桌子

食卓：饭桌

9 テレビ講座：电视讲座

【关】一コマ：一节课（「コマ」用来指课的节数）

10 年上：年长者

【关】年下：年幼者

目上：长辈，上司，年长者

11 止まる：停止

【速】と—停止

ま—完全

る—动词词尾

【关】時計が止まった：表停了

12 変わる：改变，变化

【速】か—变化

わ—完全

る—动词词尾

【解】作“改变，变化”讲时，「変わる」为自动词：町の景色が変わった（街景变了）。「変わる」还可作状态动词，意为“奇怪的”：変わった人（奇怪的人）。

13 頑張(がんば)る：努力

【速】がん—用力

ば—张

る—动词词尾

【关】頑張(がんば)ってレポートを完成(かんせい)する / レポートの完成(かんせい)に（を）頑張(がんば)る：努力完成报告

14 謝(あやま)る：道歉

【速】あ—不好

や—小

ま—间隙

る—动词词尾

【关】～に謝(あやま)る：向……道歉

15 サボる：逃课，怠工

【解】原形为「サボタージュ」(sabotage)。

【关】学校(がっこう) / 会社(かいしゃ)をサボる：逃课 / 怠工

16 破(やぶ)る：打破，击破

【速】や—小

ぶ—部

る—动词词尾

【关】紙(かみ)を破(やぶ)る：撕破纸

交通規則(こうつうきそく)を破(やぶ)る：违反交通规则

沈黙(ちんもく)を破(やぶ)る：打破沉默

敵(てき)を破(やぶ)る：击败敌人

記録(きろく)を破(やぶ)る：打破纪录

17 引(ひ)く：抽，拉，减，撤退

【关】くじを引(ひ)く：抽签

ラインを引(ひ)く：画线

椅子(いす)をこちらに引(ひ)く：把椅子拉过来

二胡(にこ)を引(ひ)く：拉二胡

気(き) / 注意(ちゅうい) / 目(め)を引(ひ)く：引起注意

風邪(かぜ)を引(ひ)く：感冒

全員(ぜんいん)を引(ひ)く：撤离全员

1,000引(ひ)く7はいくらですか：1 000减7等于多少？

18 守(まも)る：守护，保护

【速】ま—卷

も—强调

る—动词词尾

【关】国(くに)を守(まも)る：保卫国家

家族(かぞく)を守(まも)る：保护家人

国(くに)を侵略(しんりゃく)から守(まも)る：保卫国家不受外敌侵略

19 答(こた)える：回答

【速】こ—这里—自己

た—他

える—得到

【关】質問(しつもん)に答(こた)える：回答问题

20 逃(に)げる：逃跑

【速】に—方向

げ—け—开

る—动词词尾

【关】外国(がいこく)へ / に逃(に)げる：逃往国外

21 助(たす)ける：帮助

【速】た—て—手

すけ—助

る—动词词尾

【关】～を助ける：帮助某人做某事

料理を作るのを助ける：帮忙做饭

22 付ける：添加，附加

【速】つ—附着

け—か—挂

る—动词词尾

【关】電気をつける：打开电灯

23 覚える：记住，掌握，感到

【速】お—推

ぼ—ほ—空

える—得到

【关】単語を覚える：背单词

日本語を覚える：掌握日语

～に興味／怒り／悲しみを覚える：对……感到有兴趣／愤怒／悲伤

24 提出する：提交

【解】指提交文件报告等正式纸质文书。

【关】レポートを提出する：提交报告

論文を提出する：提交论文

25 遠慮する：客气

【解】「遠慮」作名词时意为"客气"。

【关】ご遠慮なく：不要客气

26 注意する：注意

【关】～に注意する：注意……

足元に注意する：注意脚下

注意を払う：注意

27 親しい：熟悉，亲切

【速】し—吸，吸引

た—他人

しい—形容词词尾

28 乱暴：粗暴，粗鲁

【关】乱暴な言葉遣い：粗鲁的用词

29 危険：危险

【关】危ない：危险（近义词）

语法延伸

1. 命令形

（1）变形规则

①五段动词：词尾う段假名→え段假名

②一段动词：去掉词尾＋ろ

③する→しろ

来る→来い

（2）音调规律：同辞书形

（3）用法：表示强硬的命令语气。

2.「なさい」的用法

（1）接续：连用形＋なさい

（2）语气比命令形柔和，多用于家长对孩子、老师对学生。

3.「辞书形＋な」的用法

可视为命令形的否定形式。

4.「という」的用法

「と」表示“引号”，「いう」意为“说，叫”，「～という～」直译为“叫作……的……，说成……的……”，用于描述具体内容。

5. ないといけません、なければなりません：在口语中，后面的「いけません」「なりません」可以省略。

6.「方（かた）をする」的用法

「连用形＋方（かた）」表示“……方法”。

三 基本课文与音调

1. 電気（でんき）を　消（け）せ。

2. 次（つぎ）の　文章（ぶんしょう）を　読（よ）んで、質問（しつもん）に答（こた）えなさい。

3. ここに　車（くるま）を　止（と）めるな。

4. この　マークは「タバコを　吸（す）うな」と　いう　意味（いみ）です。

A 甲：さっき　部長（ぶちょう）は　何（なん）と　言（い）いましたか。

乙：「書類（しょるい）を　早（はや）く　提出（ていしゅつ）しろ」と　言（い）いました。

B 甲：誠（まこと）、早（はや）く　お風呂（ふろ）に　入（はい）りなさい。

乙：今（いま）　宿題（しゅくだい）を　して　いるんだ。お母（かあ）さん先（さき）に　入（はい）ってよ。

C 甲：すみません、これは　何（なん）と　読（よ）みますか。

乙：「たちいりきんし（立入禁止）」と　読（よ）みます。「ここに　入（はい）るな」と　いう　意味（いみ）ですよ。

D 甲：この　花（はな）の　名前（なまえ）を　知（し）って　いますか。

　乙：ええ、それは　フジと　いう　花（はな）です。

四 应用课文 カラオケ

加藤：森君（もりくん）、次（つぎ）、歌（うた）いなさいよ！

戴：そう、そう。森（もり）さん、歌（うた）いなさい！

李：戴（たい）さん、自分（じぶん）より　年上（としうえ）の　森（もり）さんに「歌（うた）いなさい」と　言（い）うのは　失礼（しつれい）ですよ。

加藤：そうだね。この　場合（ばあい）は「歌（うた）って　ください」と言（い）わないとね。

戴：はい、分（わ）かりました。森（もり）さん、すみませんでした。

李：日本（にほん）に　いる時（とき）、日本人（にほんじん）の　男性（だんせい）が　友達（ともだち）に、「来（こ）い」「遠慮（えんりょ）するな」などと言（い）って　いるのを　よく　聞（き）きました。これは　親（した）しい　人（ひと）に　使（つか）うんですね。

森：ええ。でも、女性（じょせい）は　あまり　使（つか）いません。「来（き）て　ください」「遠慮（えんりょう）しないで　ください」と　言（い）った　ほうが　いいですよ。

李：「ください」を　取（と）って、「来（き）て」「遠慮（えんりょう）しないで」などという　言（い）い方（かた）を　して　いる　女性（じょせい）も　いました。

戴：そうですか。中国語（ちゅうごくご）でも　親（した）しい　相手（あいて）には、“来，来！”“别客气！”と言（い）って　“请”を　つけませんから、同（おな）じですね。

李：そうですね。それから、野球場（やきゅうじょう）で　女（おんな）の　人（ひと）が「頑張（がんば）れ！」と　言（い）うのを　聞（き）きました。

森：危険（きけん）な　時（とき）や　丁寧（ていねい）に　言（い）う　暇（ひま）が　ない　時（とき）は　使（つか）っても　いいんです。

五 习题

1. 写出下列词语的读音。

質問（　　　）　場合（　　　）　迷惑（　　　）　免許（　　　）
戦争（　　　）　遠慮（　　　）　注意（　　　）　丁寧（　　　）
守る（　　　）

2. 写出下列假名对应的汉字。

ひょうしき（　）　としうえ（　）　しつれい（　）　らんぼう（　）
ていしゅつ（　）　たすける（　）　にげる（　）　きけん（　）

3. 请在[A]～[D]中选出最佳选项。

(1) ずいぶん（　）人だね。
[A] かわる　[B] かわっていた　[C] かわった　[D] 変

(2) 学校を（　）な。
[A] サボる　[B] サポる　[C] サホる　[D] ザホる

(3)（　）を控えたほうがいいと思います。
[A] スピード　[B] スビート　[C] ズヒート　[D] スピート

(4) どうぞ（　）なく召し上がってください。
[A] 神慮　[B] 考慮　[C] 配慮　[D] 遠慮

(5) 早く仕事を（　）！時間がないんだ。
[A] しる　[B] すなさい　[C] しろ　[D] します

(6) 人の話をちゃんと（　）。
[A] 聞かなくて　[B] 聞くな　[C] 聞け　[D] 聞て

(7) 人に迷惑を（　）。
[A] かけて　[B] かけないで　[C] かけれ　[D] かけなくて

(8) ——「撮影禁止」はどういう意味ですか。
——（　）。
[A]「写真を撮れ」という意味です　[B]「写真を撮れな」という意味です
[C]「写真を撮るな」という意味です　[D]「写真撮って」という意味です

(9) 体にいいから、（　）。
[A] もっと野菜を食べましょうか　[B] もっと野菜を食べてもいいです
[C] もっと野菜を食べなければなります　[D] もっと野菜を食べなさい

(10) 信号は青になるのは（　　）という意味です。
[A] 止まれ　[B] 進め　[C] 止めて　[D] 進まないで

(11) 雨で外に出たくなかったから、電話して、ピザを（　　）。
[A] 届いてくれました　[B] 届けてあげました
[C] 届けてもらいました　[D] 届けた

(12) ——田中さんはあなたの電話番号を知っていますか。
——最近番号が変わりましたから、きっと（　　）でしょう。
[A] 知る　[B] 知りません　[C] 知らない　[D] 知っている

4. 先将[A]~[D]排序，再选出填入（ ★ ）的选项。

(1)（　　）（　　）（ ★ ）（　　）車です。
[A] という　[B] これ　[C] は　[D] スズキ

(2)「横断禁止」は横断歩道を（　　）（　　）（ ★ ）（　　）です。
[A] 意味　[B] という　[C] 渡る　[D] な

(3) 医者はお風呂に入って、早く（　　）（　　）（ ★ ）（　　）。
[A] と　[B] 私に　[C] 言いました　[D] 寝なさい

(4)（　　）（　　）（ ★ ）（　　）くれたから、ずっとそばにいるよ。
[A] いて　[B] 言って　[C] そばに　[D] って

5.将下列句子译成日语。
(1) 部长刚才说“马上交文件”。
(2) 那个标志是“禁止入内”的意思。
(3) 不要忘了和朋友的约定。
(4) 妈妈经常说“马上吃饭了，快去洗手”。
(5) 你认识一个叫山本的人吗？

第 30 课　もう 11 時だから寝よう

一　词汇拓展

1 宅配便（たくはいびん）：送货上门服务，快递

【关】お宅（たく）：您家，也可表示宅男宅女

2 報告書（ほうこくしょ）：报告书

【关】申し込み書（もうしこみしょ）：申请书

3 梅雨（つゆ）：梅雨

【速】つ—小
ゆ—缓慢，平缓

【关】梅雨入り（つゆいり）：进入梅雨季节

梅雨明け：梅雨季节结束

4 秋：秋天

【速】あ—明亮

き—气

5 行楽地：游览地

【关】観光スポット：观光地

6 歯：牙齿

【关】歯を磨く：刷牙

7 彼：他

【关】彼女：她，女朋友

彼氏：男朋友

8 揃う：齐备，齐全

【速】そろ—音同“搜罗”

う—封闭

【关】皆が揃っていますから、出発しましょう：大家都到齐了，出发吧

9 寄る：顺便去，靠近

【解】自动词，最核心的意思为“靠近，集中”。

例：家に帰る途中で、コンビニに寄った（在回家的路上，顺便去了便利店）

家に帰る途中で、コンビニに行った（在回家的路上，去了便利店）

「行く」的目的性强，「寄る」特指“顺道去”，目的性不强。

【关】寄せる（他动词）

例：～に思いを寄せる（对……有倾慕之情）

10 開く：开，开张

【速】ひ—拉，拽

ら—拉，拉动

く—向着某个方向

【解】「開く」既可作自动词使用，也可作他动词使用。

例：新しい店が開きました（新店开张了）

本を開いてください（请翻开书）

11 迎える：迎接

【速】むか—向く—朝，向

える—得到

【关】～を迎える：迎接……

出迎え：出门迎接（近义词）

12 壊れる：出故障，坏

【速】こ—小

わ—は—开裂

れ—来，靠近

る—动词词尾

【关】テレビが壊れた：电视坏了

13 間違える：搞错

【速】ま—间隔

ちがえる—把……搞错

【关】間違える（他动词）

例：答えを間違える（弄错答案）

間違う（自动词）

例：答えが間違っている（答案错了）

間違い（名词）

14 寂しい：寂寞

【速】さ—（吹风产生的）摩擦感

びーひ—冷

しい—形容词词尾

【关】寂しい思い：寂寞的心情

寂しい夜：寂寞的夜晚

15 楽しみ：愉快，期待

【速】た—て—手

の—伸长

し—しい—……的样子

み—看

【关】楽しい：长时间的、持续性的快乐

嬉しい：短暂的、一次性的快乐

16 特別：特别

【关】特別授業：特别课程

语法延伸

1. 动词意志形

（1）变形规则

①五段动词：词尾う段假名→お段假名＋う

②一段动词：去掉词尾＋よう

③する→しよう

来る→来よう

（2）音调规律：在词尾倒数第二拍处降调。

（3）基本用法

①单独使用：表示呼吁、建议，译为“让我们做……吧”“让我做……吧”。

②意志形＋と思う / とする：表意愿，译为“我想……”，比「连用形＋たい」想法更强烈，语感更郑重。

意志形＋と思っている：我一直想……。例：子供の時、ずっと北京大学に憧れていて、いつか、この学校で勉強しようと思っています。

2.「ので」的用法

（1）连体形＋ので

（2）「ので」前后均可接意志性表达。例：

この問題について、もう少し考えようと思うので、三日考えさせてもらってもいいですか。（关于这个问题，我想再思考一下，可以再让我考虑三天吗？）

注意

和「から」相比，「ので」较为礼貌郑重，多用于正式场合，且在因果关系的论证上更显正当。

三 基本课文与音调

1. もう　11時（じゅういちじ）だから　寝（ね）よう。

2. 今日（きょう）、会社（かいしゃ）を　休（やす）もうと　思（おも）います。

3. 明日（あした）、病院（びょういん）へ　行（い）こうと　思（おも）っています。

4. 荷物（にもつ）が　重（おも）いので、宅配便（たくはいびん）で　送（おく）ります。

A 甲：仕事（しごと）が　終（お）わってから、飲（の）みに　行（い）こうよ。

乙：ごめん。明日（あした）　早（はや）いから、今日（きょう）は　ちょっと……

B 甲：もう　遅（おそ）いので、そろそろ　帰（かえ）ろうと　思（おも）います。

乙：お疲（つか）れ様（さま）でした。気（き）を　つけて。

C 甲：もうすぐ　ゴールデンウィークですね。何（なに）か　予定（よてい）がありますか。

乙：長江下（ちょうこうくだ）りを　しようと　思（おも）って　います。

D 甲：土曜日（どようび）も　仕事（しごと）ですか。

乙：ええ。香港（ホンコン）から　お客（きゃく）さんが　来（く）るので、空港（くうこう）へ　迎（むか）えに　行（い）きます。

四 应用课文 春の　ピクニック

李：今度（こんど）の　週末（しゅうまつ）、みんなで　ピクニックに　行（い）

こうと　思（おも）って　いるんですが……

森：いいですね。どこへ　行（い）くんですか。

李：香山（こうざん）へ　行（い）こうと　思（おも）います。

加藤：森君（もりくん）、遅（おそ）いよ。

森：すみません。出（で）かけようとした　時（とき）に、電話（でんわ）があったんです。

加藤：そうか。それじゃ、まあ、仕方（しかた）ないな。馬（ば）さん、みんなそろったから、そろそろ　出発（しゅっぱつ）しようか。

馬：ええ、そう　しましょう。

李：近（ちか）くに　北京植物園（ペキンしょくぶつえん）が　あるので、帰（かえ）りに寄（よ）ろうと　思（おも）うんです。

戴：いいですね。わたしは　花（はな）が　好（す）きなので、楽（たの）しみです。

森：人（ひと）が　多（おお）いですね。

陳：今（いま）は　ちょうど　ピクニックの　シーズンですから。

馬：この　季節（きせつ）は、どの　行楽地（こうらくち）も　人（ひと）でいっぱいですよ。

李：秋（あき）の　香山（こうざん）も　いいですよ。今度（こんど）は　紅葉（こうよう）を　見（み）に　来（こ）ようと　思（おも）って　います。

五 习题

1. 写出下列词语的读音。

宅配便（　　　）　梅雨（　　　）　歯（　　　）　行楽地（　　　）
灰皿（　　　）　吸殻（　　　）　出発（　　　）　特別（　　　）
迎える（　　　）

2. 写出下列假名对应的汉字。

あき（　）　しゅうでん（　）　まちあいしつ（　）　まちがえる

（　　）　たのしみ（　　）　むかえる（　　）　さびしい（　　）　かんじゃ（　　）

3. 请在[A]～[D]中选出最佳选项。

（1）このバスは人（　　）いっぱいだから、乗ることができません。
[A] の　[B] に　[C] を　[D] で

（2）このパソコンは（　　）から、ほかのを使ってください。
[A] 壊れて　[B] 壊れた　[C] 間違って　[D] 間違った

（3）来週本当に来る？（　　）。
[A] たのしいね　[B] たのしむね　[C] たのしみね　[D] うれしいね

（4）全員（　　）まで待ちましょう。
[A] そろえる　[B] そろった　[C] そろえ　[D] そろう

（5）日本料理が上手ですから、2人で日本料理の小さな店を（　　）と言っています。
[A] 開こう　[B] 開け　[C] 開いて　[D] 開けて

（6）天気がいいから、山に（　　）。
[A] 登ろうと思っています　[B] 登ろうと思います
[C] 登れと思います　[D] 登ると思います

（7）（　　）んで、修理に来てもらいますか。
[A] パソコンが壊れる　[B] パソコンを壊す
[C] パソコンが壊れた　[D] パソコンがこわい

（8）あの人が有名（　　）、誰でも知っています。
[A] ので　[B] だので　[C] なので　[D] から

（9）（　　）、買います。
[A] あんまり高いので　[B] デザインがユニークので
[C] とても気にしているので　[D] 使い方が簡単なので

（10）（　　）、はやく完成しなさい。
[A] 簡単なので　[B] 簡単から　[C] 簡単だから　[D] 簡単なから

（11）ここは不便なので、ずっと（　　）。
[A] 引っ越ししようと思っています　[B] 引っ越しすると思っています
[C] 引っ越ししたいと思います　[D] 引っ越しに行きたいと思っています

4. 先将[A]～[D]排序，再选出填入（ ★ ）的选项。

（1）1年間韓国（　　）（　　）（ ★ ）（　　）、韓国語がすこしわかります。
[A] ので　[B] いた　[C] 住んで　[D] に

(2) 会ったことがない吉田さん（　）（　）（ ★ ）（　）。
[A] と　[B] 会おう　[C] 思っています　[D] に

(3) 今日はフジ（　）（　）（ ★ ）（　）したいと思います。
[A] 花　[B] という　[C] 紹介　[D] について

(4) 今度（　）（　）（ ★ ）（　）よ。
[A] 一緒　[B] 遊ぼう　[C] また　[D] に

5. 将下列句子译成日语。
(1) 他们一直想让中国人吃到好吃的日本料理。
(2) 我头疼，想早点回家……
(3) 对不起，我搞错了路，所以迟到了。
(4) 行李很重，所以让快递送货上门了。（送货上门：宅配便）

第 31 课　このボタンを押すと、電源が入ります

词汇拓展

1 ボタン：按钮，纽扣

【关】ボタンを押(お)す：按按钮
ボタンをかける：系扣子
ボタンを外(はず)す：解扣子

2 ブローチ（brooch）：胸针

【关】セーター（sweater）/ 胸(むね)にブローチをつける：把胸针别到毛衣上 / 胸前

3 カーテン（curtain）：窗帘，帘子

【关】カーテンを開(あ)ける / 閉(し)める / 下(お)ろす：拉开帘子 / 关上帘子 / 放下帘子

4 コンクリート（concrete）：混凝土，水泥

5 プラスチック（plastic）：塑料，塑胶

6 特典(とくてん)：优惠

【解】也有“福利”的意思。

7 お手洗(てあら)い：洗手间

【速】お—美化
て—手
あ—相互
ら—拉，拉动
い—连用形

【关】トイレ：洗手间（通俗一些的说法）

8 階段(かいだん)：楼梯

【关】階段(かいだん)を上(あ)がる / 上(のぼ)る：上楼梯
階段(かいだん)を下(お)りる：下楼梯

9 そば：旁边

【速】そ—其
ば—场所

10 サイズ（size）：尺寸，大小

【关】ほかのサイズがありますか：有其他的尺寸吗？

11 人間（にんげん）：人，人类

【关】世間（せけん）/世（よ）の中（なか）：世间，社会

12 電源（でんげん）：电源

【关】電源（でんげん）が入（はい）った：通电

電源（でんげん）を切（き）る：切断电源

電源（でんげん）を入（い）れる：接通电源

13 押（お）す：按，压，推

【速】お—推

す—做

【关】ボタンを押（お）す：按按钮

ドアを押（お）す：推门

ドアを引（ひ）く：拉门

14 つく：灯亮，灯开

【速】つ—附着

く—方向

【解】最基本的意思是“附着”。

15 下（さ）がる：下降，降低

【速】さ—下

が—变化

る—动词词尾

【解】多指数值上的下降。

例：気温（きおん）/物価（ぶっか）/成績（せいせき）が下（さ）がる：气温/物价/成绩下降

【关】上（あ）がる：上升，提高（反义词，除了表示数值上的变化，还可表示空间上的位移，但「下（さ）がる」不表示空间上的位移）

16 怒（おこ）る：生气

【关】～に怒（おこ）る：对……生气

17 回（まわ）す：转，传送，传递

【速】ま—圆

わ—圆

す—他动词词尾

【关】運命（うんめい）のルーレットを回（まわ）す：转动命运的转盘

お知（し）らせを回（まわ）してください：请相互转告

～を敵（てき）に回（まわ）す：把……视为敌人

18 動（うご）く：运转，转动

【速】う—用力

ご—移动

く—方向

19 生（い）きる：活，生存

【速】い—存在，活着

き—气

る—动词词尾

【关】生（い）きるか死（し）ぬか、それは難題（なんだい）だね：生存还是死亡，这是一道难题

今（いま）を生（い）きる：活在当下

20 下（お）りる：下，下来

【速】お—高

り—顺势而为

る—动词词尾

【解】表示空间上的下降。

【关】山（やま）/階段（かいだん）/電車（でんしゃ）を下（お）りる：下山/楼梯/电车

21 まとめる：总结，整理，汇集

【速】ま—圆

とめる—止(と)める—停止

【关】知識(ちしき)／資料(しりょう)をまとめる：整理知识／资料

まとめ：总结（名词）

22 フリーズする：死机

【关】フリーズ（freeze）：冻结，冻僵

パソコンが遅(おそ)い／固(かた)まっている：电脑运行慢

23 美(うつく)しい：美丽

【速】音同“兀自哭泣”

24 うまい：好吃；高明

【速】う—成熟

ま—满，全部

25 詳(くわ)しい：精通

【速】く—区别，区分

わ—分辨

しい—形容词词尾

【关】数学(すうがく)に詳(くわ)しい：精通数学

26 自由(じゆう)：自由

【解】既可以作形容动词，也可以作名词。

【关】自由(じゆう)のために：为了自由

27 丁寧(ていねい)：恭敬，细心，精心

【关】丁寧(ていねい)な態度(たいど)：恭敬的态度

28 きちんと：好好地，正经地；准，丝毫不差。

【解】相当于「ちゃんと」。

【关】三時(さんじ)にきちんと集(あつ)まる：三点准时集合

29 気持(きも)ち悪(わる)い：不舒服，恶心

【关】きもい：恶心

二 语法延伸

1.「と」的用法

（1）和：AとB（と）。

（2）“引号”：～という／考(かんが)える／思(おも)う／読(よ)む。

（3）紧密联系

①逻辑上：必然的因果关系。

②时间上：一……就……。

接续：表示肯定时用辞书形加「と」，表示否定时用「ない」加「と」。

注意

在句型「Aと、B」中，A与B均为客观陈述，不能与意志性表达连用。

2.「ことがある」的用法

辞书形接「ことがある」表示“一般有……情况”。

3. でしょうか：相当于「か」，表疑问，“……吗”。

でしょう（降调）：表推测，“……吧”。

でしょう（升调）：表确认（明知故问），“……吗”。

4. 表示性格和情绪的词

羨（うらや）ましい：羡慕（「～が羨（うらや）ましい」意为“羡慕……”）

恥（は）ずかしい：不好意思，害羞

素直（すなお）：率直（说话真诚，不撒谎）

率直（そっちょく）：率真（说话直来直去，不拐弯抹角）

ドキドキします：忐忑不安，小鹿乱撞

はらはらします：捏一把汗，紧张

5.「ほど」和「ぐらい」

「ほど」不用于次序后面。例：

ここから二（ふた）つ目（め）ぐらいの信号（しんごう）を右（みぎ）に曲（ま）がったところに、確（たし）かスーパーがありましたよね。（第一个「た」表示先后；第二个「た」表示确认语气，译为“……来着”）

これほど：这样的，这么的（高程度）

6. ただし

ただし（但是，不过）：补充说明关系

しかし（但是，不过）：逆接转折关系

三 基本课文与音调

1. この　ボタンを　押（お）すと、電源（でんげん）が　入（はい）ります。
2. その　パソコンは、たまに　フリーズすることが　あります。
3. 馬（ば）さんは　とても　上手（じょうず）に　レポートを　まとめました。
4. 李（り）さんは　来（く）るでしょうか。

A 甲：すみません。市役所（しやくしょ）へは　どう　行（い）くんでしょうか。

乙：この道（みち）を　まっすぐ　行（い）くと、デパートが　あります。

市役所（しやくしょ）は　その　隣（となり）ですよ。

甲：ありがとう　ございます。

B　甲：朝（あさ）ご飯（はん）は　毎日（まいにち）　きちんと　食（た）べますか。

乙：ええ。でも、たまに　食（た）べない　ことが　あります。

C　甲：あっ、雨（あめ）ですよ。

乙：本当（ほんと）ですね。早（はや）く　家（いえ）に　帰（かえ）りましょう。

D　甲：すみません、馬（ば）さんは　どちらでしょうか。

乙：馬（ば）さんは　さっき　出（で）かけましたよ。

四　应用课文　散步

馬：ここを　曲（ま）がると　小（ちい）さな　公園（こうえん）が　あって、子供（こども）たちが　よく　卓球（たっきゅう）を　して　いるんですよ。

森：卓球（たっきゅう）ですか？公園（こうえん）で？

馬：そうです。その公園（こうえん）には　コンクリートで　できた　卓球台（たっきゅうだい）が　あるんです。

森：コンクリートの　卓球台（たっきゅうだい）？へえ、おもしろいですね。

馬：ええ、卓球（たっきゅう）を　したい時（とき）に　いつでも　できるんです。たまに　公園（こうえん）の　そばを　通（とお）る　ことが　あるんですが、必（かなら）ず　だれかが　やって　いますね。

馬：ここから　300（さんびゃく）メートルほど　行（い）くと、スポーツセンターが　あります。

森：スポーツセンター？だれでも　自由（じゆう）に　利用（りよう）することが　できるんでしょうか。

馬：ええ、だれでも　利用（りよう）する　ことが　できます。ただし、有料（ゆうりょう）ですが。

森：馬（ば）さんも　よく　利用（りよう）するんですか。

馬：たまに　プールで　泳（およ）ぐ　ことが　あります。でも、会員（かいいん）じゃないと　8時以降（はちじいこう）は　利用（りよう）する　ことが　できないんです。だから　会員（かいいん）に　なろうと　思（おも）って　いるんです。

森：会員（かいいん）になると、何（なに）か　ほかにも　特典（とくてん）が　あるんですか。

馬：会員（かいいん）の　家族（かぞく）も　安（やす）く　利用（りよう）する　ことが　できるんです。

森：今（いま）　何時（なんじ）でしょうか。

馬：もうすぐ　1時（いちじ）15分（じゅうごふん）に　なります。

森：じゃあ、早（はや）く　帰（かえ）らないと、午後（ごご）の　会議（かいぎ）が　始（はじ）まりますね。

五　习题

1. 写出下列词语的读音。

会員（　　　）　特典（　　　）　階段（　　　）　以降（　　　）
人間（　　　）　電源（　　　）　下がる（　　　）　動く（　　　）
回す（　　　）

2. 写出下列假名对应的汉字。

たっきゅう（　）　はくちょう（　）　おこる（　）　いきる（　）
おりる（　）　ていねい（　）　じゆう（　）

3. 请在[A]～[D]中选出最佳选项。

（1）この（　）を押すと、スイッチが入る。
[A] ポダン　[B] ホタン　[C] ボタン　[D] ボダン

（2）言いたいことは（　）彼女に言ったほうがいいと思います。
[A] ちゃんと　[B] ぴったり　[C] たしかに　[D] きっちり

（3）パソコンはどんどん値段が（　）。
[A] 下っている　[B] 下がっている　[C] 下りている　[D] 下した

（4）これはプラスチック（　）お皿です。
[A] に作る　[B] で作る　[C] からできた　[D] でできた

(5) 誰でも入ることができます。(　　)、未成年者はだめです。
[A] しかし　[B] ただし　[C] さらに　[D] そして

(6) 自分では（　　）やったと思う。
[A] おいしく　[B] うまい　[C] うまく　[D] うまいに

(7) 子供は（　　）遊んでいます。
[A] 元気で　[B] 元気　[C] 元気な　[D] 元気に

(8)（　　）と、映画が始まります。
[A] 場内が暗くなった　[B] 映画館に行く
[C] 場内が暗くなる　[D] 場内に入った

(9) この薬を飲まないと、(　　)。
[A] 病気を治しません　[B] 病気が治りません
[C] 他の薬を飲んでもいいです　[D] 他の薬を飲みましょう

(10) 上海は冬の時、雪が（　　）。
[A] 降ったことがあります　[B] 降りました
[C] 降ることがあります　[D] 降るかもしれません

(11) 父はたまに（　　）。
[A] 怒ることがあります　[B] 怒ったことがあります
[C] 怒ることができます　[D] 怒ることにします

(12) 李さんはもう帰った（　　）。
[A] ましょう　[B] ましょうか　[C] でしたか　[D] でしょうか

4. 先将[A]～[D]排序，再选出填入（ ★ ）的选项。

(1) たまに電車（　　）（　　）（ ★ ）（　　）ことがあります。
[A] に　[B] 行く　[C] 会社　[D] で

(2)（　　）（　　）（ ★ ）（　　）気温が下がる。
[A] 急に　[B] なる　[C] 夜に　[D] と

(3) 李さん、きちんと（　　）（ ★ ）（　　）（　　）。
[A] を　[B] 片付けて　[C] ください　[D] 部屋

(4) 学生は（　　）（　　）（ ★ ）（　　）を聞いている。
[A] 先生　[B] の　[C] 真面目に　[D] 話

5. 将下列句子译成日语。

(1) 春天一到，花就会美丽绽放。
(2) 我有时一年要生一两回病。

（3）一熄灯就什么都看不见了。
（4）想听歌的时候，按下这个键，就会出声音了。

第 32 课　今度の日曜日に遊園地へ行くつもりです

一　词汇拓展

1 うわさ：传说，风言风语

【速】う—错误

わ—分裂

さ—轻

【关】うわさを流(なが)す：散布谣言

うわさが流(なが)れる：谣言盛行

うわさすれば影(かげ)：说曹操曹操就到

2 番組(ばんぐみ)：节目

【关】この番組(ばんぐみ)はご覧(らん)のスポンサーの提供(ていきょう)でお送(おく)りします：本节目由以下赞助商赞助播出

3 ボーナス（bonus）：奖金

4 牛乳(ぎゅうにゅう)：牛奶

【关】ミルク（milk）：牛奶

5 インフルエンザ：流感，流行性感冒

【关】風邪(かぜ)：感冒，伤风

6 支店(してん)：分店

【关】本店(ほんてん)：总店

7 小学校(しょうがっこう)：小学

【关】中学校(ちゅうがっこう)：初中

高校(こうこう)：高中

大学(だいがく)：大学

大学院(だいがくいん)：研究生院

8 行(おこな)う：开，举行

【速】おこ—起(お)こる—发生

な—长—长期

う—用力

【关】アンケート調査(ちょうさ)を行(おこな)う：做问卷调查

イベントを行(おこな)う：举办活动

9 上(あ)がる：提高，涨

【速】あ—第一，最高

が—变化

る—动词词尾

【解】自他动词，既可表示数值上的上升，也可表示空间上的上升。

【关】階段(かいだん)を上(あ)がる：爬楼梯

気温(きおん)が上(あ)がる：气温上升

成績(せいせき)が上(あ)がる：成绩提高

下(さ)がる：表示数值上的下降

下(お)りる：表示空间上的下降

10 乗(の)り換(か)える：换乘

【速】のり—乗(の)る—乘坐

かえる—换

【关】東京駅(とうきょうえき)で新幹線(しんかんせん)に乗(の)り換(か)えて、京都(きょうと)に行(い)く：在东京换乘新干

线去京都（「で」表动作发生地，「に」表对象）

11 辞(や)める：辞去

【速】や—停止

め—没

る—留

【关】学校(がっこう)を辞(や)める：辍学

会社(かいしゃ)を辞(や)める：辞职

12 流行(りゅうこう)する：流行

【关】流行(はや)る：流行（近义词）

13 強(つよ)い：强的

【速】つ—次—连带

よ—靠近

【关】弱(よわ)い：弱的（反义词）

14 ずっと：一直，始终；……得多

【关】私(わたし)はずっとここで待(ま)っています：我一直在这里等（你）

中国(ちゅうごく)は日本(にほん)よりずっと広(ひろ)いです：中国比日本大得多

二 语法延伸

1.「つもり」的用法

（1）形式体言：在句中以名词的身份进行接续，却表达引申、抽象的含义。

（2）「つもり」由「積(つ)もる」变化而来，表示“堆积，累积”，在此含义上进行引申，表示内心的想法、希望等累积形成一种强大的愿望，译为“打算，决心，决定”。

（3）关于否定：結婚(けっこん)しないつもりです。（决定不结婚。）

結婚(けっこん)するつもりではありません。（不决定结婚。）

（4）与「动词意志形＋と思(おも)っています」意思相近。

2.「こと」的用法

（1）动词た形＋ことがある：有……经历

（2）ことができる：表示能力和许可

（3）辞书形＋ことがある：一般会有……情况

（4）ことにする：主观下决定

ことになる：客观被决定（最终定论或结果）

注意

上述用法中的「こと」不能用「の」来代替。

3.「そうです」的用法

（1）终止形接「そうです」表示传闻，译为“听说”。

（2）「～そうです」没有过去、否定和疑问的形式，若要表示“之前没有听说过”，可以使用「と聞（き）いたことがない」。

4. 今度（こんど）の日曜日（にちようび）

「今度（こんど）」表示“距现在最近的下一次”。

5.「～てほしい」的用法

（1）「～てほしい」表示“想让别人做……”。「～てもらいたい」比「～てほしい」更为礼貌，表示“想请……（为自己）做……”。

（2）「连用形＋たい」「意志形＋と思（おも）う / する」「辞书形＋つもり」表示“自己想做……”。

6.「って」的用法

「って」是「と」「という」「というのは」的约音。

三 基本课文与音调

1. 今度（こんど）の　日曜日（にちようび）に　遊園地（ゆうえんち）へ　行（い）く　つもりです。

2. 明日（あした）、友達（ともだち）と　映画（えいが）を　見（み）に　行（い）く　ことに　しました。

3. 来月（らいげつ）から　給料（きゅうりょう）が　上（あ）がる　ことに　なりました。

4. 馬（ば）さんの　息子（むすこ）さんは　今年（ことし）　小学校（しょうがっこう）に　入学（にゅうがく）する　そうです。

A　甲：今度（こんど）の　ボーナスで　車（くるま）を　買（か）う　つもりです。

　　乙：へえ、いいですね。

B　甲：広州（こうしゅう）へは　列車（れっしゃ）で　行（い）くんですか。

　　乙：いいえ、飛行機（ひこうき）で　行（い）く　ことに　しました。

C 甲：李（り）さん、出張（しゅっちょう）ですか。

乙：ええ、月曜（げつよう）から　3日間（みっかかん）、香港（ホンコン）へ　行（い）く　ことに　なりました。

D 甲：ニュースに　よると、今年（ことし）の　冬（ふゆ）は　インフルエンザが流行（りゅうこう）する　そうです。

乙：そうですか。気（き）を　つけましょうね。

四 应用课文 連休

森：李（り）さん、今度（こんど）の　連休（れんきゅう）の　予定（よてい）は？

李：小野（おの）さんを　北京（ペキン）の　いろんな　所（ところ）へ　案内（あんない）する　つもりです。

森：天気（てんき）は　大丈夫（だいじょうぶ）でしょうか。

李：天気予報（てんきよほう）に　よると、連休中（れんきゅうちゅう）は　ずっと　晴（は）れだ　そうですよ。

李：小野（おの）さんは、友達（ともだち）の　太田（おおた）さんの　家（いえ）に　行（い）く　そうです。わたしも　いっしょに　行（い）く　ことに　なったんですが、森（もり）さんは？

森：ぼくにも　メールが　あって、いっしょに　お邪魔（じゃま）する　ことにしましたよ。

李：小野（おの）さんの　メールに　よると、太田（おおた）さんの　家（いえ）で　餃子（ギョーザ）パーティーを　する　そうです。だから、わたしにも　手伝（てつだ）って　ほしいって　言（い）って　いました。

森：餃子（ギョーザ）パーティー？それは　いいですね。

李：ところで、太田（おおた）さんって、どんな　人（ひと）ですか。

森：北京（ペキン）に　来（き）てから　一度（いちど）会（あ）った　ことが　ありますが、とても　気（き）さくな　人（ひと）ですよ。スポーツ用品（ようひん）の　会社（かいしゃ）で、宣伝（せんでん）を　担当（たんとう）して　いるそうです。

李：じゃあ、これから　いっしょに　仕事（しごと）をする　ことに　なるかもしれませんね。

森：ええ。だから、できるだけ　連絡（れんらく）を　取（と）ろうと　思（おも）って　います。

五 习题

1.写出下列词语的读音。

列車（　　　）　高速（　　　）　宣伝（　　　）　番組（　　　）
牛乳（　　　）　支店（　　　）　首相（　　　）　彼女（　　　）
入学（　　　）　流行（　　　）

2.写出下列假名对应的汉字。

しんがた（　）　ゆうえんち（　）　てんきよほう（　）　おこなう（　）　りゅうがく（　）　にゅういん（　）

3.请在[A]～[D]中选出最佳选项。

(1)（　）によると、あの女優もう結婚しているそうです。
[A] うそ　[B] うわさ　[C] わさび　[D] うちわ

(2) 不景気で（　）もなくなるって聞いたの？
[A] ボタン　[B] ポップス　[C] ボーナス　[D] プラン

(3)（　）に私の頼みを聞いてくれた。
[A] 気あい　[B] 気うけ　[C] 気おち　[D] 気さく

(4) いつまでも（　）一緒にいたい。
[A] ずいぶん　[B] ずっと　[C] だいぶ　[D] たぶん

(5) パソコンが壊れたので、あした新しいのを買う（　）。
[A] つもりです　[B] と思っています
[C] たいです　[D] ようと思います

(6) たばこは体によくないので、（　）。
[A] やめることになりました　[B] やめることにしました
[C] とめるつもりです　[D] とめましょう

(7) ねえ、知ってる？大阪で支社を作る（　　）。

[A] ことにしたって　　[B] のになった

[C] ことになったって　　[D] と思う

(8) 天気予報によると、明日は（　　）。

[A] 雨そうです　[B] 雨だそうです　[C] 雨が降りそうです　[D] 雨です

(9) ——李さんはどうしてまだ帰らないのですか。

——今週から午後9時まで（　　）そうですから。

[A] 働き　　[B] 働くつもり

[C] 働かなければならないことになった　[D] 働かなくてもいいことになった

(10) 部長：みんなは忙しいですから、森さんに今回の企画を（　　）……

森：かしこまりました。

[A] 担当してくれたいんですが　　[B] 担当するつもりですが

[C] 担当したいんですが　　[D] 担当してほしいんですが

(11) ——（　　）。

——どうぞ、お入りください。

[A] お邪魔しました　　[B] 失礼しました

[C] お邪魔します　　[D] 失礼します

4.先将[A]～[D]排序，再选出填入（ ★ ）的选项。

(1) ボーナスで新しい電子辞書を（　　）（　　）（ ★ ）（　　）です。

[A] あげる　[B] 妹に　[C] つもり　[D] 買って

(2) 小野さん（　　）（　　）（ ★ ）（　　）。

[A] と　[B] ことに　[C] 結婚する　[D] なりました

(3) この会社（　　）（　　）（ ★ ）（　　）。

[A] しました　[B] から　[C] ことに　[D] 辞める

(4) 新聞によると、豚肉の（　　）（　　）（ ★ ）（　　）です。

[A] が　[B] あがった　[C] そう　[D] 値段

(5) ぜひ紹介（　　）（　　）（ ★ ）（　　）けど、誰も紹介してくれない。

[A] って　[B] 言ってた　[C] ほしい　[D] して

5.将下列句子译成日语。

(1) 报纸上说，这个会议将在北京举行。

(2) ——外面一直在下雨。明天也许还下雨吧。

——但是据天气预报说，明天是晴天。

(3) 这个周末，我打算哪里也不去。

(4) 我决定下周和小李一起坐飞机去日本。

第八单元测试

扫码获得听力音频与原文

一、听录音，选出正确答案。

1 番

1. ここに入ってもいい
2. ここに入ってはいけない
3. ここに入ることができる

2 番

1. ピクニックに行く　2. 行楽地に行く　3. どこにも行かない

3 番

1. 男の人は太田さんと会ったことがあります
2. 男の人は今宣伝を担任しています
3. 太田さんは気さくな人です

4 番

1. 来月の八日　2. 来月の二十日　3. 来月の四日

5 番

1. スポーツセンターは有料だ
2. 男の人は会員だ
3. 会員は夜八時以降利用できない

6 番

1. ちょっと寝過ごしてしまった
2. 自転車がパンクした
3. バスが全然来なかった

7 番

1. 交差点の隣　2. ホテルの隣　3. この道のすぐ前

8 番

1. 空港へ友達を迎えに行く　2. 上海へ出張する　3. 北京で観光する

9 番

1. ここでパソコンを使ってはいけない
2. ここで窓を開けてもいい
3. ここでタバコを吸ってはいけない

10番
1. 日本料理の店でアルバイトすること
2. 日本料理を作ること
3. 日本料理の店を開くこと

二、请在 [A] ～ [D] 中选出最佳选项。

1. 家に帰る途中で、近くのコンビニに（　　）。
[A] 寄った　[B] 寄せた　[C] 迎えた　[D] 出た

2. どの紙にも数字が（　　）。
[A] 並べている　[B] 書いている　[C] 並んでいる　[D] なっている

3. 王さんはもう結婚しているそうです。（　　）李さんはどうですか。
[A] ところが　[B] そして　[C] そろそろ　[D] ところで

4. 子供達は公園で（　　）遊んでいるのを見て、幼い頃のことを思い出した。
[A] 元気そうな　[B] 元気で　[C] 元気そうに　[D] 元気に

5. 冬はあまり寒くないですが、たまに（　　）。
[A] 雪が降ることがあります　[B] 雪が降ったことがあります
[C] 雪が降ることにしました　[D] 雪が降りそうです

6. 今日は息子の誕生日なので、はやく（　　）と思います。
[A] 帰り　[B] 帰れ　[C] 帰ろう　[D] 帰る

7. そんなに乱暴な（　　）。
[A] 言う方をしな　[B] 言い方をしないで
[C] 言った方をするな　[D] 言い方にならないで

8. 河に落ちた人は「（　　）」と叫びました。
[A] 助けなさい　[B] 助けよう
[C] 助けて　[D] 助けてくれませんか

9. 近くに小学校があるから、スピードを（　　）。
[A] 出してはいけません　[B] 出さなくてもいいです
[C] 出なければなりません　[D] 出すつもりです

10. ゴールデンウイークですから、どの観光地も人（　　）いっぱいです。
[A] に　[B] で　[C] は　[D] と

11. あしたは大雨だ（　　）。会社に（　　）時、傘を持つのを忘れないでね。
[A] かもしれません、行く　[B] かもしれません、行った
[C] そうです、行く　[D] そうです、行った

12. 音楽を聞かないと、(　　)。
[A] 寝ることができません
[B] 音を小さくします
[C] ラジオを消してください
[D] 散歩に行きましょう

13. これ（　　）のサイズのかばんがほしいですが……
[A] ほど　[B] より　[C] ぐらい　[D] だいたい

14. 最後の授業で、卒業したら立派な人に（　　）って先生は言いました。
[A] なりたい　[B] なってほしい　[C] して　[D] したい

15. （　　）から、試験に合格できないかもしれない。
[A] あまりにも勉強した
[B] あまり勉強しない
[C] あまり勉強しなかった
[D] 勉強したことがある

16. 来月から、李さんが（　　）。
[A] 手伝ってくれることになりました
[B] 手伝ってもらったことになりました
[C] 手伝ってあげましたことになりました
[D] 手伝ってくれました

17.——（　　）。

——いいえ、日本で食べたことがあります。
[A] 李さんは日本料理が初めてですか
[B] 李さんは日本料理が好きでしょうか
[C] 李さんはよく日本料理を食べますか
[D] 日本料理を食べたことがありますか

18.——どうやって行くのですか。

——（　　）。
[A] 週末に行くつもりです
[B] 一人で行くつもりです
[C] 母は行きなさいって言いましたから
[D] 電車で行きます

19.——これは何という花ですか。

——（　　）。
[A] 春に咲く花です
[B] 母が大好きな花です
[C] フジという花です
[D] 友達にもらった花です

20.——あ、(　　)。

——本当だ。急がないと……
[A] 大丈夫なの
[B] 今何時ですか
[C] まだ時間がある
[D] もうこんな時間だ

21.——（　　）？

——田中って、どの田中のこと？

[A] 田中ってどんな人なの　　[B] あそこにいる人はだれなの
[C] 今なんて言ったの　　[D] 田中ってだれなの

22.——では、お先に失礼します。

——（　　）。

[A] お邪魔します　　[B] お邪魔しました
[C] 行ってきます　　[D] いってらっしゃい

23. このバスは（　　）ときにお金を（　　）ことになっています。

[A] おりる、はらう　　[B] おりる、はらった
[C] おりた、はらう　　[D] おりた、はらった

三、先将 [A] ~ [D] 排序，再选出填入（ ★ ）的选项。

1.（　　）（　　）（ ★ ）（　　）看板が派手な店がある。

[A] 信号を　　[B] 曲がると　　[C] 左に　　[D] 前の

2.60 点に（　　）（　　）（ ★ ）（　　）。

[A] と　　[B] ができない
[C] 達しない　　[D] 合格すること

3. アルバイトを（　　）（ ★ ）（　　）（　　）と思っています。

[A] ながら　　[B] 留学　　[C] しよう　　[D] し

4. 大学を卒業して（　　）（　　）（ ★ ）（　　）つもりですか。

[A] を　　[B] する　　[C] 何　　[D] から

5. 彼は日本語が（　　）（ ★ ）（　　）（　　）で言ってもいいです。

[A] 上手　　[B] 日本語　　[C] ので　　[D] な

6. 中国の東北地方（　　）（　　）（ ★ ）（　　）ことがあります。

[A] 強く　　[B] 降る　　[C] 雪が　　[D] では

四、阅读文章，在 [A] ~ [D] 中选出最佳选项。

これは、休みのアルバイトの経験を書いたヤンさんの作文です。

休みのアルバイト

わたしは夏休みに、一週間（ 1 ）三日、本屋でアルバイトをしました。とても大きな店で、お客さんもおおぜい来ました。最初のころは本の場所を覚えたり、並べ方を教えて（ 2 ）することがたくさんあって大変でしたから、一日がとても短いと思いました。

時々、失敗もありました。お客さんに「袋に入れましょうか」と聞いて、お客さんは「いいです」と答えました。わたしは「（　3　）」という意味だと思って、本を袋に入れましたが、違いました。

また、ペットの本をさがしているお客さんを、家具の本のところへ案内してしまったこともありました。ペットをベッドと間違えたからです。

アルバイトを始めて一か月になるころ、店のみんなに「よくがんばっていますね」と言ってもらって、とてもうれしかったです。お客さんへのサービスが一番重要だということ（　4　）知りました。学校では勉強できない、よい経験ができました。いちばんうれしかったのは、自分で働いてお金をもらったことです。

1. [A] を　[B] で
   [C] に　[D] の
2. [A] あげたり　[B] いたり
   [C] もらったり　[D] くれたり
3. [A] 入れてください　[B] 入れなくてもいい
   [C] 入れるかもしれない　[D] 入れないでください
4. [A] を　[B] に
   [C] は　[D] で
5. 文中の「で」と使い方が同じなのはどれか。
   [A] アキラはオス猫で、もう4歳になりました。
   [B] 台所で料理を作ります。
   [C] 包丁でスペアリブ（排骨）を切る。
   [D] 新型コロナ肺炎の影響で、マラソン大会は中止になった。
6. 「一日がとても短いと思いました」とありますが、どうしてですか。
   [A] 店のお客さんは多いですから　[B] 仕事は大変ですから
   [C] お客さんはうるさいですから　[D] 昼が短くなっていますから
7. お客さんの「いいです」は、どんな意味でしたか。
   [A] 袋は要らないです。
   [B] 袋に入れたほうがいいです。
   [C] 袋はいいです。
   [D] 外国人がアルバイトができるのを感心します。
8. 「家具の本のところへ案内してしまった」とありますが、どうしてですか。
   [A] まだお店の中がよくわからなかったから
   [B] お客さんの言った言葉を間違えて聞いたから
   [C] お客さんは家具の本のところについて聞きましたから
   [D] ペットの本は家具の本の隣にあったから
9. 著者はアルバイトをして、特にうれしかったことは何ですか。
   [A] 店のみんなにほめてもらったこと

[B] 自分の力でお金を手に入れたこと
[C] 学校では勉強できない日本語を知ったこと
[D] サービスについて勉強できたこと

五、以《日语老师》为题，写一篇 300 ～ 350 字的作文。

要点：1. 介绍一下你的日语老师；
2. 评价一下你的日语老师。

要求：1. 字数为 300 ～ 350 字；
2. 格式正确，书写清楚；
3. 写作要点必须在文中体现出来；
4. 文章使用「です・ます」体。

第 33 课　電車が急に止まりました

一　词汇拓展

1 スーツケース（suitcase）：旅行箱

2 ズボン（jupon）：裤子

【关】ジーンズ（jeans）：牛仔裤

スラックス（slacks）：（女式）西装裤

3 帽子（ぼうし）：帽子

【解】上半身穿着用「着（き）る」，下半身用「履（は）く」，戴帽子用「被（かぶ）る」，佩戴饰品一般用「つける」。

【关】セーターを着（き）る：穿毛衣

ズボンをはく：穿裤子

靴（くつ）を履（は）く：穿鞋子

帽子（ぼうし）を被（かぶ）る：戴帽子

ブローチをつける：戴胸针

4 空（から）：空

【关】空（から）っぽ：空无一物的

5 チーム（team）：团体，队伍

【关】チームワーク（team work）：团队合作

6 カキ：柿子

【解】カキ⓪（柿子）、カキ①（蚝）、垣（かき）②（垣，墙）同音不同调。

7 閉（し）まる：关，关闭（自）

【速】し—死

ま—圆、包围

る—动词词尾

8 壊（こわ）す：弄坏（他）

【速】こ—小

わ—は—开裂

す—他动词词尾

9 割（わ）る：割，打破（他）

【速】わ—分开

る—动词词尾

10 掛（か）かる：挂，悬挂（自）

【速】か—悬挂

か—加

る—动词词尾

11 汚（よご）す：弄脏（他）

【速】よご—音同“油垢”

す—他动词词尾

12 止（や）む：停止，停息

【速】や—停止

む—闷

13 建（た）つ：盖，建（自）

【速】た—立

つ—延伸

14 並（なら）ぶ：排队，排列（自）

【速】な—长

ら—拉，拉动

ぶ—并列

15 被る：戴，盖（他）

【速】か—加

ぶ—ふ—降落

る—动词词尾

16 はく：穿（鞋，裤子）（他）

【速】は—拉

く—方向

17 消える：消失，熄灭（自）

【速】き—完，尽

え—元—最初

る—动词词尾

18 掛ける：挂（他）

【速】か—悬挂

け—か—加

る—动词词尾

19 落ちる：落下，掉（自）

【速】お—高

ち—小

る—动词词尾

20 割れる：裂开，破裂（自）

【速】わ—分开

れる—自动词标志

21 負ける：输，败（自）

【速】ま—间隔

け—开

る—动词词尾

22 汚れる：脏（自）

【速】よご—音同“油垢”

れる—自动词标志

23 偉い：伟大的，了不起的

【速】えら—源「選ぶ」—选择

【解】不能对年纪比自己大、地位比自己高的人使用，多为上级对下级使用。

24 楽：轻松，快乐

【关】気楽：心情舒畅

25 残念：遗憾

【关】残念ながら：遗憾的是……（经常作为插入语使用）

例：李さんはいつも必死に頑張っています。でも、残念ながら、N1に合格しませんでした（小李总是尽最大努力，不过遗憾的是，他还是没有考过N1）

二 语法延伸

1. 自他动词

中文的动词都表示“动态的行为”，而日语的动词除大部分表示“动态的行为”，还有个别一些描述“静态的状态”。表示“动态的行为”的动词又分为“有动作承受者的动词”和“没有动作承受者的动词”两类。所谓的“动作承受者”指的就是动作直接作用的对象，即“宾语”。在日语中，我们把表示“有宾语的动态动作”的动词定义为“他动词”；把表示“没有宾语的动态动作”和描述自身状态的动词定义为“自动词”。关系如下图：

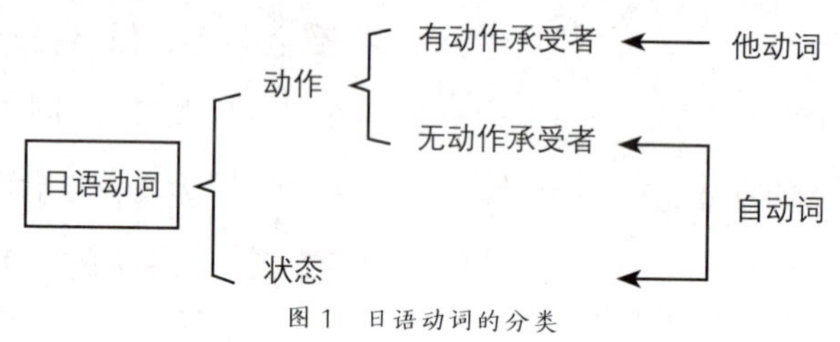

图 1　日语动词的分类

日语中成对出现的自他动词非常多，例如：「閉まる（自）」与「閉める（他）」，「壊れる（自）」与「壊す（他）」。如何区分这类动词的自他性？我们给大家四条常见规律：

①只要词尾为「す」，就一定是他动词，另外一个无论是何种形式，一定是自动词。例如：

汚す（他）—汚れる（自）　出す（他）—出る（自）

壊す（他）—壊れる（自）　増やす（他）—増える（自）

②若一个为“汉字 + あ段假名 + る”，另外一个为“汉字 + え段假名 + る”，则前者为自动词，后者为他动词。例如：

掛かる（自）—掛ける（他）　閉まる（自）—閉める（他）

見つかる（自）—見つける（他）

③若一个为“汉字 + れる”，另外一个为“汉字 + る”，则前者为自动词，后者为他动词。例如：

切れる（自）—切る（他）　割れる（自）—割る（他）

④若一个为“汉字 + 除「る」以外的任意词尾 x”，另外一个为“汉字 +x 对应的え段假名 + る”，则前者为自动词，后者为他动词。例如：

届く（自）—届ける（他）　並ぶ（自）—並べる（他）

片付く（自）—片付ける（他）

还有一些动词不符合上述规律，例如：乗せる（他）—乗る（自）等。关于自他性的判断，不要全凭主观感受，需多查词典进行确认。

2. 自他动词的典型助词搭配

授業が（主语）始まっている。

先生は（主语）授業を（宾语）始めた。

試験に（对象）合格する。

成績を（宾语）発表する。

空を（宾语）見る。

空を（移动）飛ぶ。

ミスに（对象）気が（主语）付く。

ミスに（对象）気を（宾语）付ける。

カーテンが（主语）壁に（附着点）かかっている。

カーテンを（宾语）壁に（附着点）かける。

3.「ている」的用法

表 1 「ている」的用法

	自动词	他动词
持续动词	正在进行；习惯、反复	
瞬态动词	结果状态的存续	
状态动词	状态动词作谓语必用「ている」	×

4.「てしまう」的用法

(1)「しまう」作实意动词时，表示“完成”。例：この本はもう読んでしまいました。(这本书已经读完了。)

(2)「しまう」作补助动词时，表示“完了，糟了”。例：大切な本をうっかり忘れてしまいました。(不小心把重要的书给忘了。)

5.「そうだ（です)」的用法

(1)「终止形＋そうだ（です)」表示“传闻，听说”(无否定、过去形式)。

(2)「动词连用形 / 形容词词干 / 形容动词词干＋そうだ（です)」表示“看上去

好像……”，有否定形式「そうにない / そうではない」，但无过去形式。「そうだ（です）」还可活用为「そうに」「そうで」「そうな」。「だ（です）」表终止结句；「に」表副词化；「で」表中顿；「な」表连体 / 定语。

注意

「いい」和「ない」在接「そうだ（です）」时有特殊变形：いい→よさそう；ない→なさそう。

三 基本课文与音调

1. 電車（でんしゃ）が　急（きゅう）に　止（と）まりました。

2. 部屋（へや）の　電気（でんき）が　消（き）えて　います。

3. 森（もり）さんは　ボーナスを　全部（ぜんぶ）　使（つか）って　しまいました。

4. この　ケーキは　とても　おいしそうです。

A 甲：あなたが　窓（まど）を　開（あ）けたんですか。

乙：いいえ、風（かぜ）で　開（あ）いたんです。

B 甲：はさみは　どこですか。

乙：引（ひ）き出（だ）しに　入（はい）って　いますよ。

C 甲：おじいさんに　もらった　腕時計（うでどけい）が　壊（こわ）れて　しまいました。

乙：それは　残念（ざんねん）ですね。

D 甲：雨（あめ）が　降（ふ）りそうですね。

乙：じゃあ、明日（あした）の　運動会（うんどうかい）は　中止（ちゅうし）かも　しれませんね。

四 应用课文 再会

小野：ちょっと　早（はや）く　着（つ）いて　しまったけど、森（もり）さん

たちは　もう　来（き）て　いるかしら。それにしても、大勢（おおぜい）並（なら）んで　いるわね。

小野：李（り）さん！

李：小野（おの）さん、お久（ひさ）しぶりです。

小野：本当（ほんとう）に　お久（ひさ）しぶり。お元気（げんき）そうですね。

李：ええ、小野（おの）さんも。

森：すみません、小野（おの）さん。遅刻（ちこく）して　しまいました。

李：相変（あいか）わらずですね、森（もり）さん。でも、お元気（げんき）そうで、何（なに）よりです。

森：小野（おの）さん、ずいぶん　重（おも）そうな　スーツケースですね。

小野：そうですか？服（ふく）や　小物（こもの）が　入（はい）って　いますが、中（なか）は　ほとんど　空（から）ですよ。北京（ペキン）は　初（はじ）めてなので、お土産（みやげ）を　たくさん　買（か）って、入（い）れようと　思（おも）って　いるんです。

森：あれっ、トランクが　開（あ）いて　いないな。

李：運転手（うんてんしゅ）さんに　開（あ）けて　もらいましょう。

五　习题

1. 写出下列词语的读音。

帽子（　　　）　腕時計（　　　）　運転手（　　　）　小物（　　　）
再会（　　　）　残念（　　　）　汚す（　　　）　汚れる（　　　）
全部（　　　）

2. 写出下列假名对应的汉字。

さいご（　）　こわす（　）　わる（　）　ならぶ（　）　きえる（　）　えらい（　）

3. 请在[A]～[D]中选出最佳选项。

(1)（　　）してて、かばんを電車の中に忘れてしまいました。
[A] うっとり　[B] しっかり　[C] うっかり　[D] きっちり

(2) 李さん、久しぶりです。（　　）元気ですね。
[A] あいかわらず　[B] あいかわらない　[C] あいかえらず　[D] あいかわず

(3) その赤いズボンを（　　）人はだれですか。
[A] きている　[B] かぶっている　[C] はいている　[D] かけている

(4) 本棚の上にある人形がきちんと（　　）。
[A] 並べています　[B] 並んでいます
[C] 並べそうです　[D] 並んでしまいました

(5) 手作りのケーキですか。（　　）。
[A] おいしいそうですね　[B] おいしくそうですね
[C] おいしそうですね　[D] おいしくなそうですね

(6)（　　）本ですね。貸してくれませんか。
[A] よくない　[B] よさそうに　[C] よそうな　[D] よさそうな

(7) きれいな花瓶が（　　）。
[A] 割ってしまった　[B] 割れてしまった
[C] 壊れしまった　[D] 壊しました

(8)（　　）お店だったので、入りました。
[A] おいしいそうに　[B] おいしそうな
[C] おいしそう　[D] おいしいそうの

(9) ——どうしたの？
——（　　）。
[A] 部屋の鍵を、またなくしてしまう
[B] 部屋の鍵を、まだなくしてしまった
[C] 部屋の鍵を、またなくしてしまったんだ
[D] 部屋の鍵が、またなくしてしまっていた

(10) ——車はどこですか。
——（　　）。
[A] 駐車場で止まっています　[B] 駐車場で止めています
[C] 駐車場に止まっています　[D] 駐車場に止めています

(11) 風（　　）ドアが（　　）。

[A] で、開きました　　[B] を、開けました

[C] で、開けました　　[D] を、開きました

4. 先将[A]～[D]排序，再选出填入（ ★ ）的选项。

(1) 電車（　　）（　　）（ ★ ）（　　）、早く来て！

[A] で　　[B] もうすぐ　　[C] が　　[D] つきそう

(2) そのサンダル（　　）（　　）（　　）（ ★ ）です。

[A] 兄　　[B] は　　[C] 人　　[D] を履いている

(3) 3時間も歩いたので、足が（　　）（　　）（ ★ ）（　　）。

[A] しまい　　[B] ました　　[C] 痛く　　[D] なって

(4) 森さんが（　　）（　　）（ ★ ）（　　）。

[A] ズボン　　[B] 汚れています　　[C] が　　[D] 履いている

(5) 隣の人（　　）（　　）（ ★ ）（　　）もらいました。

[A] な　　[B] 寿司を　　[C] おいしそう　　[D] から

5. 将下列句子译成日语。

(1) 台风吹毁了房屋。

(2) 房间的灯关着。

(3) 我讨厌看起来很苦的药。

(4) 我把工资全部花完了，不能给妈妈买礼物了。

(5) 这份工作看起来轻松，但是一做起来，就感觉很难。

第 34 课　壁にカレンダーが掛けてあります

一 词汇拓展

1 カレンダー（calendar）：日历，挂历

2 ポスター（poster）：宣传海报

3 ハードスケジュール（hard schedule）：紧张的日程

4 本場（ほんば）：地道，正宗，发源地

【关】本場（ほんば）の味（あじ）：地道的味道

5 ロッカー（locker）：橱柜，文件柜

6 バッグ（bag）：包，手提包

7 到着（とうちゃく）：到达，抵达

【关】国内到着（こくないとうちゃく）：国内到达

8 帰り（かえり）：返回，回程

【速】か—变化

え—元—最初

り—连用形

9 持ち帰り（もちかえり）：打包

【关】店内（てんない）でお召（め）し上（あ）がりですか、お持（も）ち帰（かえ）りですか：请问是在店内吃呢，还是打包呢？

10 事故（じこ）：事故

【关】事故（じこ）に遭（あ）う：遭遇事故

11 花束（はなたば）：花束

【关】一束（ひとたば）：一束

12 焼く（やく）：烧，烤，烧制

【速】や—火

く—他动词标志

【关】炭（すみ）を焼（や）く：烧制炭

～の世話（せわ）を焼（や）く：不厌其烦地帮助某人

焼肉（やきにく）：烤肉

焼（や）きたてのパン：刚烤好的面包

13 稼ぐ（かせぐ）：挣钱，赚钱

【速】か—かね—钱

せ—缝隙

ぐ—く—方向

【关】お金（かね）を稼（かせ）ぐ：赚钱

14 残る（のこる）：剩余，剩下

【速】の—长

こ—小

る—动词词尾

【关】残（のこ）る（自动词）

例：犬（いぬ）の足跡（あしあと）が残（のこ）っている（残留着狗的脚印）

残（のこ）す（他动词）

例：深（ふか）い印象（いんしょう）を残（のこ）す（留下深刻的印象）

15 包む（つつむ）：卷，包裹

【速】つ—て—手

む—闷

【关】包（つつ）み：包裹（名词）

16 頼む（たのむ）：请求，托付

【速】た—他人

のむ—喝酒

【关】医者（いしゃ）を頼（たの）む：请求医生

友達（ともだち）に借金（しゃっきん）を頼（たの）む：找朋友借钱

17 貼る（はる）：粘，贴

【速】は—伸展

る—留

【关】ポスターを壁（かべ）に貼（は）る：把海报贴在墙上

18 飾る（かざる）：装饰

【速】か—加—挂

ざ—さ—小

る—动词词尾

【关】部屋（へや）を飾（かざ）る：装饰房间

飾（かざ）り：装饰品（名词）

髪飾（かみかざ）り：发饰

19 しまう：收拾，完成

【速】し—する—做

まう—源「振（ふ）る舞（ま）う」—行动

20 合(あ)う：合适

【速】あ—相互；合适

う—封闭

【关】このコーヒーの味(あじ)は自分(じぶん)には合(あ)わない：这个咖啡不合自己的口味

21 戻(もど)す：放回，返回，返还

【速】もど—もと—元

す—他动词词尾

【关】戻(もど)す（他动词）

例：椅子(いす)を教室(きょうしつ)に戻(もど)す（把椅子搬回教室）

戻(もど)る（自动词）

例：教室(きょうしつ)に戻(もど)る（回到教室）

22 溜(た)める：积攒，储存

【速】た—足够

め—ま—圆

る—动词词尾

【关】溜(た)める（他动词）

例：お金(かね)を溜(た)める（攒钱）

溜(た)まる（自动词）

例：ストレスが溜(た)まる（压力积压）

お金(かね)が溜(た)まる（钱攒好了，攒有存款）

23 並(なら)べる：排列

【速】な—长

ら—拉，拉动

べ—ぶ—并列

る—动词词尾

【关】並(なら)べる（他动词）

例：椅子(いす)を一列(いちれつ)に並(なら)べる（把椅子排成一列）

並(なら)ぶ（自动词）

例：銀行(ぎんこう)の前(まえ)で長(なが)い行列(ぎょうれつ)が並(なら)んでいる（银行前面排着长队）

24 預(あず)ける：寄存，托付

【速】あず—安置

け—か—变化

る—动词词尾

【解】自己把自己的东西托付给别人。

例：バッグをロッカーに預(あず)ける（把包存放在柜子里）。

【关】預(あず)かる：自己保管别人的东西

例：300円(えん)をお預(あず)かりしております（收您300日元）

こちらの荷物(にもつ)を預(あず)かってもらえませんか/くれませんか（您能帮我保管一下行李吗？）

こちらの荷物(にもつ)を預(あず)けてもよろしいでしょうか（我可以把行李交给您保管吗？）

25 続(つづ)ける：继续，持续

【速】つ—接下来

づ—接下来

け—挂

る—动词词尾

【关】続(つづ)ける（他动词）

例：前回(ぜんかい)の授業(じゅぎょう)を続(つづ)けます（继续上回的课）

続(つづ)く（自动词）

例：道(みち)が続(つづ)く（道路绵延）

26 痩(や)せる：瘦

【速】や—小

せ—缝隙

る—动词词尾

【解】「痩(や)せる」为状态动词。例：彼(かれ)は痩(や)せている（他瘦了）。

【关】太(ふと)る：胖，发胖（状态动词）

例：彼(かれ)は太(ふと)っている（他长胖了）

27 用意(ようい)する：准备

【解】「準備(じゅんび)」表示全方位的准备，而「用意(ようい)」表示将必需品准备齐全。

28 ひどい：严重，厉害

【速】ひ—非—不

ど—と—通—道路

29 勿体(もったい)ない：可惜，浪费，过分

【速】もった—拿

いない—否定

【关】～を無駄(むだ)にする：浪费……

～を台無(だいな)しにする：浪费……

30 このまま：就这样，照这样

【关】まま：表示不变的样子

このままでいい：照这样下去就行

二 语法延伸

1.「ておく」的用法

「おく」本意为“搁置”，引申为“提前做好，放置一边”，所以「动词て形＋おく」表示“提前做好某事”。

2.「てみる」的用法

「見(み)る」本意为“看”，引申为“试试看”，所以「动词て形＋みる」表示“尝试做某事”。

3.「ために」的用法

「ため」为形式体言，「に」为副词化标志，「ために」前接连体形（不接形容词、形容动词），表示目的，译为“为了……”。

注意

「～ために」表目的时前后的主语相同。

三 基本课文与音调

1. 壁（かべ）に　カレンダーが　掛（か）けて　あります。

2. お客（きゃく）さんが　来（く）る　前（まえ）に、部屋（へや）を　掃除（そうじ）して　おきます。

3. 太田（おおた）さんは　中国語（ちゅうごくご）で　手紙（てがみ）を　書（か）いて　みました。

4. 日本（にほん）へ　留学（りゅうがく）する　ために、お金（かね）を　ためて　います。

A 甲：森（もり）さん、車（くるま）を　どこに　止（と）めましたか。

　乙：公園（こうえん）の　前（まえ）に　止（と）めて　あります。

B 甲：森（もり）さん、会議（かいぎ）の　資料（しりょう）は　どう　しますか。

　乙：10部（じゅうぶ）　コピーして　おいて　ください。

C 甲：カレーライスを　作（つく）って　みました。食（た）べて　みて　ください。

　乙：ああ、おいしそうですね。いただきます。

D 甲：太田（おおた）さん、タバコを　やめたんですか。

　乙：ええ、健康（けんこう）の　ために　やめました。

四 应用课文 北京ダック

森：小野（おの）さんを　歓迎（かんげい）する　ために、とっておきの　お店（みせ）を　予約（よやく）して　おきましたよ。

小野：本当（ほんとう）に！？ありがとう　ございます。

李：北京（ペキン）ダックが　おいしい　お店（みせ）なんですよ。

小野：うわあ、きれいに　焼（や）いて　ありますね。

李：ええ。おいしそうな　色（いろ）でしょう。

小野：おいしい！今（いま）まで、こんなに　おいしいの　食（た）べた　ことがありません。

森：本場（ほんばん）の　料理（りょうり）は　最高（さいこう）でしょう？

小野：ええ、最高（さいこう）！今度（こんど）は　自分（じぶん）で　包（つつ）んで　みます。

森：ほかにも　料理（りょうり）は　たくさん　頼（たの）んで　ありますからね。

李：小野（おの）さん、今日（きょう）は　しっかり　食（たべ）て　おいてください。明日（あした）から　ハードスケジュールで、あちこち　行（い）きますからね。

小野：こんなに　残（のこ）って　しまいました。もったいないですね。

李：本当（ほんとう）ですね。じゃあ、持（も）ち帰（かえ）りに　しましょう。

森：小野（おの）さん、カラオケも　予約（よやく）して　あるんですが、どうしますか。

小野：もちろん　行（い）きますよ。

五 习题

1. 写出下列词语的读音。

玄関（　　　）　本場（　　　）　到着（　　　）　論文（　　　）
再会（　　　）　花束（　　　）　戻る（　　　）　預ける（　　　）
歓迎（　　　）

2. 写出下列假名对应的汉字。

じこ（　）　ゆうしゅう（　）　さいこう（　）　ようい（　）　つつむ（　）　たのむ（　）　えんりょ（　）　つづける（　）　かせぐ（　）　のこる（　）

3. 请在[A]～[D]中选出最佳选项。

（1）家を買うために、しっかり（　　）。

[A] ちょうきんしています　　[B] しょうきんしています
[C] ちょっきんしています　　[D] ちょきんしています

(2) お客さんが来る前に、部屋を（　　）掃除したほうがいい。
[A] うっとり　[B] しっかり　[C] やっぱり　[D] きっちり

(3) 痩せるために、1ヶ月（　　）しました。
[A] ダイエット　[B] パーフェクト　[C] ハイライト　[D] ターゲット

(4) お菓子も（　　）ので、遠慮なく食べてください。
[A] 預けます　[B] 用意します　[C] しまいます　[D] 並べます

(5) 会議室（　　）いす（　　）並べている。
[A] で、を　[B] に、を　[C] に、が　[D] で、が

(6) 会議の司会（主持）を李さんに（　　）。
[A] 頼んであります　[B] 頼りました
[C] 頼んでしまいました　[D] 頼んでおきました

(7) 冷蔵庫にビールが入って（　　）。
[A] います　[B] おきます　[C] みます　[D] あります

(8) 歓迎会を開く前に、（　　）ほうがいいと思います。
[A] 花束をちゃんと用意していた　[B] 花束をちゃんと用意してしまった
[C] 花束をちゃんと用意しておいた　[D] 花束をちゃんと用意してみた

(9) 口に合うかどうかわかりませんが、（　　）。
[A] 食べておいてください　[B] 食べてしまいました
[C] 食べてもいいですよ　[D] 食べてみてください

(10) 李さんは海外でも餃子を食べる（　　）、餃子の作り方を学びました。
[A] から　[B] とおもって　[C] ために　[D] つもりだから

(11) （　　）、一生懸命に勉強して、医科大学に入りました。
[A] 医者のために　[B] 医者になるために
[C] 医者になりたいために　[D] 医者がほしいですから

(12) ——中国のお菓子、いかがでしょうか。
——（　　）。
[A] では、遠慮なくいただきます
[B] いいえ、食べたことがありません
[C] おいしそうです
[D] 食べることにします

4. 先将[A]~[D]排序，再选出填入（ ★ ）的选项。

(1) 受付のところに（　　）（ ★ ）（　　）（　　）しまった。
[A] ポスターが　[B] ある　[C] 落ちて　[D] 張って

(2) 使った後、ちゃんと（　）（★）（　）（　）ください。
[A] 置いて　[B] 辞書を　[C] 本棚に　[D] おいて

(3) この問題をよく（　）（　）（★）（　）ください。
[A] で　[B] みて　[C] 考えて　[D] 一人

(4) 日本の大学院に（　）（　）（★）（　）います。
[A] ために　[B] 進学する　[C] お金を　[D] 貯めて

(5)（　）（　）（★）（　）と思っています。
[A] ため　[B] 運動を　[C] ダイエットの　[D] 始めよう

5. 将下列句子译成日语。

(1) 不知道尺码是否合脚，先穿上鞋子试试吧。
(2) 手提包里装着文件。
(3) 为了写论文，我在图书馆学习到了很晚。
(4) 为了引导日本游客，事先准备了日语看板。
(5) 玄关处装饰着美丽的花。

第 35 课　明日雨が降ったら、マラソン大会は中止です

一　词汇拓展

1 ゴーカート（go cart）：游戏汽车，玩具汽车

【关】カート（cart）：购物车

2 中止（ちゅうし）：中止，中顿

【解】可以作名词使用，也可以作动词使用：中止（ちゅうし）する。

3 在庫（ざいこ）：库存，存货

【关】在庫有り（ざいこあり）：有库存
品切れ（しなぎれ）：断货

4 大人（おとな）：大人，成人

【速】おと—声音
な—无

5 おじ：叔叔，伯伯

【速】お—美化
じ—叔叔

6 カタログ（catalogue）：目录

7 宝くじ（たからくじ）：彩票

【速】たから—宝物
くじ—抽签

【关】宝くじを引く（たからくじをひく）：抽签
宝くじが当たる（たからくじがあたる）：中奖
宝物（たからもの）：宝物

8 葉（は）：叶子

【关】葉っぱ（はっぱ）：叶子（近义词）

9 機会(きかい)：机会

【关】機械(きかい)：机械

10 休日(きゅうじつ)：休息日，假日

【关】祝日(しゅくじつ)：除了周末以外的法定假日

土日(どにち)：周末

11 効(き)く：起作用，起效

【关】薬(くすり)が効(き)く：药起作用

12 祝(いわ)う：祝贺

【速】い—说

わ—完整—完美

う—动词词尾

【关】ご新婚(しんこん)を祝(いわ)います：祝贺新婚

祝(いわ)い：祝贺（名词）

お祝(いわ)い：庆祝，祝贺

13 当(あ)たる：抽中，中彩

【速】あ—合适，正好

た—打

る—动词词尾

【解】最本质的意思为“大面积地接触 / 覆盖”。

【关】日(ひ)が当(あ)たるところ：太阳能晒到的地方

風(かぜ)に当(あ)たる：吹风

罰(ばつ)が当(あ)たる：遭报应

100円(えん)は6元(げん)に当(あ)たる：100日元相当于6元

叔父(おじ)は父(ちち)に当(あ)たるような存在(そんざい)です：叔叔是相当于我父亲一样的存在

14 空(あ)く：空，有空

【关】瓶(びん)が空(あ)いている：瓶子空了

15 腐(くさ)る：腐烂，腐败

【速】源「くそ」—腐烂，发臭

16 見(み)つける：找出，发现

【速】み—看

つけ—付(つ)く—附着

る—动词词尾

【关】見(み)つける（他动词）

例：スマホを見(み)つける（找手机）

見(み)つかる（自动词）

例：スマホが見(み)つかった（找到手机了）

17 晴(は)れる：晴朗

【速】は—阳光

れる—自动词标志

【关】晴(は)れ：晴，晴天（名词）

例：晴(は)れの日(ひ)（晴天）

18 訪(たず)ねる：访问，拜访

【速】た—他

ず—す—する

ね—慰劳

る—动词词尾

【关】先生(せんせい)を訪(たず)ねる：拜访老师

19 滞在(たいざい)する：停留，滞留

【解】「滞在(たいざい)」既可以作サ变动词使用，也可以作名词使用。

例：～に滞在(たいざい)する（停留在……）

滞在期間(たいざいきかん)（滞留期间）

二 语法延伸

1.「たら」的用法

（1）接续规则

表 2 「たら」的接续规则

	简体	敬体
动词	た形＋ら	ました形＋ら
形容词	词干＋かった＋ら	无
形容动词	词干＋だったら	词干＋でしたら
名词		

（2）含义

①确定条件：某事发生的前提或契机

例：日本に着いたら、田中さんに連絡してください。

昨日、映画を見に行ったら、元彼と出会った。

②假定条件：如果

例：100 万円あったら、何を買いますか。

明日、雨が降ったら、運動会は中止になる。

③必然条件（较少使用）

例：春になったら、花が咲きます。

天気が良かったら、お爺さんは必ず散歩に出かけます。

2.「ても」「でも」的用法

（1）「动词 / 形容词 / 形容动词 / 名词的て形＋も」表示“即使……；无论……”。

（2）「でも」整体作助词时，表示极端事例的列举或典型事例的列举。

例：お茶でも飲みませんか。（典型事例）

その計算は子供でもできます。（极端事例）

（3）「で＋も」表示“在……也……”。

例：〇〇選手は日本で人気が高いです。それに、中国でも話題になっています。

（4）「でも」单独作接续词时，表示“但是……”。

3.「だけ」表示限定，译为“只”“仅”。

4. しか＋否定形式

「しか」本身的意思为“除了”，后面必须接否定，表示“只”“仅”。

5. どの家(いえ)でも

「疑问词＋でも」表示全面肯定。

三 基本课文与音调

1. 明日（あした） 雨（あめ）が 降（ふ）ったら、マラソン大会（たいかい）は 中止（ちゅうし）です。

2. 日本（にほん）へ 帰（かえ）っても、中国語（ちゅうごくご）の 勉強（べんきょう）を 続（つづ）けて ください。

3. 今年（ことし）の 夏休（なつやす）みは 3日（みっか）だけです。

4. 会議室（かいぎしつ）には 李（り）さんしか いません。

A 甲：大学（だいがく）を 卒業（そつぎょう）したら どう しますか。

乙：外国（がいこく）で 働（はたら）きたいです。

B 甲：馬（ば）さんは 元気（げんき）が ないね。何（なに）か あったのかな。

乙：いくら 聞（き）いても 何（なに）も 言（い）わないんですよ。

C 甲：李（り）さん、資料（しりょう）は まだ できませんか。

乙：すみません、あと 少（すこ）しだけ 待（ま）って ください。

D 甲：この ゴーカートは 大人（おとな）でも 乗（の）る ことが できますか。

乙：いいえ、子供（こども）しか 乗（の）る ことが できません。

四 应用课文 ホームパーティー

李：あのう、お酒（さけ）が あったら、少（すこ）し 入（い）れて くれませんか。

夫人：1杯（いっぱい）だけで　いいですか。

李：いえ、3杯（さんばい）ぐらい　入（い）れて　ください。

夫人：李（り）さん、餃子（ギョーザ）を　作（つく）るのが　上手（じょうず）ですね。

李：ええ。北京（ペキン）では、餃子（ギョーザ）は　どの　家（いえ）でも、自分（じぶん）たちで　作（つく）って　食（た）べます。小（ちい）さな　子供（こども）でも　上手（じょうず）ですよ。

夫人：わたし、本（ほん）の　とおりに　作（つく）っても、なかなか　うまくできないんですが、どう　やったら　おいしく　なるんでしょうか。

小野：何度（なんど）も　作（つく）ると、だんだん　上手（じょうず）に　なりますよ。

李：もし　時間（じかん）が　あったら、また　いっしょに　作（つく）りましょう。

太田：準備（じゅんび）が　できたら、乾杯（かんぱい）しますよ。

太田：皆（みな）さんの　健康（けんこう）を　祝（いわ）って、カンパーイ！

小野：森（もり）さん、たくさん　食（た）べますね。わたしは　いくら　頑張（がんば）っても、20個（にじゅっこ）ぐらいしか　食（た）べる　ことが　できません。

森：ぼくは、小野（おの）さんが　作（つく）った　餃子（ギョーザ）だったら、30個（さんじゅっこ）は　大丈夫（だいじょうぶ）ですよ。

五　习题

1. 写出下列词语的读音。

中止（　　　）　営業（　　　）　大人（　　　）　成績（　　　）
機会（　　　）　休日（　　　）　今月（　　　）　祝う（　　　）
腐る（　　　）　滞在（　　　）

2. 写出下列假名对应的汉字。

はんたい（　）　ひょうげん（　）　たからくじ（　）　ちゅうこ（　）　さんか（　）　かんぱい（　）　へん（　）　けいさん（　）　きゅうけい（　）　かんぜん（　）

3. 请在[A]～[D]中选出最佳选项。

(1) ことしマラソン大会（　）参加するつもりです。
[A] を　[B] へ　[C] が　[D] に

(2)（　）2、3日で帰ることができます。
[A] また　[B] まだ　[C] 後　[D] 後ろ

(3) 自分の考えの（　）しましょう。
[A] とおり　[B] とおりで　[C] とおりに　[D] で

(4) いくら説明してくれても（　）わかっていない。
[A] がんがん　[B] ぜんぜん　[C] だんだん　[D] どんどん

(5) このごろ天気予報はあまり（　）。
[A] 当てない　[B] 当たらない　[C] 準ずない　[D] 準えない

(6) 宝くじに（　）、新しい家を買います。
[A] 当たるたら　[B] 当たると　[C] 当たったら　[D] 当たって

(7)（　）、いつでも私と相談してください。
[A] 迷うと　[B] 迷ったら　[C] 迷うので　[D] 迷っても

(8) 来週土曜日（　）空いています。
[A] しか　[B] だけ　[C] ばかり　[D] でも

(9) この難しい問題は（　）。
[A] 先生しかわかっています　[B] 先生だけわかりません
[C] だれでもわかります　[D] だれもわかりません

(10) 休日だと（　）、仕事しなければなりません。
[A] 言ったから　[B] 言っているけど　[C] 言っても　[D] 言ったら

(11) 今回の日本語講座に参加する人は２人（　）です。
[A] だけいない　[B] しかいない　[C] しか　[D] でも

4. 先将[A]～[D]排序，再选出填入（ ★ ）的选项。

(1)（　）（ ★ ）（　）（　）を買いましょう。
[A] 新しいの　[B] 壊れたら　[C] お金を貯めて　[D] カメラが

(2) 窓を開ける（　）（　）（ ★ ）（　）見えます。
[A] きれいな　[B] と　[C] が　[D] 眺め

(3) 天気が（　）（　）（ ★ ）（　）に行きません。
[A] ても　[B] 良く　[C] 見　[D] 試合を

(4) 歴史の授業は（　）（　）（ ★ ）（　）あります。
[A] に　[B] 週　[C] だけ　[D] 一回

(5) それは（　）（　）（ ★ ）（　）ですね。
[A] わかる　[B] でも　[C] 単語　[D] 日本語初心者

(6) 薬を（　）（ ★ ）（　）（　）なかなか治りません。
[A] いくら　[B] も　[C] 病気が　[D] 飲んで

5. 将下列句子译成日语。
(1) 如果你懂日语，就请读一读这本书吧。
(2) 虽然肚子饿了，但为了减肥，也还是什么都没吃。
(3) 为了减肥，每天只吃蔬菜和水果。
(4) 听小李说，昨天的中文课只有小野去了。
(5) 连不会日语的中国人都明白这句话的意思。

第 36 课　遅くなって、すみません

词汇拓展

1 最初（さいしょ）：最初，第一次

【关】最初（さいしょ）に出会（であ）ったその日（ひ）：初次见面的那一天

初（はじ）め：第一次（近义词）

始（はじ）め：开始

2 出身（しゅっしん）：出生在……；出身；毕业

【关】出身地（しゅっしんち）：出生地

工学出身（こうがくしゅっしん）：工学出身

3 グラウンド（ground）：操场，运动场

4 凧（たこ）：风筝

【速】た—高

こ—小

【关】凧（たこ）を揚（あ）げる：放风筝

5 申請（しんせい）：申请

【关】申（もう）し込（こ）む：申请（同义词）

6 生産（せいさん）コスト：生产成本

【关】コスト（cost）：成本

7 量（はか）り売（う）り：论分量卖

【关】小売（こう）り：零售

卸売(おろしう)り：批发

8 持(も)ち歩(ある)く：拿着走

【关】傘(かさ)を持(も)ち歩(ある)く：拿着伞走

9 繰(く)り返(かえ)す：反复

【速】くり—繰(く)る—依次抽出

かえす—归还

10 騒(さわ)ぐ：吵闹，吵嚷

【速】さ—小

わ—圈

ぐ—く—方向

【关】喧(やかま)しい：真吵

騒(さわ)がしい：吵闹的，嘈杂的

例：今日(きょう)は風(かぜ)が騒(さわ)がしいなあ

（今天的风好喧嚣）

11 間(ま)に合(あ)う：来得及，赶得上

【速】ま—间隔

～にあう—与……一致

12 眠(ねむ)る：睡，睡觉

【速】ね—睡

む—加强

る—动词词尾

【解】从清醒到睡着，思维逐渐模糊的过程，睡着了。

【关】覚(さ)める：醒来（反义词）

寝(ね)る：躺着休息

起(お)きる：起床

13 喜(よろこ)ぶ：喜悦，高兴

【速】よ—好

ろ—落

こ—这里—自己

ぶ—ふ—降落

14 役立(やくだ)つ：有用

【速】やく—工作，角色，任务

だつ—立(た)つ—站立

【关】～に役立(やくだ)つ：对……有用；对……有利

15 雇(やと)う：雇用

【速】や—小

と—门

う—封闭

【关】アルバイトを雇(やと)う：雇用兼职人员

16 振(ふ)る：摇，挥，撒，甩

【关】手(て)を振(ふ)る：挥手

塩(しお)を振(ふ)る：撒盐

彼氏(かれし)を振(ふ)る：甩了男朋友

17 見(み)える：能看见

【速】み—看

える—能够

【关】富士山(ふじさん)が見(み)える：能看见富士山

18 聞(き)こえる：能听见

【速】き—听

こ—加强

え—方向

る—留

【关】子供(こども)が泣(な)くのが聞(き)こえる：能听见小孩子哭

19 通(つう)じる：通过，相通

【速】つう—「通」的音读

じ—直

る—动词词尾

【解】作自动词时意为“连通，可以沟通”，例：電話が通じる（电话通了）；英語が通じる（可以用英语沟通）。

作他动词时意为“通过（手段/媒介）”，例：あの二人が日本語コーナーを通じて、出会いました（那两个人通过日语角相识了）。

20 揚げる：放，扬起

【关】凧を揚げる：放风筝

唐揚げ：炸鸡块

21 慣れる：习惯

【速】な—长

れ—来，靠近

る—动词词尾

【关】留学生活に慣れる：习惯留学生活

连用形/名词+慣れる：习惯……的

例：書き慣れたペン（用惯了的笔）

見慣れた情況（经常看到的情况）

旅慣れた人（习惯出门的人）

22 濡れる：淋湿，打湿

【速】ぬ—湿润

れる—自动词标志

【关】このコートは雨に濡れた：这件外套被雨淋湿了

23 焼ける：着火，燃烧；晒黑

【速】や—火

ける—自动词标志

【关】家が焼ける：房子烧起来了

顔は太陽に焼けた：脸被太阳晒黑了

24 失敗します：失败

【关】しくじる：失败（近义词）

25 苦労する：辛苦

【关】～に苦労する：做……很费劲

26 出席する：出席

【关】欠席：缺席

27 悲しい：悲伤的

【速】か—钱

な—没有

しい—形容词词尾

28 ぺらぺら：流利地

【关】と：拟声拟态词副词化标志

例：ぺらぺらと英語をしゃべる（流利地说英语）

ザーザーと雨が降る（雨哗啦啦地下）

くれくれとした道（弯弯曲曲的道路）

すやすやと眠る（安静地睡）

二 语法延伸

1. 关于て形

表3　て形变形规则及用法小结

词性	变形规则	含义及用法	
动词	参考上册第 14 课	①因果；先后 ②在前面的状态下进行后面的动作；通过前面的手段或方法进行后面的动作	中顿
形容词	い→くて	并列；因果	
形容动词	形容动词＋で		
名词	名词＋で		

2.「のに」的用法

（1）可视为助词「の」和「に」连用：の（名词化）＋に（目的）。

（2）可视为一个单独的助词，用于逆接。

3.「ばかり」的用法

（1）接续：名词＋ばかり＋动词；动词て形＋ばかり＋いる

例：お酒ばかり飲んでいる。（光喝酒不喝其他的。）

　　お酒を飲んでばかりいる。（光喝酒不干别的。）

（2）ばかり：表限定，种类少、数量多，可译为"光……""净……"。

　　だけ：表限定，数量少。

三 基本课文与音调

1. 遅（おそ）くなって、すみません。

2. この写真（しゃしん）は　パスポートの　申請（しんせい）に　使（つか）います。

3. 張（ちょう）さんは　毎日（まいにち）　お酒（さけ）を　飲（の）んでばかりいます。

4. 空港（くうこう）の　入（い）り口（ぐち）に　警官（けいかん）が　立（た）って　いるのが　見（み）えます。

A 甲：陳（ちん）さん、明日（あした）の　パーティーに　行（い）きますか。

乙：いいえ、明日（あした）は　仕事（しごと）で、行（い）く　ことができません。

B 甲：わあ、とても　小（ちい）さい　カメラですね。

乙：ええ。これは　軽（かる）くて、持（も）ち歩（ある）くのに　とても便利（べんり）なんですよ。

C 甲：何（なん）で　野菜（やさい）ばかり　食（た）べて　いるんですか。

乙：今（いま）、ダイエット中（ちゅう）なんです。

D 甲：李（り）さんが　呼（よん）で　いたのが　聞（き）こえましたか。

乙：いいえ、聞（き）こえませんでした。

四 应用课文 北京の 生活

小野：何（なに）か　変（へん）な　音（おと）が　聞（き）こえませんか。

李：凧（たこ）の　音（おと）ですよ。ほら、あそこで　凧（たこ）を　揚（あ）げて　いるのが　見（み）えるでしょう？

小野：あら、ほんと。凧（たこ）が　鳴（な）って　いるのが　聞（き）こえたんですね。

小野：奥（おく）さんは、北京（ペキン）の　生活（せいかつ）に　慣（な）れるのに　苦労（くろう）しましたか。

夫人：ええ。とにかく　最初（さいしょ）は　言葉（ことば）が　通（つう）じなくて、とても　困（こま）りました。

小野：今（いま）は　どうですか。もう　ぺらぺらでしょう？

夫人：いえ、まだまだです。でも、日常会話（にちじょうかいわ）には　困（こま）りません。

李：買（か）い物（もの）は？

夫人：自分（じぶん）で　市場（いちば）へ　行（い）きますよ。市場（いちば）は　食（た）べ物（もの）の　ほかにも　いろいろ　売（う）って　いて、買（か）い物（もの）に　便利（べんり）ですね。

李：そうですね。でも、市場（いちば）は　量（はか）り売（う）りの　お店

(みせ) が 多 (おお) いでしょう?

夫人: そう なんですよ。食 (た) べ物 (もの) を 買 (か) うのに、知 (し) って いる 言 (い) い方 (かた) ばかり 繰 (く) り返 (かえ) して いました。だから、卵 (たまご) も 1斤 (いっきん)、リンゴも 1斤 (いっきん) ……

李: ところで、こちらへ 来 (き) てから、ご主人 (しゅじん) と どこかへ旅行 (りょこう) に 行 (い) きましたか。

夫人: いいえ。主人 (しゅじん) は 働 (はたら) いて ばかりで、どこへも行 (い) かないんですよ。

五 习题

1. 写出下列词语的读音。

最初( ) 凧( ) 主人( ) 笑い声( )
喜ぶ( ) 慣れる( ) 失敗( ) 苦労( )
出席( )

2. 写出下列假名对应的汉字。

しゅっしん( ) えんとつ( ) どくしょ( ) せいさん( )
さわぐ( ) やくだつ( ) やとう( ) かなしい( )

3. 请在[A]~[D]中选出最佳选项。

(1) 研究( )役立つ資料もう用意しておいた。
[A] に [B] で [C] が [D] と

(2) 言葉が( )と、コミュニケーション(交流)が難しいです。
[A] 通わない [B] 通しない [C] 通じない [D] 合わない

(3) 一生懸命走っていて、( )。
[A] やっと間に合いました [B] 間に合いませんでした
[C] 間に合わないでしょう [D] 間に合ってください

(4) うまくできるかどうかわからないが、( )やってみよう。
[A] とにかく [B] せっかく [C] ときめく [D] ことわざ

(5) 好きな俳優が結婚したことを( )、びっくりしました。
[A] 聞くて [B] 聞いで [C] 聞いて [D] 聞いたから

(6) 自転車に２人で乗るのは（　　）、やめなさい。
[A] 危ないで　[B] 危ないから　[C] 危なくて　[D] 危ないと

(7) 健康のため、よく体（　　）いい野菜を食べます。
[A] が　[B] に　[C] の　[D] と

(8) この紙はプレゼントを包む（　　）使います。
[A] に　[B] というのに　[C] のに　[D] というのを

(9) 甘い物（　　）、太ってしまいました。
[A] しか食べて　[B] だけを食べてから
[C] ばかり食べていて　[D] ばかり食べるから

(10) 父は（　　）、とても怖いです。
[A] 怒るばかりで　[B] 怒りばかりがあって
[C] 怒ったばかりで　[D] 怒ってばかりいて

(11)（　　）よく見えますよ。
[A] 大きに書いている字が　[B] 大きく書いてある字を
[C] 大きく書く字に　[D] 大きく書いてある字が

4. 先将[A]～[D]排序，再选出填入（ ★ ）的选项。

(1) 日本の食べ物（　　）（ ★ ）（　　）（　　）しました。
[A] のに　[B] 苦労　[C] に　[D] 慣れる

(2) 小野さんがどこか（　　）（　　）（ ★ ）（　　）聞こえます。
[A] 歌を歌っている　[B] の
[C] が　[D] で

(3)（　　）（ ★ ）（　　）（　　）を引いてしまいました。
[A] に　[B] 雨　[C] 風邪　[D] 濡れて

(4) 毎日漫画（　　）（　　）（ ★ ）（　　）、成績が悪くなりました。
[A] いて　[B] 読んで　[C] ばかり　[D] を

(5) コーラ（　　）（　　）（ ★ ）（　　）よ。
[A] と　[B] 太る　[C] 飲む　[D] ばかり

5. 将下列句子译成日语。
(1) 因为很吵，所以我听不见小李的声音。
(2) 谢谢你告诉我寿司的制作方法。
(3) 学日语花了我两年的时间。
(4) 那个小孩总是在哭，真可怜。
(5) 因为我喜欢日本料理，因此来到日本之后，我一个劲儿地吃寿司、天妇罗之类的东西。

第九单元测试

扫码获得听力
音频与原文

一、听录音，选出正确答案。

1番
1. 北京ダックを食べる　2. ハードスケジュールを作る　3. カラオケに行く

2番
1. 女の人は日本語が上手です
2. 女の人は毎日勉強しています
3. 女の人は日常会話ができません

3番
1. 痩せるために　2. 健康のために　3. 牛肉を食べるために

4番
1. この部屋は通勤に便利です
2. この部屋はうるさいです
3. この部屋の周りは環境が悪いです

5番
1.1階の会議室　2.1階のロビー　3.3階の教室

6番
1. 女の人は餃子を作るのが上手です
2. 男の人は餃子を作るのが上手です
3. 男の人は餃子を25個も食べることができません

7番
1. 五千円　2. 一万円　3. 二万円

8番
1. 資料をコピーする　2. 会議室を掃除する　3. 椅子を運ぶ

9番
1. お土産　2. 薬　3. 服

10番
1. 玄関に絵を掛けてある
2. テーブルの上に花がある
3. ベランダがない

二、请在 [A] ~ [D] 中选出最佳选项。

1. 新しい車を買うために、店で（　　）をもらった。
　[A] カタログ　[B] セール　[C] シュート　[D] スイッチ

2. テストがすぐ始まりますから、辞書をかばんの中に（　　）ください。
　[A] ためって　[B] とじて　[C] しまって　[D] たたんで

3. 急いでいたので、（　　）違うバスに乗ってしまった。
　[A] ぴったり　[B] ぐっすり　[C] うっかり　[D] がっかり

4. 彼には（　　）仕事を頼んだ。
　[A] 楽な　[B] 楽しむ　[C] 楽しみの　[D] 嬉しい

5. （　　）なく食べてください。
　[A] 努力　[B] 遠慮　[C] 邪魔　[D] 我慢

6. この遊園地は、子供は大人の半分の（　　）で入ることができるそうだ。
　[A] 貯金　[B] 有料　[C] 料金　[D] 物価

7. 隣で子供が泣いている（　　）。
　[A] ことを聞きますか　[B] のを聞きますが
　[C] ことが聞こえますか　[D] のが聞こえますか

8. 居間の電気が（　　）しているから、新しい電球を買ってきてください。
　[A] つけたり消えたり　[B] ついたり消えたり
　[C] つけたり消したり　[D] つけたり消したり

9. この問題は、数学が苦手な私（　　）難しいです。
　[A] へ　[B] で　[C] には　[D] より

10. 壁にカレンダーを（　　）ください。
　[A] はっていて　[B] はってあって　[C] はっておいて　[D] はりたい

11. あ、この時計は（　　）。
　[A] 止まっています　[B] 止まってあります
　[C] 止めています　[D] 止めてあります

12. そこに（　　）車はだれのですか。本当に邪魔になるよね。
　[A] 止めてある　[B] 止まってある　[C] 止めている　[D] 止まている

13. 仕事が（　　）、コーヒーを飲みましょう。
　[A] 終わると　[B] 終わったら　[C] 終わっても　[D] 終わるため

14. ——何か食べようか。

　——私、スパゲッティとコーヒー。

——私、お腹が空いていないから、コーヒー（　　）する。
[A] だけ　[B] だけで　[C] だけを　[D] だけに

15.——何か食べようか。

——私、スパゲッティとコーヒー。

——私、お腹が空いていないから、コーヒー（　　）いい。
[A] だけ　[B] だけで　[C] だけを　[D] だけに

16. ちょっと食べて（　　）、とてもおいしかったです。
[A] みても　[B] みたら　[C] おくと　[D] おいたら

17. あのレストランはいつ（　　）込んでいる。
[A] 行くと　[B] 行ったら　[C] 行っても　[D] 行っておいて

18. お父さんは（　　）、子供と遊ぶ時間がない。
[A] はたらくばかりで　[B] はたらいてだけで
[C] はたらいてばかりで　[D] はたらきながら

19. この本は知らないこと（　　）書いてあるから、本当に難しい。
[A] ばかり　[B] しか　[C] まで　[D] を

20.——この問題がわからなくて困っているんですが……

——じゃ、この本を（　　）どうですか。
[A] 読んでみたり　[B] 読んでみても
[C] 読んでみて　[D] 読んでみたら

21.——（　　）。

——もうピザを頼んでおきました。
[A] ピザが好きですか　[B] 昼ご飯はどうしますか
[C] ピザを食べましたか　[D] 週末は何をしますか

22.——（　　）。

——いいえ、言葉はまだ……
[A] こちらでの生活にもう慣れましたか　[B] アパートは見つかりましたか
[C] 就職は決まりましたか　[D] 引っ越しは終わりましたか

三、先将 [A] ~ [D] 排序，再选出填入（ ★ ）的选项。

1. 私は、息子が（　　）（　　）（ ★ ）（　　）見て、「どうしたの？」と声をかけた。
[A] 顔を　[B] 何か
[C] 言いたそうな　[D] しているのを

2. 友達がけがで入院したと聞き、慌てて（　）（　）（ ★ ）（　）元気で安心した。

［A］病院に行って　［B］思って　［C］みると　［D］いたよりも

3.——空が暗いですね。

——そうですね。雨が（　）（　）（ ★ ）（　）ですね。

［A］ない　［B］いつ　［C］おかしく　［D］降っても

4. よく効く薬でも、たくさん（　）（　）（ ★ ）（　）ないです。

［A］と　［B］体に　［C］良く　［D］飲む

5. 毎年、X社には多くの新入社員が入るが、仕事が（　）（　）（ ★ ）（　）多いそうだ。

［A］あまりに忙しくて　［B］やめてしまう

［C］社員が　［D］3年以内に

6.（　）（ ★ ）（　）（　）と思う。

［A］貿易会社に　［B］出たら　［C］勤めよう　［D］大学を

四、阅读文章，在 [A] ～ [D] 中选出最佳选项。

（一）

コーヒーが好きな人に、便利なお店を紹介します。

「中野コーヒー」では、インターネットでコーヒーを買うことができます。

コーヒーを送ってもらうには、普通200円かかりますが、500グラム以上頼むと、無料になります。

そして、500グラム以上買うと、200円安くなります。

お店でコーヒーを選ぶのも楽しいですが、忙しい時など、一度利用してみませんか。

インターネットで、「中野コーヒー」から100グラム400円のコーヒーを500グラム買いたいです。いくらになりますか。

［A］1,700円　［B］1,800円　［C］2,000円　［D］2,200円

（二）

東京駅で会った人

先週、私は友達の家へ（ 1 ）行きました。行くときに、東京駅で電車を乗り換えなければならなかったのですが、東京駅が（ 2 ）、乗り換える電車の場所が分からなくて、駅の中（ 3 ）行ったり来たりしていました。

「（ 4 ）」と思って困っていたとき、山田さんという女の人が（ 5 ）くれまし

た。山田さんは駅の中にある喫茶店でお茶を飲みながら、私が行ったり来たりしているのを見ていた（　6　）。山田さんは「どうしたんですか」と聞いてくれました。私は「電車の場所がわからないんです」と答えました。そして、山田さんは私が乗る電車のところまで一緒に行ってくれました。

山田さんは仕事で東京に来ていて、今から京都に帰ると言いました。私は「時間は大丈夫ですか」と聞きました。山田さんは「京都に行く新幹線はたくさんあるから、次（　7　）大丈夫です。私も、外国に住んでいたとき、いろいろな人に親切にして（　8　）から」と言いました。私は「本当にありがとうございます」とお礼を言いました。

電車に乗って、一人になった私は、山田さんの言葉を思い出して、心が温かく（　9　）。そして、私も困っている人に親切にしようと思いました。

1. [A] 遊んで　[B] 遊んだ　[C] 遊びに　[D] 遊びで
2. [A] 広すぎて　[B] 広くなくて　[C] 広いが　[D] 広かったら
3. [A] から　[B] で　[C] を　[D] に
4. [A] なんのつもり　[B] 何をしているの　[C] どうしたの　[D] どうしよう
5. [A] 気を付けて　[B] 気づいて　[C] 声をかけて　[D] 声を付けて
6. [A] でしょう　[B] かもれません　[C] そうです　[D] みたいです
7. [A] でも　[B] のでも　[C] のに　[D] からも
8. [A] おきました　[B] あげました　[C] くれました　[D] もらいました
9. [A] なりました　[B] しました　[C] もらいました　[D] できました
10. なぜ「お礼を言いました」か。
    [A] 山田さんが、京都に行く新幹線がたくさんあると「私」に教えてくれたから
    [B] 山田さんが、帰りが遅くなるかもしれないが、「私」を案内してくれたから
    [C] 山田さんが、「私」が乗る予定の電車の時間のことを心配してくれたから
    [D] 山田さんが、「私」の国のいろいろな人に親切にしてもらったと教えてくれたから

五、以《困难的事》为题，写一篇 300 ～ 350 字的作文。

要点：1. 介绍一件对你来说很困难的事情；

2. 说明你是如何克服它的。

要求：1. 字数为 300 ～ 350 字；

2. 格式正确，书写清楚；

3. 写作要点必须在文中体现出来；

4. 文章使用「です・ます」体。

第 37 课　優勝すれば、オリンピックに出場することができます

一　词汇拓展

1 用事（ようじ）:（需要处理的）事情

【关】用事（ようじ）がある：有事

要件（ようけん）：要紧的事情

例：要件（ようけん）がある（有要紧的事情）

2 計画（けいかく）：计划

【解】可以作为サ变动词使用：イベントを計画（けいかく）する。

3 規則（きそく）：规则，规律

【关】規則通り（きそくどお）に行（おこな）う / 進（すす）む：按照规则进行

規則（きそく）を設（もう）ける：设定规则

規則（きそく）正（ただ）しい生活（せいかつ）を送（おく）る：过着有规律的生活

4 塩（しお）：食盐

【速】源「潮（しお）」—潮水

し—湿润

お—覆盖

5 メダル（medal）：纪念章，奖牌

【关】金（きん）/ 銀（ぎん）/ 銅（どう）メダル：金 / 银 / 铜牌

6 スフト（soft）：软件

7 犯人（はんにん）：犯人，罪犯

【解】犯罪事实已经被确认。

【关】容疑者（ようぎしゃ）：嫌疑人

8 川（かわ）：河，河流

【解】「川（かわ）」②与「皮（かわ）」②同音同调。

9 番号（ばんごう）：号码

【关】電話番号（でんわばんごう）：电话号码

10 単位（たんい）：计量单位，学分

【关】単位（たんい）が足（た）りない：学分不够

単位（たんい）を取（と）る：取得学分

11 小（こ）さじ：小勺

【关】大（おお）さじ：大勺

12 観光（かんこう）スポット：旅游点

【关】観光地（かんこうち）：景点，观光地（同义词）

13 超（こ）える：超过，越过

【速】こ—越过

え—へ—方向

る—动词词尾

14 出場（しゅつじょう）する：参加，出场

【关】～に出場（しゅつじょう）する：参加……

デビュー（début）：初次出场

15 釈放（しゃくほう）する：释放

【关】犯人（はんにん）を釈放（しゃくほう）する：释放犯人

16 つまみ食いする：偷吃

【解】「つまみ食いする」由「摘まむ」和「食う」两个动词复合而成。

摘まむ：摘，拈

食う：吃（与「食べる」相比较为粗俗，也可表示牲畜进食）

「摘まみ食いする」也可表示抽象的偷吃。

例：公金を摘まみ食いする（侵吞公款）

17 換算する：换算

【关】カロリーをジュールに換算する：把卡路里换算成焦耳

18 成功する：成功

【关】実験に成功する：实验成功了

19 弱い：弱

【速】よ—靠近

わ—轻的，不稳重的

20 厳しい：严格，严厉

【速】き—金属—冰冷

び—水，冷

しい—形容词词尾

【关】～に厳しい：对……严格

自分自身に厳しい：对自身严格

21 ぜいたく：奢侈，过分，奢望

【解】汉字写为「贅沢」。

【关】贅沢な生活を送る：过着奢侈的生活

22 こっそり：偷偷地，悄悄地

【关】こっそりと教えてあげる：悄悄地告诉你

23 実際に：实际上

【关】日本語は一見して簡単そうですが、実際に勉強してみると、問題点が多い：日语看上去好像很简单，但实际试着学一下的话，就会遇到很多问题

语法延伸

1. ば形

（1）动词变形规则

①五段动词：词尾う段假名→え段假名＋ば

②一段动词：去掉词尾＋れば

③する→すれば

来る→来れば

总结：所有动词的ば形变形规则都是“词尾う段假名→え段假名＋ば”。

（2）形容词变形规则：い→ければ

(3) 名词 / 形容动词变形规则：词干 + であれば

(4) 音调：若一个单词的辞书形的重音后有 m 拍，则该单词的ば形的重音后有 m+1 拍（对于 0 调动词来说，m=0）。

(5) ば形基本含义

①一般条件：自然规律、习惯或反复的动作

例：春が来れば、花が咲く。

②假定条件：假如，如果

例：この病気は手術をすれば治りますか。

2.「なら」的用法

(1) 表示假定条件

例：天安門に行くなら、地下鉄が便利ですよ。

(2) なら = は

例：——会議の資料はどこですか。

——昨日のは知りませんが、今朝の会議の資料なら、机の上に置いておきました。（这里的「なら」相当于「は」，表示对比）

3. 条件句表达小结

表 4　条件句表达小结

	と	ば	たら	なら
一般条件	√ （重“果”）	√ （重“因”）	△	×
假定条件	×	√ （一次性，一般性）	√ （多为一次性）	√ （已知信息，先果后因）
确定条件	√ （一……就……）	×	√ （……之后）	×
+ 意志性表达	×	前面只可接状态动词与形容词	无限制	多用
后半句为た形	√	×	√	×

4.「とか」的用法

(1) 含义：「と」表示“和”；「か」的字源是“加”，表示“累加、添加”。「とか」表示“……和……加在一起”。「～とか～とか」用于列举具有同样性质的几个例子。

（2）接续：简体形＋とか

5. 買（か）っちゃった

约音：てしまう→ちゃう / ちまう

三 基本课文与音调

1. 優勝（ゆうしょう）すれば、オリンピックに　出場（しゅつじょう）する　ことが　できます。

2. 天安門（てんあんもん）へ　行（い）くなら、地下鉄（ちかてつ）が　便利（べんり）ですよ。

3. 映画（えいが）でも　見（み）に　行（い）きませんか。

4. パーティーで、戴（たい）さんとか　楊（よう）さんとか、いろいろな人（ひと）に　会（あ）いました。

A 甲：陳（ちん）さんの　携帯電話（けいたいでんわ）の　番号（ばんごう）が　分（わ）からないんですが……

乙：李（り）さんに　聞（き）けば、分（わ）かりますよ。

B 甲：李（り）さん、プールに　行（い）きませんか。

乙：今日（きょう）は　ちょっと　用事（ようじ）が　あるんです。明日（あした）なら　暇（ひま）ですが……

C 甲：最近（さいきん）、ちょっと　太（ふと）りました。

乙：じゃあ、運動（うんどう）でも　したら　どうですか。

D 甲：葉子（ようこ）さん、昨日（きのう）　バーゲンに　行（い）ったの？

乙：うん、コートとか　靴（くつ）とか、いっぱい　買（か）っちゃった。

四 应用课文 万里の 長城

小野：「八達嶺（はったつれい）」まで　どのぐらいですか。

李：高速道路（こうそくどうろ）を　利用（りよう）すれば、だいたい　1時間（いちじかん）ぐらいです。鉄道（てつどう）なら　2時間（にじかん）ちょっとですね。

小野：鉄道（てつどう）でも　行（い）く　ことが　できるんですか。

李：ええ。鉄道（てつどう）で　行（い）くなら、北京北駅（ペキンきたえき）が便利（べんり）です。直通列車（ちょくつうれっしゃ）が　出（で）て　いますから。

李：「八達嶺（はったつれい）」は　万里（ばんり）の　長城（ちょうじょう）の観光（かんこう）　スポットの　1（ひと）つです。北京（ペキン）から　近（ちか）くて、いちばん　有名（ゆうめい）な　場所（ばしょ）です。

小野：テレビとか　写真集（しゃしんしゅう）とかで　見（み）た　ことが　ありますが、実際（じっさい）に　見（み）ると、本当（ほんとう）に　規模（きぼ）が　大（おお）きいですね。さすが　「世界遺産（せかいいさん）」です。

小野：どうして　「万里（ばんり）の　長城（ちょうじょう）」と　言（い）うんですか。

李：長城（ちょうじょう）の　全長（ぜんちょう）は　5,000（ごせん）キロメートル　以上（いじょう）　あります。中国（ちゅうごく）では　「1里（いちり）」は　0.5（れいてんご）　キロメートルですから、中国（ちゅうごく）の　単位（たんい）に　換算（かんさん）すれば、1万里（いちまんり）を　超（こ）えるんですよ。

小野：何（なに）か　お土産（みやげ）を　買（か）おうと　思（おも）うんですが……

李：お土産（みやげ）なら、T（ティー）シャツとか　メダルとか、いろいろありますよ。

小野：そうですか。じゃあ、メダルでも　買（か）おうかな。

李：ゆっくり　探（さが）せば、ほかにも　いい　お土産（みやげ）が　あると思（おも）いますよ。

五　习题

1. 写出下列词语的读音。

用事（　　）	計画（　　）	規則（　　）	番号（　　）
観光（　　）	費用（　　）	出場（　　）	犯人（　　）

换算（　　　　）　积放（　　　　）

2. 写出下列假名对应的汉字。

たんい（　　）　ぜんちょう（　　）　しお（　　）　こえる（　　）　きぼ（　　）　きびしい（　　）　ひよう（　　）　こさじ（　　）　ようじ（　　）　かわ（　　）

3. 请在[A]～[D]中选出最佳选项。

(1) お酒（　　）弱い人は飲まないほうがいい。
[A] に　[B] が　[C] を　[D] と

(2) 海南島は（　　）に暑い。
[A] ちょっと　[B] とても　[C] さすが　[D] たいへん

(3) 会議は2時間を（　　）、もう疲れました。
[A] こして　[B] こえて　[C] こて　[D] こうして

(4) 朝ごはんはパン（　　）食べませんか。
[A] にも　[B] ても　[C] かも　[D] でも

(5) 新聞を（　　）いろんなことがわかります。
[A] 読めば　[B] 読れば　[C] 見れば　[D] 見ば

(6) お金が（　　）何も買えません。
[A] なれば　[B] なければ　[C] なすれば　[D] なえば

(7) 野菜が嫌い（　　）食べなくてもいいです。
[A] だけど　[B] だったら　[C] だと　[D] だったり

(8) もし暇（　　）、一緒に食事に行きませんか。
[A] なら　[B] だなら　[C] たら　[D] だたら

(9) 日本へ（　　）飛行機で行ったほうがいいですよ。
[A] 行くなら　[B] 行ったら　[C] 行くと　[D] 行けば

(10) 窓を（　　）、富士山が見えました。
[A] 開けたら　[B] 開ければ　[C] 開いたら　[D] 開けば

(11) 赤信号に（　　）、すぐ止めてください。
[A] なったら　[B] なれば　[C] すると　[D] なるなら

(12) 週末はお菓子を食べる（　　）、ゲームを遊ぶ（　　）のんびりしたいです。
[A] たり、たり　[B] や、など　[C] とか、とか　[D] でも、でも

(13) 私は昨日喫茶店でコーヒー（　　）飲みました。
[A] とか　[B] でも　[C] ても　[D] だり

(14) この問題は先生（　　）分かりません。
　[A] ても　　[B] でも　　[C] とか　　[D] なら

4. 先将[A]～[D]排序，再选出填入（ ★ ）的选项。

(1) 時間が（　　）（　　）（ ★ ）（　　）飲みませんか。
　[A] なら　　[B] お茶　　[C] ある　　[D] でも

(2)（　　）（　　）（ ★ ）（　　）ちょっと入れます。
　[A] は　　[B] 小さじ　　[C] 塩　　[D] 2 杯

(3) 部屋が（　　）（　　）（ ★ ）（　　）です。
　[A] 広ければ　　[B] の　　[C] いい　　[D] もう少し

5. 将下列句子译成日语。
(1) 不愧是北京北站，人就是多。
(2) 如果去北京的话，坐飞机去比较好。
(3) 要是没时间的话，那就下次吧。
(4) 我周末一般就看看电视，买买东西。
(5) 要是想要的话，买下来就好了。

第 38 课　戴さんは英語が話せます

一 词汇拓展

1 商品（しょうひん）：商品

【关】品物（しなもの）：商品（近义词）

2 コップ（kop）：杯子

3 路地（ろじ）：小巷，弄堂

【关】路地裏（ろじうら）：小巷里

4 刺身（さしみ）：生鱼片

【速】さし—刺
　　み—身体

5 棚（たな）：橱柜，搁板

【速】た—て—手
　　な—长

【关】本棚（ほんだな）：书柜

6 畳（たたみ）：榻榻米，草席

【速】源「たたむ」—折叠

7 着物（きもの）：和服

【速】き—围绕；穿
　　もの—东西

【解】穿着过程比较复杂，正式的场合穿。

【关】浴衣（ゆかた）：浴衣（一般夏天穿，是比较简单的服装）

8 具合（ぐあい）：情况

【解】既可表进展情况，也可表身体情况。

9 赤ちゃん：婴儿

【速】あか—红

ちゃん—小

10 試合：比赛，竞赛

【解】多指体育类比赛。

【关】コンテスト（contest）：比赛，竞赛（多指非体育类比赛）

コンクール（concours）：文艺比赛

11 ストレス（stress）：精神紧张

【关】ストレスが溜まる：压力累积

ストレスを解消する：舒缓压力

12 伝統的：传统的

【解】「～的」为形容动词，表示“……的”。

13 入り組む：错综复杂（状态动词）

【关】入り組んだ事件 / 事件が入り組んでいる：错综复杂的案件

14 減る：减少

【速】へ—减少

る—动词词尾

【关】体重が減る：体重减轻

腹が減る：肚子饿

15 動かす：开动，移动，摇动

【速】う—用力

ご—移动

か—变化

す—他动词词尾

【关】椅子を動かす：移动椅子

体を動かす：挪动身体

16 勝つ：取胜，获胜

【速】か—用力

つ—刺

【关】～に勝つ：战胜……；胜过……

～に負ける：输给……；不敌……

勝ち / 勝利：胜利

負け / 失敗 / 敗北：失败

17 通り抜ける：走得出去，穿过，通过

【关】人ごみを通り抜ける：穿过人群

路地を通り抜ける：穿过小巷

18 感じる：感觉，觉得

【速】かん—感—感觉

じる—する—做

【关】痛みを感じる / 痛く感じる：感受到疼痛

19 取り替える：更换，替换

【速】とり—取る—拿，取

かえる—交换

【关】この本はページが飛んでいるから、取り替えてくれませんか：这本书缺页了，可以帮我换一本吗？

20 徹夜する：熬通宵，彻夜

【解】「徹夜」既可作サ变动词使用，也可作名词使用。例：徹夜して授業を収録する（熬夜录制课程）。

21 なんだか：总觉得，总有点

【解】不确定是什么情况。

22 この辺：这一带，这附近

【解】「その辺」「この辺」还可指“那件事、这件事”。

二 语法延伸

1. 可能态

（1）形和态的区别

形：对动词的改造

态：动词的重生，得到一个全新的动词

（2）变形规则

①五段动词：词尾う段假名→え段假名＋る

②一段动词：去掉词尾＋られる

③する→できる

来(く)る→来(こ)られる

注意

所有的可能态动词均为一段动词，且为自动词。

（3）音调规律

若动词的辞书形为 0 调，则其可能态也为 0 调。

若动词的辞书形为 n 调，则其可能态在词尾「る」之前降调。

（4）可能态表示能力或条件许可。

（5）日本語(にほんご)を話(はな)すことができる。（正式）

日本語(にほんご)を話(はな)せます。（「を」提示宾语，重点在后）

日本語(にほんご)が話(はな)せます。（「が」提示对象语，重点在前）

注意

「ことができる」比可能态更为正式。

2.「ように」的用法

（1）「よう」汉字写成「様」，表示“样子”；「に」有表对象、目的、副词化等用法。课文中的「ように」表“目的”，译为“为了……”。

（2）表“目的”的「ために」与「ように」

ために：（人）为实现自己的目的而做某事，前句需用意志性表达。

ように：为达到某种客观的要求而做某事，前句需用非意志性表达。

(3)「ようになる」和「ようにする」

ようになる：「よう」表示“样子”；「に」表示“对象”；「なる」表示“成为”。「ようになる」表示“成为……（一个与之前不一样的）样子”。

ようにする：「よう」表示“样子”；「に」表示“副词化”；「する」表示“做”。「ようにする」表示“（有意）按照……样子做”。

3.「見(み)える」和「見(み)られる」

見(み)える：自身具有visible属性。

見(み)られる：借助外部条件“可以看到”。例：顕微鏡(けんびきょう)によって、そもそも見(み)えない細菌(さいきん)は見(み)られるようになりました。（借助显微镜，可以看见原本看不见的细菌。）

三 基本课文与音调

1. 戴（たい）さんは　英語（えいご）が　話（はな）せます。

2. よく　見（み）える　ように、大（おお）きく　書（か）きました。

3. けがが　治（なお）って、歩（ある）ける　ように　なりました。

4. 陳（ちん）さんは　毎日（まいにち）、英字新聞（えいじしんぶん）を　読（よ）む　ように　して　います。

A 甲：戴（たい）さんは　お寿司（すし）が　食（た）べられますか。

乙：ええ、大丈夫（だいじょうぶ）ですよ。わたしは　何（なん）でも　食（た）べられます。

B 甲：李（り）さん、2時（にじ）ごろ　会社（かいしゃ）を　出（で）ますよ。

乙：はい。いつでも　出（で）られる　ように、準備（じゅんび）して　あります。

C 甲：小野（おの）さん、着物（きもの）を　自分（じぶん）で　着（き）る　ことが　できますか。

乙：ええ、母（はは）に　習（なら）って、着（き）られる　ように　なりました。

D 甲：健康（けんこう）のために　何（なに）か　して　いますか。

乙：ええ、毎朝（まいあさ） 1時間（いちじかん） 散歩（さんぽ）するように して います。

四 应用课文 胡同

小野：この路地（ろじ）が 「胡同（フートン）」ですね。

李：ええ、この辺（へん）は 北京（ペキン）の 伝統的（でんとうてき）な町（まち）です。人（ひと）が 実際（じっさい）に 生活（せいかつ）して いる所（ところ）ですから、写真（しゃしん）は 撮（と）らない ように して くださいね。

小野：分（わ）かりました。ところで、この道（みち）は 通（とお）り抜（ぬ）けられますか。

李：大丈夫（だいじょうぶ）です。入（い）り組（く）んで いますが、通（とお）り抜（ぬ）けられますよ。

小野：胡同（フートン）は、古（ふる）い 北京（ペキン）が 感（かん）じられて、楽（たの）しいですね。

李：ええ。だから、時間（じかん）が ある時（とき）や、外国人（がいこくじん）の 友達（ともだち）が 来（き）た時（とき）は、胡同（フートン）を 歩（ある）く ように して いるんですよ。

李：小野（おの）さん、「油条（ヨウティアオ）」は 食（た）べられますか。

小野：ええ、大好（だいす）きです。

李：熱（あつ）いですから、火傷（やけど）しない ように 気（き）を つけて くださいね。

李：最近（さいきん）は、マンションや ビルが 建（た）って、胡同（フートン）が だいぶ 減（へ）って しまいました。

小野：なんだか 残念（ざんねん）ですね。

李：そうなんです。今（いま）では 胡同（フートン）が 見（み）られる 場所（ばしょ）は 本当（ほんとう）に 少（すく）なく なりました。

五 习题

1.写出下列词语的读音。

商品（　　　）　棚（　　　）　具合（　　　）　畳（　　　）　徹夜（　　　）　感じる（　　　）　着物（　　　）　火傷（　　　）　最終（　　　）　半分（　　　）

2.写出下列假名对应的汉字。

さしみ（　　）　うごかす（　　）　かつ（　　）　へる（　　）　とりかえます（　　）　でんとう（　　）　ひらがな（　　）　ぐあい（　　）　ろじ（　　）　しあい（　　）

3.请在[A]～[D]中选出最佳选项。

(1) ごみを（　　）に入れてください。
[A] こみはこ　[B] ごみばこ　[C] こみぱこ　[D] ごみはこ

(2) スポーツをやって（　　）が解消できた。
[A] ストレス　[B] ストレート　[C] ストレッチ　[D] ストーリー

(3) 彼の写真を見たら（　　）どきどきする。
[A] なんか　[B] なんと　[C] なんだか　[D] なんとか

(4) 高橋さんは、今回の送別会が（　　）か。
[A] 参加します　[B] 参加できます　[C] 参加しました　[D] 参加られます

(5) この美術館では写真（　　）か。
[A] が撮れます　[B] が撮ります　[C] が取ります　[D] を取ります

(6) 日本へ（　　）日本語を勉強しています。
[A] 行けるために [B] 行けるように　[C] 行くように　[D] 行きために

(7) 遅刻しないように、十時になると（　　）。
[A] 寝るようにしています　[B] 寝られるようにしています
[C] 寝るようになります　[D] 寝られるようになります

(8) 喉の炎症が治って、もう（　　）。
[A] 話せるようになりました　[B] 話すようになりました
[C] 話せるようにします　[D] 話すようにします

(9) 会議の内容を忘れない（　　）、ノートに書いておきました。
[A] ような　[B] ように　[C] そうな　[D] そうに

（10）日本語を七年間も勉強して、やっと上手に話せる（　　）。
　　[A] ことにしました　　[B] ようにしました
　　[C] ことになりました　　[D] ようになりました

（11）夜九時以降は果物のほかに何も（　　）にしています。
　　[A] 食べないそう [B] 食べないよう　　[C] 食べそう　　[D] 食べよう

4.先将[A]～[D]排序，再选出填入（ ★ ）的选项。

（1）今はメール（　　）（　　）（ ★ ）（　　）ました。
　　[A] 書けるように [B] が　　[C] なり　　[D] 日本語で

（2）毎日（　　）（　　）（ ★ ）（　　）います。
　　[A] 歩く　　[B] して　　[C] ように　　[D] 30分ぐらい

（3）この店（　　）（　　）（ ★ ）（　　）食べられます。
　　[A] おいしい　　[B] 日本料理　　[C] では　　[D] が

5.将下列句子译成日语。

（1）为了身体健康，平时尽量不喝酒。
（2）为了赶上晚上八点的飞机，急忙出门了。
（3）没带学生证能借书吗?
（4）小王现在已经能一个人顺利地处理工作了。
（5）再多加练习的话，会赢得比赛的。

第 39 课　眼鏡をかけて本を読みます

一 词汇拓展

1 村（むら）：村子，村庄

【速】む—封闭
　　ら—平

【关】里（さと）：偏远的山村

2 稲（いね）：稻子

【速】い—生命
　　ね—根

【关】稲妻（いなずま）：雷

3 霧（きり）：雾

【速】き—气
　　り—延续

【关】霧（きり）が深（ふか）い：浓雾

4 門（もん）：门

【关】ゲート（gate）：大门

5 屋根（やね）：屋顶

【速】や—屋
　　ね—根—支撑

6 黄色（きいろ）：黄色

【速】き—金属
　　いろ—颜色

【关】金色：金色

7 空：天空

【速】そ—远

ら—平

【关】鳥が空を飛んでいる：鸟在天上飞

8 貸し切り：包租

【速】かし—かす—借出

きり—きる—完整

9 一般：一般

【关】普通：普通

10 祖母：祖母，外祖母

【关】祖父：祖父，外祖父

11 音楽会：音乐会

【关】コンサート（concert）：音乐会

12 円高：日元升值

【关】円安：日元贬值

13 輸出：输出

【关】輸入：输入

14 影響：影响

【关】～に影響を及ぼす／与える：给……带来影响

影響を受ける／被る：受到影响

15 資源：资源

【关】資源豊か：资源丰富

16 沖：海上，湖心

【速】お—奥—内部

き—浮き—上浮

17 サメ：鲨鱼

【关】イルカ：海豚

18 昔：以前

【速】むか—源「むく」—朝向

し—延伸

【关】昔々、あるところに～：很久很久以前，在某个地方……

19 別名：别名

【关】綽名：外号

20 遠く：远处，远方

【速】と—飞—远

お—长音表强调

く—名词标志

【解】「遠く」「多く」既可作副词，也可作名词。另外，表示“很多学生”时，不用「多い学生」，要用「多くの学生」。

21 見渡す：眺望，远眺

【关】海を見渡す：眺望海

山を見渡す：眺望群山

22 続く：继续，持续

【速】つ—接下来

づ—接下来

く—方向

【解】「続く」为自动词，「続ける」为他动词。

23 なくなる：完，丢失

【速】なく—「ない」副词化

なる—变

【解】「なくなる」为自动词，「なくす」为他动词。

【关】無くなる：东西丢了

亡くなる：人去世了

24 育つ：生长，成长

【速】そ—快

だ—大

つ—て—手

【解】「育つ」为自动词，「育てる」为他动词。

25 増える：增加，增多

【速】ふ—增加

える—自动词标志

【解】「増える」为自动词，「増やす」为他动词。

26 連れる：带，领

【速】つ—次—连带

れる—自动词标志

【关】犬を連れて散歩する：遛狗

27 せっかく：好不容易

【关】せっかくなんですけど：好不容易……（「けど」用于缓和语气）

28 ～リットル：……升

【关】ミリリットル：毫升

二 语法延伸

1.「ために」的用法

（1）「～ために、～」在课文中表示“客观的原因或理由”，前后均接客观陈述，不能接意志性表达。

（2）接续：因为「ため」为形式体言，所以「ため」前接连体形。

（3）から：表主观认同的原因，前接终止形，可与意志性表达连用。

ので：比「から」稍微客观一些，可与意志性表达连用。

て：既有“因果关系”的含义，也有“先后关系”的含义，并非一种严格的因果关系。

ために：只可用于表示客观原因导致客观结果。

2.「ていく」和「てくる」

表5 「ていく」和「てくる」

	ていく	てくる
实意动词	①先做……，再去 ②……着去	①先做……，再来 ②……着来
补助动词	①时间上从今往后的延续 ②远离自己	①时间上从古至今的延续 ②接近自己 ③某种感觉的袭来

例：これからももっと熱(あつ)くなっていくだろう。（时间上从今往后的延续）

最近(さいきん)だんだん熱(あつ)くなってきた。（时间上从古至今的延续）

腹(はら)が減(へ)ってきた。（感觉的袭来）

少子化(しょうしか)は進(すす)んでいくだろう。（时间上从今往后的延续）

出(で)ていけ！（远离自己）

3.「も」接在数量词后面，强调数量多。

三 基本课文与音调

1. 眼鏡（めがね）を　かけて　本（ほん）を　読（よ）みます。

2. 道路工事（どうろこうじ）の　ために、道（みち）が　込（こ）んで　います。

3. 李（り）さんは　急（いそ）いで　帰（かえ）って　いきました。

4. 去年（きょねん）、日本（にほん）で　歌舞伎（かぶき）を　見（み）て　きました。

A 甲：森（もり）さんは　傘（かさ）を　持（も）って　いきましたか。

乙：いいえ、持（も）たないで　出（で）かけました。

B 甲：李（り）さん、遅（おそ）かったですね。

乙：すみません。事故（じこ）が　あった　ために、電車（でんしゃ）が遅（おく）れたんです。

C 甲：ずいぶん　たくさん　人（ひと）が　乗（の）って　きましたね。

乙：ええ、ちょうど　通勤（つうきん）ラッシュの　時間（じかん）ですから。

D 甲：ちょっと　手紙（てがみ）を　出（だ）して　きます。

乙：じゃあ、これも　お願（ねが）いします。

四 应用课文 故宫

李：この門（もん）は、昔（むかし）、火事（かじ）の　ために　2度（にど）も焼（や）けた　ことが　あるんですよ。

小野：そう　なんですか。それにしても　立派（りっぱ）な　建物（たてもの）ですね。中（なか）に　入（はい）れるんですか。

李：ええ、入（はい）れますよ。チケットを　買（か）って　きましょうか。

李：かばんを　持（も）って　入（はい）る　ことが　できませんから、ここに預（あず）けて　いきましょう。

小野：天安門（てんあんもん）からは　いろんな　建物（たてもの）が　見渡（みわた）せるんですか。

李：ええ。でも、今朝（けさ）は　霧（きり）が　かかっている　ために、遠（とお）くまで　見（み）えないと　思（おも）いますが……

李：ここは、別名（べつめい）「紫禁城（しきんじょう）」と　言（い）って、映画（えいが）の　舞台（ぶたい）に　なった　所（ところ）です。

小野：そうそう。わたしは　映画（えいが）を　見（み）て、絶対（ぜったい）来（き）たいと　思（おも）って　いたんです。せっかく　北京（ペキン）へ　来（き）て、ここを　見（み）ないで　帰（かえ）る　ことは　できませんよ。

小野：屋根（やね）が　黄色（きいろ）で、とても　きれいですね。

李：ええ、あれは「瑠璃瓦（るりがわら）」と　言（い）います。青（あお）い空（そら）に　とても　よく　合（あ）いますね。

小野：李（り）さん、あの　建物（たてもの）を　バックにして、いっしょに写真（しゃしん）を　撮（と）りませんか。

李：いいですね。

五　习题

1. 写出下列词语的读音。

村（　　　）　霧（　　　）　円高（　　　）　遠く（　　　）　昔（　　　）　沖（　　　）　空（　　　）　一般（　　　）　野外（　　　）　絶対（　　　）

2.写出下列假名对应的汉字。

そだつ（　　）　どうろ（　　）　けっせき（　　）　やね（　　）　べつめい（　　）　しげん（　　）　えいきょう（　　）　きおん（　　）　いね（　　）　ゆしゅつ（　　）

3.请在[A]～[D]中选出最佳选项。

(1) 財布が（　　）、どうしますか。
[A] なくしたら　[B] なくなったら　[C] なくなるなら　[D] なくなると

(2)（　　）来たのですが、どうしてそんなに早く帰りたいのですか。
[A] ぜったい　[B] まったく　[C] せっかく　[D] しっかり

(3) 王さんは人事部から（　　）きたのです。
[A] 転職して　[B] 転職し　[C] 転勤して　[D] 転勤し

(4) テレビ（　　）見ないで、部屋の掃除を手伝ってください。
[A] しか　[B] だけ　[C] くらい　[D] ばかり

(5) あしたのスピーチは原稿を（　　）するつもりです。
[A] 見ないで　[B] 見に　[C] 見　[D] 見て

(6) 砂糖とミルクを（　　）コーヒーを飲んでみましょう。
[A] 入って　[B] 入れで　[C] 入れずに　[D] 入らずに

(7)（　　）ために、高速道路は渋滞しています。
[A] 事故　[B] 事故の　[C] 事故に　[D] 事故な

(8) ここでの生活が（　　）ために、引越しを考えています。
[A] 不便　[B] 不便の　[C] 不便に　[D] 不便な

(9) 何日も雨が（　　）ために、洪水になってしまいました。
[A] 降る　[B] 降った　[C] 降るの　[D] 降ったの

(10) 今日は傘を（　　）出かけました。
[A] 持ちないで　[B] 持ちないて　[C] 持たないで　[D] 持たないて

(11)（　　）なさい。
[A] 子供をここに連れてき　[B] 子供をここに連れていき
[C] 子供をここに持って　[D] 子供をここに連れてく

(12)（　　）濡れました。
[A] 傘を持たないで出かけるため　[B] 傘を持たずに出かけたため
[C] 傘を持って出かけたので　[D] 傘を持たなくて出かけたから

4.先将[A]～[D]排序，再选出填入（ ★ ）的选项。

（1）卒業して（　　）（　　）（ ★ ）（　　）きました。
　　[A] この会社　[B] から　[C] 働いて　[D] で

（2）（　　）（　　）（ ★ ）（　　）、買わないことにしました。
　　[A] より　[B] 思った　[C] ため　[D] 高かった

（3）鳥は山の（　　）（　　）（ ★ ）（　　）。
　　[A] いきます　[B] へ　[C] 方　[D] 飛んで

（4）母に（　　）（　　）（ ★ ）（　　）。
　　[A] かぶって　[B] もらった　[C] 帽子を　[D] 出かけた

5.将下列句子译成日语。

（1）因为好好学习了，所以取得了好成绩。

（2）为了去日本留学，我每天都要学习日语。

（3）因为机会难得，所以必须好好准备。

（4）请不要不洗手就吃饭。

（5）我去买报纸来。

第 40 课　これから友達と食事に行くところです

词汇拓展

1 モノレール（monorail）：单轨铁路

【关】モノトーン（monotone）：单调

2 役者（やくしゃ）：演员

【关】役（やく）：任务，角色

例：～に役（やく）に立（た）つ（有利于……）

役目（やくめ）/ 役割（やくわり）：职能 / 作用

例：役目（やくめ）/ 役割（やくわり）を果（は）たす（发挥职能 / 作用）

3 娘（むすめ）：女儿

【速】むす—产生

め—女

【关】息子（むすこ）：儿子

4 都会（とかい）：都市，城市

【关】大都会（だいとかい）：大城市

都会人（とかいじん）：城里人

5 奥（おく）：里面

【速】お—小

く—方向

【关】表（おもて）：外面，表面

6 機嫌：情绪，心情

【解】指外在流露的情绪、心情。

【关】機嫌がいい / 悪い：看上去心情好 / 不好

機嫌を取る：讨好

7 向かう：面向，面对；去往

【速】む—方向

か—挂

う—用力

【关】親 / 先生 / 敵に向かう：面对父母 / 老师 / 敌人

コンピューターに向かう：面对电脑

勝利に向かう：面向胜利

病気が快方に向かう：病情正在向着痊愈的方向发展

東京に / へ向かう：前往东京

8 揃える：备齐，凑齐，使一致

【速】そろ—音同“搜罗”

え—方向

る—动词词尾

【关】揃える（他动词）

例：資料を揃える（把资料备齐）

口を揃える（统一口径）

歩調を揃える（统一步调）

揃う：聚齐（自动词）

9 漏れる：漏，泄露

【关】漏れる（自动词）

例：水が漏れる（漏水）

情報が漏れる（情报泄露）

漏らす（他动词）

例：要点を漏らす（漏掉要点）

10 完成する：完成（自动词）

【关】～が完成する：完成……

11 お待たせしました：让您久等了

【解】「お待たせいたしました」比「お待たせしました」更加正式。

二 语法延伸

1.「ところ」表时间点的用法

（1）辞书形 + ところだ / です：刚要……；正要……

（2）ている + ところだ / です：正在进行……

（3）た + ところだ / です：刚刚……

（4）た + ばかりだ / です：刚刚……

注意

「た＋ところだ/です」和「た＋ばかりだ/です」都表示"刚刚……"，但「た＋ところだ/です」表示实际时间很短，而「た＋ばかりだ/です」表示心理感受上时间很短。

例：食事（しょくじ）をしたところです。（刚刚吃完饭。）

去年（きょねん）日本（にほん）に来（き）たばかりです。（去年才来日本。）

2. 动词连用形相关表达

动词连用形＋始（はじ）める：开始……（有计划性的开始）

动词连用形＋出（だ）す：开始……（突如其来的开始）

动词连用形＋続（つづ）ける：继续……（特殊：降（ふ）り続（つづ）く）

动词连用形＋終（お）わる：完成……

三 基本课文与音调

1. これから　友達（ともだち）と　食事（しょくじ）に　行（い）く　ところです。

2. 森（もり）さんは　会議（かいぎ）の　資料（しりょう）を　そろえて　いる　ところです。

3. 馬（ば）さんは、今（いま）、空港（くうこう）に　着（つ）いた　ところです。

4. この　モノレールは　去年（きょねん）　開通（かいつう）した　ばかりです。

A 甲：もしもし、森（もり）さん、今（いま）　どこですか。

乙：これから、家（いえ）を　出（で）る　ところです。

B 甲：森（もり）さん、上海（シャンハイ）行（い）きの　最終便（さいしゅうびん）は　何時（なんじ）か　分（わ）かりましたか。

乙：今（いま）　調（しら）べて　いる　ところです。少（すこ）し　待（ま）って　ください。

C 甲：来月（らいげつ）、清水（しみず）さんが　結婚（けっこん）するのを知（し）って　いますか。

乙：ええ、たった今（いま）　聞（き）いた　ところです。

D　甲：李（り）さん、この本（ほん）は　もう　読（よ）み終（お）わりましたか。

乙：いいえ、昨日（きのう）　読（よ）み始（はじ）めた　ばかりです。

四　应用课文 京劇

森：すみません。お待（ま）たせして。

小野：いいえ、わたしたちも　ちょっと　前（まえ）に　着（つ）いた　ところです。

森：そうですか。よかった。チケットは？

李：これから　買（か）う　ところです。

森：じゃあ、ぼくが　買（か）って　きますよ。ここで　待（ま）って　いてください。

小野：この劇場（げきじょう）、新（あたら）しそうですね。

李：ええ、去年（きょねん）　改築（かいちく）した　ばかりです。それまでは、清（しん）の　時代（じだい）に　できた　建物（たてもの）を　修理（しゅうり）しながら　使（つか）い続（つづ）けて　いました。

李：小野（おの）さん、いかがでしたか。

小野：すばらしかったです。見終（みお）わった　ばかりで、まだ　耳（みみ）の奥（おく）に　音楽（おんがく）が　残（のこ）って　います。

森：あれっ、小野（おの）さんは？

李：小野（おの）さんなら、あそこです。今（いま）、舞台（ぶたい）の　上（うえ）で、役者（やくしゃ）さんと　いっしょに　写真（しゃしん）を　撮（と）って　いる　ところですよ。

五 习题

1.写出下列词语的读音。

娘（　　）　券（　　）　完成（　　）　入社（　　）　招待（　　）　漏れる（　　）　先日（　　）　試写会（　　）　回数（　　）　子犬（　　）

2.写出下列假名对应的汉字。

きげん（　）　にゅうじょう（　）　かいちく（　）　かいつう（　）　むかう（　）　き（　）　みみ（　）　とかい（　）　げきじょう（　）　じだい（　）

3.请在[A]～[D]中选出最佳选项。

(1) ——すみません、（　）。
——ううん、ちょっと前に着いたところだよ。
[A] お待ちして　[B] お待たせして
[C] お待ちになって　[D] お待ちいただいて

(2) 今会場（　）向かっています。
[A] を　[B] で　[C] に　[D] が

(3) ——会議はもう終わりましたか。
——さっき終わった（　）。
[A] つもりです　[B] 時があります
[C] ところです　[D] ことがあります

(4) ——李さんに知らせましたか。
——いいえ。これから（　）ところです。
[A] 知らせている　[B] 知らせた　[C] 知らせよう　[D] 知らせる

(5) ——遅くなってすみません。
——いいえ、私も今（　）。
[A] 着いたところです　[B] 着くところです
[C] まだ着いていません　[D] 着いてしまいます

(6) あの新聞は昨日（　）ばかりです。
[A] 見た　[B] 見ていた　[C] 読んだ　[D] 読んた

(7) 王さんは家に着いたから、宿題を（　）始めました。
[A] 書く　[B] 書き　[C] 書いた　[D] 書った

（8）今年の冬は一ヶ月間雪が（　　）。
［A］降る続けました　　［B］降り続けました
［C］降る続きました　　［D］降り続きました

（9）——小野さん、演出はいかがでしたか。
——素晴らしかったです。（　　）、まだ耳の奥に音楽が残っています。
［A］見る終わったばかりで　　［B］見終わったばかりで
［C］見終わりばかりで　　［D］見る終わりばかりで

（10）病気が（　　）、あまり無理してはいけません。
［A］治ったばかりで　　［B］治すところで
［C］治してばかりいて　　［D］治るところで

（11）——その本、借りてもいいですか。
——どうぞ。私今ちょうど読み終わった（　　）です。
［A］よう　　［B］ところ　　［C］はず　　［D］こと

4.先将[A]～[D]排序，再选出填入（ ★ ）的选项。

（1）さっき（　　）（　　）（ ★ ）（　　）使っていません。
［A］ばかり　　［B］まだ　　［C］買った　　［D］で

（2）今（　　）（　　）（ ★ ）（　　）です。
［A］から　　［B］飲む　　［C］お茶を　　［D］ところ

（3）先月日本（　　）（ ★ ）（　　）（　　）、まだ日本の習慣がわかりません。
［A］へ　　［B］で　　［C］ばかり　　［D］来た

（4）今、仕事で（　　）（　　）（ ★ ）（　　）ところです。
［A］ビル　　［B］へ　　［C］向かっている　　［D］改築した

5.将下列句子译成日语。

（1）我正在查资料，请稍等。
（2）小王刚刚到达机场。
（3）刚听完音乐会，耳边还残留着音乐的余韵呢。
（4）我现在正要洗澡，待会儿给你打电话。

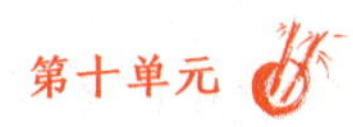

第十单元测试

扫码获得听力
音频与原文

一、听录音，选出正确答案。

1番
1. 女の人は中国語を聞き取ることができる
2. 女の人は中国語を読むことができない
3. 女の人は中国語会話が上手だ

2番
1.「フートン」で写真を撮ってもいい
2.「フートン」は通り抜けられる
3.「フートン」が多くあります

3番
1. 電車　2. バス　3. 車

4番
1. 図書館で勉強します　2. 席を探します　3. 本を返します

5番
1. 病院にいったので、風邪がすぐ治った
2. 熱があったが、いっぱい食べた
3. 今後健康に気をつけるようにする

6番
1. 飛行機　2. 高速道路　3. 鉄道

7番
1. 写真を撮る　2. チケットを買う　3. 鞄を預ける

8番
1. 今日の午後　2. 今晩　3. 明日

9番
1.20分　2.25分　3.30分

10番
1. 山登りの注意点　2. 山登りのマナー　3. 山登りの楽しみ

二、请在 [A] ~ [D] 中选出最佳选项。

1. 私は（　　）が好きです。
[A] チョコレート　[B] チュコレート　[C] チョコレット　[D] チュコレット

2. 明日の会議の時間を（　　）ていますか。
［A］分かります　［B］分かい　［C］知っ　［D］知

3. この場で先生に会うことが（　　）、よかったと思います。
［A］して　［B］なって　［C］できて　［D］あって

4. 明日、学校で運動会を（　　）ます。
［A］行き　［B］行い　［C］行く　［D］行う

5. 評価が不公平（　　）、参加しなくてもいい。
［A］だったら　［B］でも　［C］だと　［D］でなければ

6. 彼は私のことが好き（　　）わかっています。
［A］なのが　［B］のが　［C］ことが　［D］なのを

7. 自分の部屋は自分で（　　）なければなりません。
［A］片付ける　［B］片付けて　［C］片付け　［D］片付けます

8. ——大学で、何を勉強したんですか。

——日本文化（　　）日本経済（　　）、いろいろ勉強しました。
［A］とか、とか　［B］でも、でも　［C］し、し　［D］か、か

9. 大島先生（　　）、聞いてみたらどうですか。
［A］にでも　［B］でも　［C］にも　［D］なんか

10. 私はどこでも（　　）。
［A］寝れます　［B］寝られません　［C］寝られます　［D］寝ません

11. 言葉の意味が（　　）、辞書を調べてください。
［A］わからなくて　［B］わからないと
［C］わからなかったら　［D］わからなくても

12. 英語は話せないが、スペイン語（　　）話せますよ。
［A］と　［B］を　［C］なら　［D］とか

13. オリンピックに（　　）、一生懸命練習しています。
［A］出られるように　［B］出られるために
［C］出せるように　［D］出せるようにして

14. 眼鏡をかければ、黒板の字が（　　）。
［A］見られるようにします　［B］見えるようになります
［C］見えることになります　［D］見えるのになります

15. 健康のために、（　　）。
［A］ストレスをためないようになりました
［B］お酒をたくさん飲むようにしています

[C] できるだけ運動をするようにしています
[D] 毎日 30 分歩けるようになりました

16. 私はコーヒーに砂糖を（　　）飲みます。
[A] いれないで　[B] いれない　[C] いれなく　[D] いれなくて

17. 危ないところで（　　）ね。
[A] 遊ばないで　[B] 遊ばなくて　[C] 遊ぶな　[D] 遊んで

18. 雨が強いから、傘を（　　）行きましょう。
[A] さすと　[B] さして　[C] さしに　[D] さし

19. 事故があった（　　）に、道が込んでいます。
[A] そう　[B] から　[C] らしい　[D] ため

20. ドアを（　　）雪が降っているのに気づきました。
[A] 開けたまま　[B] 開けたら　[C] 開ける　[D] 開けるなら

21. 携帯を（　　）ため、連絡できませんでした。
[A] 忘れる　[B] 忘すれ　[C] 忘れよう　[D] 忘れた

22. 明日（　　）、運動会は中止になります。
[A] 雨でも　[B] 雨たら　[C] 雨だったら　[D] 雨だったり

23. ちょっと手紙を（　　）。
[A] 出してきます　[B] 出てきます　[C] 出にきます　[D] 出ていきます

24. ——田中さん、先週のレポート、まだ終わってない？
——僕は今やってる（　　）が、小野さんはもう終わったそうだ。
[A] そうだ　[B] はずだ　[C] ようだ　[D] ところだ

25. ——（　　）。
——よろしくお願いします。
[A] こちらこそ
[B] お世話になりました
[C] 引っ越したばかりで、どうぞよろしくお願いします
[D] おいしそうですね、いただきます

三、先将 [A] ~ [D] 排序，再选出填入（ ★ ）的选项。

1. 今夜（　　）（　　）、（ ★ ）（　　）しませんか。
[A] 一緒に　[B] もし　[C] 暇なら　[D] 食事

2. 着物を（　　）（　　）（ ★ ）（　　）ました。
[A] 着られる　[B] ように　[C] 自分で　[D] なり

3. 去年、日本（　　）（ ★ ）（　　）（　　）きました。
　[A] 歌舞伎　　[B] で　　[C] みて　　[D] を

4. この本は（　　）（　　）（ ★ ）（　　）です。
　[A] 昨日　　[B] 始めた　　[C] 読み　　[D] ばかり

四、阅读文章，在 [A] ～ [D] 中选出最佳选项。

私たちは時々親にも言いにくいことがあります。そんなとき、（ 1 ）いいのでしょうか。いい友達に打ち明けたら、（ 2 ）のでしょう。いい友達がいるのは幸せなことです。

いい友達を得るにはどうしたらいいかといえば、（ 3 ）待っていても、友達が自分のところにきてくれませんよね。友達を作る（ 4 ）、まず、人とコミュニケーションを取るチャンスがなければなりません。パーティーとか旅行とかの場合で、積極的に他人と話す（ 5 ）、新しい友達が作れるでしょう。

1. [A] どんなに　　[B] どうなれば
　[C] どうして　　[D] どうすれば
2. [A] 理解してくれる　　[B] 理解してもらえる
　[C] 理解できる　　[D] 理解する
3. [A] いくら　　[B] いくつ
　[C] どんな　　[D] 長く
4. [A] ことで　　[B] のは
　[C] には　　[D] ように
5. [A] ようになれば　　[B] ようにすれば
　[C] ことになれば　　[D] ことにすれば
6. この文章の一番言いたいことは何ですか。
　[A] 友達の作り方
　[B] 友達の重要さ
　[C] 友達を待つ必要がある
　[D] 友達とコミュニケーションを取る方法

五、以《我的祖国》为题，写一篇 300 ～ 350 字的作文。

要点：1. 你的祖国的地理位置；
　　　2. 你的祖国的自然状况。

要求：1. 字数为 300 ～ 350 字；
　　　2. 格式正确，书写清楚；
　　　3. 写作要点必须在文中体现出来；
　　　4. 文章使用「です・ます」体。

第 41 课　李さんは部長にほめられました

一　词汇拓展

1 すり：（街上的）扒手

【关】泥棒：入室盗窃的小偷

2 世代：世代，一代（人）

【关】ゆとり世代：宽松一代

世帯：几口人

例：三世帯（三口人）

3 出荷：上市，运出货物

【关】入荷：进货

4 ダイナマイト（dynamite）：炸药

5 ネーミング（naming）：命名

6 牛肉：牛肉

【关】ビーフ（beef）：牛肉

7 一昨年 / おととし：前年

【解】「一昨年」多用于正式场合；「おととし」多用于日常生活，语感更加随意。

8 昨年 / 去年：去年

【解】「昨年」多用于正式场合；「去年」多用于日常生活，语感更加随意。

9 今後 / これから：今后

【解】「今後」多用于正式场合；「これから」多用于日常生活，语感更加随意。

10 びしょぬれ：落汤鸡

【关】びしょぬれになる：被淋成落汤鸡

11 魅力：魅力

【关】魅力に溢れている：充满魅力

12 叱る：训，责备，斥责

【速】し—公布

か—火

る—动词词尾

【关】学生を叱る：训斥学生

先生に叱られる：被老师训斥

13 噛む：咬，嚼

【速】か—加—用力

む—封闭

【关】糸を噛む：咬绳子

骨を噛む：咬骨头

14 誘う：邀请

【速】さ—指向

そ—远

う—我

【关】田中さんをパーティに誘う：要把田中先生邀请到派对上

15 巻き込む：卷入

【关】汚職事件に巻き込まれた：被卷入贪污事件中

16 至る：达到，到达

【关】今に至る：至今
現在に至る：到现在
結論に至る：得出结论

17 踏む：踩，踏

【速】ふ—降落
む—加强

【关】足を踏む：踩到脚

18 図る：谋求，考虑

【速】はか—发展状况
る—动词词尾

【关】利益を図る：追求利益
円満な解決を図る：追求完美的解决方案
測る：测量长度、面积
計る：测量时间、程度或抽象事物
例：人の心を計る（揣测人心）
量る：测量体积、重量

19 見込む：预料，估计

【速】み—看
こむ—进；彻底

【关】成功を見込む：预计成功
例：成功が見込まれる（成功能够被预计到）
見込み：希望（名词）
例：成功する見込みです（是成功的希望）

20 盗む：盗取，偷盗

【速】ぬ—脱落；丢失
す—轻轻地
む—闷

【关】スマホが盗まれた：手机被偷了

21 起こす：叫醒，唤醒

【速】お—高
こ—き—气（精神）
す—他动词词尾

【解】「起こす」为他动词，表示“叫醒”；「起きる」为自动词，表示“起床”。

22 褒める：表扬，赞扬

【速】ほ—荣誉
め—清楚
る—动词词尾

23 求める：要求；追求

【速】もと—源头
め—む—前进
る—动词词尾

24 虐める：欺负，折磨

【速】い—包围
じめる—締める—收紧

【关】虐め：欺凌（名词）
例：虐め問題（霸凌问题）

25 ぶつける：碰上，撞上，扔

【关】ぶつける（他动词）

例：窓に石をぶつける（朝窗户扔石头）

ぶつかる（自动词）

例：車が木にぶつかる（车撞到树上）

26 発見する：发现

【关】見つける：寻找

27 依頼する：请求，委托

【关】～に～を依頼する：请求……做……

頼る：依赖

例：～に頼る（依赖……）

28 実現する：实现

【解】「実現する」为自他动词。

例：夢を実現する（实现梦想）

夢が実現する（梦想实现）

29 幅広い：广泛，宽广

【速】は—拉动，伸展

ば—は—拉动，伸展

ひろい—宽敞

30 大量：大量

【解】既可作名词也可作形容动词。

【关】大量の（な）販売：大量销售

31 最も：最

【解】相当于「一番」。

语法延伸

1. 被动态

（1）变形规则

①五段动词：词尾う段假名→あ段假名＋れる（特例：「う」需要变为「わ」＋れる）

②一段动词：去掉词尾＋られる

③する→される

来る→来られる

（2）音调变化规律

若动词的辞书形为 0 调，则其被动态也为 0 调。

若动词的辞书形为 n 调，则其被动态在词尾「る」的前面降调。

（3）基本用法

①被动语态

例：部長は李さんを褒めました。→李さんは部長に褒められました。

森さんは馬さんのカメラを壊しました。→馬さんは森さんにカメラを壊されました。

2010年に上海で万博が開かれます。（主语不明或不必提及时，多用被动句）

この車は日本の有名なデザイナーによって設計されました。（「によって」提示被动动作执行者）

②间接受到不良影响或伤害

例：また彼に逃げられた！（又让他给跑了！）

陳さんは小鳥に逃げられました。（老陈的小鸟飞走了。）

③被动态表尊他语（参见本书第47课）

2.「とも」的用法

①と＋も

例：誰と（和）も（都）付き合えません。（和谁都不能相处。）

不可能と（"引号"）も（都）いわれたけど、やってみたいと思う。（即使被说不可能，我也想试着做一下。）

②「とも」表示"全部"，例：二人とも（两个人一起）

③「ても」的古语

3. 敬体与简体

敬体，即です・ます体，给人以尊敬、礼貌、温婉的感觉，多使用在面对老师、客户、同事、上司、初次见面的人或陌生人等口语场合，以及日记、商业文书、邮件等书面语场合中。

简体，即だ・である体，给人以随和或正式的感觉，多使用在面对朋友、熟人等口语场合，以及日记、论文、报告等书面语场合。

名词、形容动词、形容词、动词这四大类品词的敬体与简体对照表如下：

表6　四大类品词的敬体与简体对照表

	です・ます体	だ・である体
名词	問題です	問題だ / である
	問題でした	問題だった / 問題であった
	問題ではありません	問題ではない
	問題ではありませんでした	問題ではなかった
形容动词	重要です	重要だ / 重要である
	重要でした	重要だった / 重要であった
	重要ではありません	重要ではない
	重要ではありませんでした	重要ではなかった

续表

	です・ます体	だ・である体
形容词	多いです	多い
	多くありません / 多くないです	多くない
	多かったです	多かった
	多くなかったです	多くなかった
动词	手伝います	手伝う
	手伝いません	手伝わない
	手伝いました	手伝った
	手伝いませんでした	手伝わなかった

注意

口语对话氛围比较随意时，用简体形，但「である」较少使用；需要表示尊重时，用「です」「ます」。

正式的书面语用简体形「だ」「である」，但日记等文体也可用「です」「ます」。

三 基本课文与音调

1. 李（り）さんは　部長（ぶちょう）に　ほめられました。

2. 馬（ば）さんは　森（もり）さんに　カメラを　壊（こわ）されました。

3. 陳（ちん）さんは　飼（か）って　いた　小鳥（ことり）に　逃（に）げられました。

4. 2010年（にせんじゅうねん）に　上海（シャンハイ）で　万博（ばんぱく）が　開（ひら）かれます。

A　甲：太田君（おおたくん）、どうしたんだ。元気（げんき）が　ないね。

　　乙：ええ。部長（ぶちょう）に　しかられたんです。

B　甲：李（り）さん、どうしたんですか。

　　乙：昨日（きのう）　犬（いぬ）に　手（て）を　かまれたんです。

C 甲：週末（しゅうまつ）に　キャンプに　行（い）きました。

乙：へえ。楽（たの）しかったですか。

甲：2日（ふつか）とも　雨（あめ）に　降（ふ）られて、大変（たいへん）でしたよ。

D 甲：この車（くるま）の　デザインは　とても　いいですね。

乙：ええ。日本（にほん）の　有名（ゆうめい）な　デザイナーに　よって設計（せっけい）されました。

四 应用课文 市場調査

李：あっ、森（もり）さん、お疲（つか）れ様（さま）でした。遅（おそ）かったですね。

森：いやあ、参（まい）りましたよ。タクシーで　帰（かえ）って　きたんですが、渋滞（じゅうたい）に　巻（ま）き込（こ）まれて。北京（ペキン）の　交通事情（こうつうじじょう）は　大変（たいへん）ですね。

李：ええ、そうなんです。わたしも　毎日（まいにち）、バスの　中（なか）で　足（あし）を　踏（ふ）まれて　いますよ。

李：森（もり）さん、支社長（ししゃちょう）に　呼（よ）ばれて　何（なに）か　言（い）われたんですか。

森：ええ。CS公司（シーエスコンス）から　依頼（いらい）された　調査（ちょうさ）の　レポートが　遅（おそ）いって、しかられました。

「CS公司（シーエスコンス）」調査報告書（ちょうさほうこくしょ）

森（もり）　健太郎（けんたろう）

……昨年（さくねん）　発売（はつばい）された　清涼飲料水（せいりょういんりょうすい）は　5種類（ごしゅるい）　あり、最（もっと）も　売（う）れて　いるのは、中国（ちゅうごく）の　A社（エーしゃ）に　よって　開発（かいはつ）された「爽快（シュワンクワイ）」である。定価（ていか）が　最（もっと）も　安（やす）く、子供（こども）から　お年寄（としよ）りまで、幅広（はばひろ）い　世代（せだい）に　人気（にんき）が　ある。一昨年（いっさくねん）、A社（エーしゃ）と日本（にほん）のB社（ビーしゃ）に　よって　北京（ペキン）に　合弁会社（ごうべんがいしゃ）が　作（つく）られ、「爽快（シュワンクワイ）」は　昨年（さくねん）から　大量（たいりょう）に　製造（せいぞう）される　ように　なった。

製造（せいぞう）から　出荷（しゅっか）に　至（いた）るまで　すべて　コンピュータで　管理（かんり）され、大幅（おおはば）な　コストダウンが　図（はか）られて　いる　ため、低価格（ていかかく）が　実現（じつげん）できたと　考（かんが）えられる……

清涼飲料水（せいりょういんりょうすい）の　市場（しじょう）は　今後（こんご）も　成長（せいちょう）が　見込（みこ）まれるが、新（あたら）しい　商品（しょうひん）に　求（もと）められるのは、魅力（みりょく）ある　ネーミングと洗練（せんれん）された　デザインである……

五　习题

1. 写出下列词语的读音。

小鳥（　　　）　遺跡（　　　）　上司（　　　）　成長（　　　）

嵐（　　　）　昨年（　　　）　誘う（　　　）　褒める（　　　）

発明（　　　）　大幅（　　　）

2. 写出下列假名对应的汉字。

いらい（　）　ちょうさ（　）　いたります（　）　じつげん（　）

ほうそう（　）　まきこむ（　）　もっとも（　）　こんご（　）

せだい（　）　かかく（　）

3. 请在[A]～[D]中选出最佳选项。

(1) お金のために、2人（　）働かなければなりません。

[A] だけ　[B] とも　[C] たち　[D] でも

(2) 戦争に（　）ようにする。

[A] 巻き込む　[B] 巻き込み

[C] 巻き込まれない　[D] 巻き込ませない

(3) 私はアルバイトに遅れて、店長に（　）。

[A] 叱られました　[B] 叱りました

[C] 叱れました　[D] 叱れてくれました

(4) 昨日の夜11時に友達（　）来られて、困ってしまいました。

[A] に　[B] を　[C] は　[D] が

(5) 地下鉄で、泥棒に携帯電話（　）盗まれました。

[A] の　[B] に　[C] か　[D] を

(6) 急に社長に（　　）。

［A］仕事を頼まれました　　［B］仕事に頼りました

［C］仕事を頼んであげました　　［D］仕事が頼まれました

(7) この店の牛肉が海外から（　　）。

［A］輸入られています　　［B］輸入しています

［C］輸入されています　　［D］輸入できています

(8) 小野さんは遅刻して、（　　）。

［A］先生を注意しました　　［B］先生が注意されました

［C］先生に注意されました　　［D］先生は注意されていません

(9) この本は有名な著者（　　）。

［A］にとって書けました　　［B］について書きました

［C］によって書かられました　　［D］によって書かれました

(10) スキーで転んで、（　　）。

［A］みんなに笑わられました　　［B］みんなが笑わせました

［C］みんなに笑いさせました　　［D］みんなに笑われました

(11) 世界の砂漠の多くは人の手によって（　　）ものです。

［A］大きくした　　［B］大きくなった

［C］大きくされた　　［D］大きくなされた

4.先将[A]～[D]排序，再选出填入（ ★ ）的选项。

(1) 王さんは隣の人（　　）（　　）（ ★ ）（　　）。

［A］まで　　［B］に

［C］遅く　　［D］騒がれてしまいました

(2) 急に後ろ（　　）（　　）（ ★ ）（　　）、びっくりしました。

［A］られて　　［B］かけ　　［C］声を　　［D］から

(3) 参りましたよ。（　　）（　　）（ ★ ）、（　　）になってしまいましたよ。

［A］雨　　［B］降られて　　［C］に　　［D］びしょ濡れ

(4) このメール（　　）（　　）（ ★ ）（　　）と困る。

［A］誰か　　［B］見られる　　［C］を　　［D］に

5.将下列句子译成日语。

(1) 这座桥是田中先生设计的。

(2) 上下班时间的电车非常拥挤，我经常被人踩脚。

（3）小森的书被田中先生弄脏了。

（4）我们被雨淋湿了。

（5）丈夫去世，她生活得很艰辛。

第 42 课　テレビをつけたまま、出かけてしまいました

词汇拓展

1 責任者（せきにんしゃ）：责任人

【关】責任（せきにん）：责任

2 空腹（くうふく）：空肚子，空腹，饿

【解】「空腹（くうふく）」为医学上的比较正式的说法，「腹（はら）が減（へ）る」为比较日常、通俗的表达。

3 留守（るす）：看家，不在家

【解】多用“不在家”的意思。

【关】留守（るす）を頼（たの）む：请某人在家看家

三日（みっか）も留守（るす）していました：三天不在家

留守（るす）を預（あず）かる：负责看家

4 昼間（ひるま）：白天

【速】ひる—白天

ま—期间

5 日程（にってい）：日程

【关】スケジュール：日程

6 目覚（めざ）まし：闹钟；叫醒

【关】目覚（めざ）まし時計（どけい）：闹钟（完整的说法）

7 お返事（へんじ）：回信

【解】「お」为美化语。「返事（へんじ）」既可作名词，也可作サ变动词。

8 行（い）き先（さき）：去的地方，目的地

【解】「先（さき）」表示目的地。

9 預（あず）かる：保管，收存（别人的东西）

【速】あず—音同“安置”

か—变化

る—动词词尾

【关】預（あず）ける：把自己的东西交给别人保管

10 気（き）づく：发觉，发现

【解】「気付（きづ）く」由「気（き）が付（つ）く」变化而来。例：～に気付（きづ）く（注意到……）。

11 冷（ひ）やす：冰镇，冷却

【速】ひ—水，冷

やす—他动词标志

12 思（おも）い出（だ）す：想起

【速】おもい—思（おも）う—想

だす—将……拿出

13 **告(つ)げる：说，告诉**

【速】つ—次—连接

げ—给

る—动词词尾

14 **冷(ひ)える：变冷**

【速】ひ—水，冷

える—自动词标志

15 **信(しん)じる：相信**

【速】しん—音同“信”

じる—する—做

【关】～を信(しん)じる：相信……

16 **折(お)れる：折，断，拐弯**

【速】お—弯，断

れ—离开

る—动词词尾

【解】「折(お)れる」为自动词，「折(お)る」为他动词。例：骨(ほね)が折(お)れる / 骨(ほね)を折(お)る（费尽心思，非常辛苦）。

【关】骨(ほね)を折(お)って、彼(かれ)を助(たす)ける：费尽心思帮他

17 **出勤(しゅっきん)する：上班**

【关】仕事(しごと)に出(で)かける：上班

18 **正(ただ)しい：正确的**

【速】た—正确

だ—た—正确

しい—形容词词尾

【关】間違(まちが)っている：错误的

19 **当然(とうぜん)：当然，应当**

【关】当(あ)たり前(まえ)：理所当然

当然(とうぜん)なこと / 当(あ)たり前(まえ)のこと：理所当然的事

20 **確(たし)か：确实，确切，大概（拿不准）**

【速】た—正确

し—する—做

か—形容动词词尾

【关】確(たし)かに：确实（很有把握）

21 **丈夫(じょうぶ)：结实，牢固**

【关】しっかり（と）している：结实，牢固

22 **きっと：一定**

【解】表有把握的推测。

23 **だって：可是，但是**

【解】还可表示“因为”，多为女性使用。

二 语法延伸

1.「はず」的用法

「はず」为形式体言，表示“可能性”，译为“应该……”。

2. はずがありません

「はず」表示“可能性”，「ありません」表示“没有”，「はずがありません」译为

"不可能"。

3. おととい送(おく)ったんですものね

「もの」在这里表示感叹，可译为"……嘛"，多为女性使用。

三 基本课文与音调

1. テレビを　つけた　まま、出（で）かけて　しまいました。

2. 目覚（めざ）ましを　かけて　おいたのに、今朝（けさ）は　起（お）きられませんでした。

3. 会議（かいぎ）は　5時（ごじ）までですから、もうすぐ　終（お）わるはずです。

4. 張（ちょう）さんは　入院中（にゅういんちゅう）ですから、旅行（りょこう）に　行（い）く　はずが　ありません。

A 甲：昨日（きのう）、窓（まど）を　開（あ）けた　まま　寝（ね）たので、風邪（かぜ）を　引（ひ）いて　しまいました。

乙：それは　いけませんね。お大事（だいじ）に。

B 甲：すみません、この　パソコン、電源（でんげん）を　入（い）れたのに動（うご）かないんですが……

乙：ああ、その　パソコンは　壊（こわ）れて　いるんです。

C 甲：森（もり）さんは　どこですか。

乙：1時間（いちじかん）ほど　前（まえ）に　会社（かいしゃ）を　出（で）ましたから、もう　家（いえ）に　着（つ）いて　いる　はずです。

D 甲：太田（おおた）さん、遅（おそ）いですね。

乙：ええ。でも、太田（おおた）さんは　責任者（せきにんしゃ）ですから、遅（おく）れる　はずは　ないんですが……

四 应用课文 企画案

加藤：今（いま）、太田（おおた）さんから　電話（でんわ）が　あったんだけど、まだ　企画案（きかくあん）が　届（とど）いて　いないそうだよ。

李：変（へん）ですね。森（もり）さんが　おととい　送（おく）った　はずですが。

森：ええ？おかしいな。そんな　はずは　ないんですよ。

李：そうですよね。おととい　送（おく）ったんですものね。

森：いえ、自分（じぶん）で　届（とど）けたんです。西長安街（にしちょうあんがい）の　方（ほう）へ　行（い）く　用事（ようじ）が　あったので。

李：じゃあ、太田（おおた）さんに　直接（ちょくせつ）　渡（わた）したんですか。

森：いえ、太田（おおた）さんは　外出中（がいしゅつちゅう）でしたから、会社（かいしゃ）の人（ひと）に　預（あず）けて　きました。

太田：すみません。企画案（きかくあん）、届（とど）いて　いました。同僚（どうりょう）が　預（あず）かった　ままだったんです。

森：そうだったんですか。よかったです。

太田：せっかく　来（き）て　くれたのに、留守（るす）にして、すみませんでした。

森：いえ、こちらこそ。連絡（れんらく）もせずに、訪（たず）ねて　しまって。

太田：早速（さっそく）、企画案（きかくあん）を　検討（けんとう）して　みます。来週中（らいしゅうちゅう）には、お返事（へんじ）できる　はずです。

森：よろしく　お願（ねが）いします。

五　习题

1. 写出下列词语的读音。

責任者（　　　）　同僚（　　　）　観客（　　　）　企画案（　　　）
空腹（　　　）　確か（　　　）　丈夫（　　　）　次回（　　　）
当然（　　　）　検討（　　　）

2. 写出下列假名对应的汉字。

へんじ（　）　あずかる（　）　つげる（　）　おもいだす（　）
いきさき（　）　ちょくせつ（　）　ひるま（　）　るす（　）
かんき（　）　にってい（　）

3. 请在[A]～[D]中选出最佳选项。

(1) 今（　）と言われてもちょっと困る。
[A] さっそく　[B] すぐ　[C] もうすぐ　[D] せっかく

(2)（　）買ってきたのに、喜んでもらえなかった。
[A] さっそく　[B] せっかく　[C] とにかく　[D] もうすぐ

(3) お荷物はこちらが（　）。
[A] 預けます　[B] 預けてあげます
[C] 預かります　[D] 預かってきます

(4)（　）失礼しました。
[A] 留守にして　[B] お先に　[C] 留守になって　[D] いないで

(5) 王さんは入院しているので、明日の旅行に（　）はずがありません。
[A] 来る　[B] 来ます　[C] 来て　[D] 来た

(6) ——佐藤さんは今日のパーティーに参加しますか。
——京都へ出張に行くと言っていましたから、来ない（　）。
[A] からです　[B] までです　[C] はずです　[D] ばかりです

(7) 王さんはまだ来ていませんが、今日は（　）はずです。
[A] 来る　[B] 来ます　[C] 来た　[D] 来ました

(8) 休日（　）、仕事をしなければなりません。
[A] のに　[B] なのに　[C] ので　[D] なので

(9) 新しいパンフレットを作る（　）一ヶ月がかかります。
[A] の　[B] を　[C] のに　[D] のを

(10) 借りた本を（　）、図書館に返しました。
[A] 読むまま　[B] 読まないまま
[C] 読んだまま　[D] 読みませんまま

(11) スリッパ（　）、会社に行きました。
[A] のまで　[B] なので　[C] だから　[D] のまま

(12) 田中さんは部屋に（　）まま、出てきません。
[A] 入る　[B] 入れた　[C] 入った　[D] いた

(13) せっかくアメリカに留学した（　　）、英語が上手になりませんでした。
[A] のに　　[B] ので　　[C] なのに　　[D] なので

4. 先将[A]～[D]排序，再选出填入（ ★ ）的选项。

(1) この家は（　）（　）（ ★ ）（　）買う人がいません。
[A] 近くて　　[B] 駅から　　[C] なのに　　[D] 便利

(2) 書類は（　）（　）（ ★ ）（　）です。
[A] 机　　[B] の上に　　[C] はず　　[D] 置いた

(3) 王さんは（　）（　）（ ★ ）（　）家を出ました。
[A] 行き先　　[B] まま　　[C] を　　[D] 告げない

5. 将下列句子译成日语。
(1) 小李穿着外套就躺床上睡了。
(2) 会议开到五点钟，所以应该快结束了。
(3) 小张在住院，不可能去旅行。
(4) 尽管今天很冷，小森却说不冷。

第 43 课　陳さんは、息子をアメリカに留学させます

一　词汇拓展

1 お手伝い：帮忙，帮助

【关】お手伝いをお願いできませんか：能请您帮忙吗？

2 乗り換え：换乘

【速】のり—乗る—乘坐
かえ—かえる—换

【关】乗り換える：换乘（动词）
例：一番線を二番線に乗り換える（一号线换乘二号线）

3 女性向け：女性专用

【解】「名词＋向け」表示“以……为对象”。例：子供向けの本（以小孩为对象的书，儿童书籍）。

4 申し出：申请，提议

【速】もうし—申す—说
で—出る—出来

5 多く：多数

【速】おお—多，大
く—词尾

6 親：双亲，父母

【速】お—高
や—あ—上

7 アルファベット（alphabet）：英语字母

8 イメージ（image）：印象

9 インパクト（impact）：冲击力，力量感

【关】（none）

10 ガラス（glas）：玻璃

【关】コップ（kop）：杯子

11 気分：身体舒适与否，情绪

【关】気分がいい / 悪い：身体舒适 / 不舒适；心情好 / 坏

気分転換：转换心情

12 免税店：免税店

【关】税抜き：不含税

税込み：含税

13 我々：我们

【速】わ—我

れ—指代

14 引っ張る：拉，拽

【关】袖を引っ張る：拉袖子

足を引っ張る：拖后腿

15 浮かぶ：想起，浮现，浮

【速】う—上

か—挂

ぶ—ふ—漂浮

【关】疑問が浮かんできた：浮现疑问

木の葉が川に浮かぶ：树叶漂在河面上

16 整う：齐备，完备

【关】整う（状态动词、自动词）

例：施設が整っている（设施齐全）

整える（他动词）

例：資料を整える（整理资料）

17 乾く：干，干燥（状态动词）

【速】かわ—河

く—枯

【关】乾いた空気 / 空気が乾いている：干燥的空气

18 暮らす：生活

【速】くら—黑，暗

す—做

【关】暮らし：生活（名词）

例：～暮らしを送る（过着……的生活）

19 避ける：回避，避免

【速】さ—轻

け—开

る—动词词尾

【关】人目を避ける：避人眼目

人の視線を避ける：避开视线

20 売れる：好卖，畅销

【速】う—无

れる—自动词标志

【解】「売る」的可能态。

21 受ける：感受，受到，接受

【速】う—我

け—か—加

る—动词词尾

【关】注文を受ける：接单

22 温める：热，温

【速】あた—あつ—热

ためる—积攒

【关】チンする：用微波炉加热

23 経験(けいけん)する：经验，经历

【关】～を経験(けいけん)する：体验……

～経験(けいけん)がある / ～経験(けいけん)を持(も)っている：有……经验

24 暗記(あんき)する：熟记，背诵

【解】指背诵篇幅比较长、内容比较多的东西，如背书、背文章等。

【关】覚(おぼ)える：记住，记忆（记忆内容比较少的东西，如记单词等）

25 力強(ちからづよ)い：强有力，心里踏实

【速】ちから—力量

づよい—つよい—强

【关】首相(しゅしょう)は地震(じしん)の被害者(ひがいしゃ)に力強(ちからづよ)いメッセージを送(おく)る：首相为地震受灾者送去了令人心安的消息

26 柔(やわ)らかい：柔软

【速】や—柔软

わ—柔和

ら—飘动

か—表修饰

27 硬(かた)い：硬

【速】か—坚硬

た—大

28 厚(あつ)い：厚

【速】あつ—聚集

29 単純(たんじゅん)：单纯

【解】既可指事情简单，也可指人单纯。

【关】無邪気(むじゃき)：天真

30 たとえば：比如，例如

【解】作为连语词放在两个句子之间。

31 言(い)うまでもなく：不言而喻

【解】「辞书形＋までもない（く）」表示“没有必要做……”。

二 语法延伸

1. 使役态

（1）动词变形规则

①五段动词：词尾う段假名→あ段假名＋せる（特例：「う」需要变为「わ」＋せる）

②一段动词：去掉词尾＋させる

③する→させる

来(く)る→来(こ)させる

（2）音调变化规律

若动词的辞书形为 0 调，则其使役态也为 0 调。

若动词的辞书形为 n 调，则其使役态在词尾「る」的前面降调。

（3）基本含义：让……做……

例：部長は李さんを出張させます。（部长让小李出差。「を」比「に」具有更强烈的管控 / 命令色彩）

陳さんは李さんに歌を歌わせます。（老陈让小李唱歌。为避免重复，“人”后用「に」，宾语后用「を」）

2. 使役被动态

（1）动词变形规则

①五段动词：词尾う段假名→あ段假名＋せられる / される（特例：「う」需要变为「わ」＋せられる / される）

②一段动词：去掉词尾＋させられる

③する→させられる

来る→来させられる

（2）基本含义：被要求……

例：選手は監督に走らされます。（运动员被教练要求跑步。）

去年の試験を通じて、自分の力不足を認識させられました。（去年的考试让我认识到了自己的不足。）

去年の試験を通じて、自分の力不足を認識しました。（通过去年的考试，我认识到了自己的不足。）

3. 可能态、被动态、使役态、使役被动态总结

（1）动词变形规则

表 7　动词变形规则

	可能态	被动态	使役态	使役被动态
五段动词	词尾う段假名→え段假名＋る	词尾う段假名→あ段假名＋れる	词尾う段假名→あ段假名＋せる	词尾う段假名→あ段假名＋せら（さ）れる
一段动词	去掉词尾＋られる	去掉词尾＋られる	去掉词尾＋させる	去掉词尾＋させられる
する	できる	される	させる	させられる
来る	来られる	来られる	来させる	来させられる

注：五段动词以「う」结尾时，「う」要变为「わ」。

（2）音调变化规律

若动词的辞书形为 0 调，则其 ×× 态也为 0 调。

若动词的辞书形为 n 调，则其 ×× 态在词尾「る」的前面降调。

（3）词性

① ×× 态动词均为一段动词。

②动词的可能态、被动态必为自动词；动词的使役态必为他动词。

4. 使役态 + 授受动词

①させてあげる：我让别人做某事

②させてもらう：我请别人让我做某事

③させてくれる：别人让我做某事

「くれる」的尊他语为「くださる」，「くださる」的命令形为「ください」，所以「させてください」表示“请让我……”，这种祈使句让对方没有回绝的余地。如果要表达出商量的语气，可以用「させてくれませんか」「させてもらえませんか」，其中，「させてもらえませんか」更加礼貌。

例：使（つか）わせてもらえませんか（我能否请您允许我用……）

使（つか）わせてくれませんか（您能否允许我用……）

5.「动词连用形 + やすい / にくい」表示“容易 / 难……”。

6. のではないでしょうか

（1）「の」的作用为加强语气；「ではない」意为“不是”；「でしょうか」意为“……吗”，所以「のではないでしょうか」表示婉转地陈述意见，译为“不是……吗”。

（2）否定 + 疑问 = 肯定（缓和语气，……吧）

三 基本课文与音调

1. 陳（ちん）さんは、息子（むすこ）を　アメリカに　留学（りゅうがく）させます。

2. 部長（ぶちょう）は　太田（おおた）さんに　レポートを　書（か）かせました。

3. 疲（つか）れました。少（すこ）し　休（やす）ませて　ください。

4. この　ボールペンは　とても　書（か）きやすいです。

A 甲：今（いま）、子供（こども）を　買（か）い物（もの）に　行（い）かせて　います。

乙：お手伝（てつだ）いですか。わたしも　よく　子供（こども）に　家（いえ）の　仕事（しごと）を　手伝（てつだ）わせます。

B 甲：遠（とお）いですから、駅（えき）まで　部下（ぶか）に　送（おく）らせましょうか。

乙：大丈夫（だいじょうぶ）です。ありがとう　ございます。

C 甲：部長（ぶちょう）、気分（きぶん）が　悪（わる）いので、早（はや）く帰（かえ）らせて　ください。

乙：ええ、いいですよ。お大事（だいじ）に。

D 甲：この駅（えき）は　乗（の）り換（か）えが　分（わ）かりにくいですね。

乙：ええ、とても　大（おお）きい　駅（えき）ですからね。

四 应用课文　プレゼンテーション

陳：CS公司（シーエスコンス）の　プレゼン、だれに　行（い）って　もらいましょうか。

加藤：森君（もりくん）と　李（り）さんを　行（い）かせる　つもりです。

森：……言（い）うまでも　なく　品質（ひんしつ）は　重要（じゅうよう）ですが、ネーミングと　デザインも　とても　大切（たいせつ）です。まず、ネーミングですが、理解（りかい）　しやすくて　単純（たんじゅん）なものが　いいと　考（かんが）えます。しかも、多（おお）くの　人（ひと）に　親近感（しんきんかん）を　感（かん）じさせるものが　理想的（りそうてき）です。アルファベットは　分（わ）かりにくいので、避（さ）けた　ほうが　いいのではないでしょうか。

李：では、ネーミングに　ついて　具体的（ぐたいてき）に　提案（ていあん）させて　ください。例（たと）えば、「动力（トンリー）」は　どうでしょう？力強（ちからづよ）い　感（かん）じを　受（う）けませんか。「Energy」や　「Power」などの　英語（えいご）を　使（つか）う　ことも　できますが、英語（えいご）が分（わ）らない人（ひと）に　商品（しょうひん）の　イメージが　浮（う）かびに

くいと　思（おも）います……

森：次（つぎ）に、デザインですが、やはり　インパクトの　あるものが　必要（ひつよう）です。それで、今回（こんかい）、赤（あか）と　黄色（きいろ）を　使（つか）った　斬新（ざんしん）な　デザインを　考（かんが）えて　みました。今（いま）、デザイナーに　いくつか　試作（しさく）させて　います……

森：定価（ていか）に　ついては、少（すこ）し　高（たか）い　ほうが　いいと　考（かんが）えます。商品（しょうひん）の　イメージが　ぐっと　よくなって、消費者（しょうひしゃ）が　安心（あんしん）して　買（か）えると　思（おも）います……

五 习题

1. 写出下列词语的读音。

お手伝い（　　　）　監督（　　　）　選手（　　　）　気分（　　　）　物価（　　　）　設備（　　　）　塾（　　　）　引っ張る（　　　）　早退（　　　）　力強い（　　　）

2. 写出下列假名对应的汉字。

ぶか（　）　ひんしつ（　）　つま（　）　うかぶ（　）　やわらかい（　）　りかい（　）　ていあん（　）　きゅうしょく（　）　じゅうよう（　）　たんじゅん（　）

3. 请在[A]～[D]中选出最佳选项。

(1) 日本と言えば、どんな（　　）が浮かびますか。

[A] イメージ　[B] インパクト　[C] コンセント　[D] イメチェン

(2) 上級者は（　　）、初心者たちもぜひ参加してください。

[A] だけでなく　[B] 言うまでもなく

[C] 言う必要があって　[D] といってもいいが

(3) 日本を外国人が（　　）国にしましょう。

[A] 住むやすい　[B] 住み好き　[C] 住みやすい　[D] 住んでもいい

(4) 資金も設備も（　　）、後はお願いします。

[A] 合って　[B] 全て

[C] そろっていて　[D] まとって

(5) この事については私（　　）説明させてください。
[A] は　[B] に　[C] が　[D] を

(6) 母親は息子に英語を勉強（　　）。
[A] しました　[B] させました　[C] できました　[D] なさいました

(7) 危ないですから、外で小さい子供を一人で（　　）ないでください。
[A] 遊ばし　[B] 遊ばせ　[C] 遊びさせ　[D] 遊ばさせ

(8) すぐ返事ができませんが、すこし（　　）ください。
[A] 考えさせて　[B] 考えられて　[C] 考えたくて　[D] 考えて

(9) お父さんは弟（　　）。
[A] にたばこを買いに行かせた　[B] をたばこに買わせに行く
[C] にたばこを買いに行かれた　[D] にたばこが買いに行ける

(10) 私はあいさつをするのは嫌でしたが、母は私にあいさつを（　　）。
[A] されました　[B] させました
[C] させてもらいました　[D] させられました

(11) 父は面白いことを言って、よくみんなを（　　）。
[A] 笑わせる　[B] 笑わせない　[C] 笑われる　[D] 笑える

(12) 夕べの飲み会で、（　　）、大変だった。
[A] 同僚たちをビールに 10 本飲まされて
[B] 同僚たちに 10 本のビールを飲ませ
[C] 同僚たちにビールを 10 本飲まされて
[D] 同僚にビールを 10 本飲まれて

4. 先将[A]～[D]排序，再选出填入（ ★ ）的选项。

(1) 今回の（　　）（　　）（ ★ ）（　　）ください。
[A] 説明させて　[B] 内容　[C] 会議の　[D] について

(2) 先生はその（　　）（　　）（ ★ ）（　　）ました。
[A] 答えさせ　[B] 李さん　[C] 問題を　[D] に

(3) あの（　　）（　　）（ ★ ）（　　）ません。
[A] 部下　[B] 課長は　[C] 休ませ　[D] を

(4) 小学生（　　）（　　）（ ★ ）（　　）親が多い。
[A] を　[B] 通わせる　[C] 塾　[D] に

5. 将下列句子译成日语。

(1) 老陈让儿子去美国留学。

（2）对不起，请让我用一下自行车。
（3）这支圆珠笔很好用。
（4）老师让学生记住了许多歌曲。

第 44 课　玄関のところにだれかいるようです

词汇拓展

1 新入社員（しんにゅうしゃいん）：新来的职员

【关】新米（しんまい）：新职员
新入り（しんいり）：新职员

2 湖（みずうみ）：湖

【速】みず—水
うみ—海

3 パトカー：警车，巡逻车

【解】「パトロールカー」（patrol car）的缩写。
【关】パトロール：巡逻

4 アニメ：动画片

【解】「アニメーション」（animation）的缩写。

5 心（こころ）：心

【速】源「凝（こ）る」—凝聚在一起
【关】心（こころ）の中（なか）/奥（おく）：心中

6 評判（ひょうばん）：评价，评论

【关】評判（ひょうばん）がいい/高（たか）い店（みせ）：评价好的店

7 行列（ぎょうれつ）：行列，队伍

【关】行列（ぎょうれつ）を作（つく）る：排队

8 売（う）れ行（ゆ）き：销路，销售

【速】う—无
れ—可能态
ゆき—行—方向，趋势
【关】行方（ゆくえ）：去处，目的地

9 乗（の）り物（もの）：交通工具

【速】のり—乗（の）る—乘坐
もの—东西

10 汗（あせ）：汗

【速】あ—打开
せ—细孔
【关】汗（あせ）を掻（か）く：出汗
汗（あせ）を流（なが）す：把汗洗掉

11 倍（ばい）：加倍，倍

【关】やられたら、やり返（かえ）す、倍返（ばいがえ）しだ：以牙还牙，加倍奉还

12 縦（たて）：纵，竖

【速】た—高
て—出
【关】縦書（たてが）き：竖写
横（よこ）：横（反义词）

例：横書(よこが)き（横写）

13 広(ひろ)がる：蔓延，拓宽

【速】ひろ—宽敞

がる—自动词标志

【关】広(ひろ)がる（自动词）

例：視野(しや)が広(ひろ)がる（视野拓宽了）

広(ひろ)げる（他动词）

例：視野(しや)を広(ひろ)げる（拓宽视野）

14 戻(もど)る：返回，回到

【速】もど—もと—元

る—动词词尾

【关】戻(もど)る（自动词）

例：元(もと)に戻(もど)る（复原）

戻(もど)す（他动词）

例：コップを元(もと)に戻(もど)す（把杯子放回原处）

15 驚(おどろ)く：惊讶，吃惊

【速】お—高

どろ—音同“咚隆”

く—用力

【关】～に驚(おどろ)く：对……感到惊讶

驚(おどろ)かせる：使震惊

例：世界(せかい)を驚(おどろ)かせる（震惊世界）

16 洒落(しゃれ)る：别致，风趣（状态动词）

【关】洒落(しゃれ)たレストラン / レストランが洒落(しゃれ)ている：时髦、别致的饭店

17 実感(じっかん)する：切实感受，真切感受

【关】友情(ゆうじょう)を実感(じっかん)する：深切地感受到友情

18 深(ふか)い：深

【速】ふ—深

か—加—加倍

19 おとなしい：温顺，老实

【速】おとな—大人

しい—形容词词尾

20 恥(は)ずかしい：害羞，难为情

【速】はず—はじ—害羞，羞耻

か—表修饰

しい—形容词词尾

21 珍(めずら)しい：珍奇，新奇

【速】め—灭，没有

ず—没有

らしい—似乎，好像

22 好調(こうちょう)：顺利，情况良好

【关】調子(ちょうし)：情况

23 控(ひか)えめ：节制，控制，拘谨

【关】～を控(ひか)えめにする：控制……

例：糖分(とうぶん) / オイルを控(ひか)えめにする（控制糖分 / 油）

24 大事(だいじ)：重要

【解】含义与「重要(じゅうよう)」相近，但更口语化。

【关】重要(じゅうよう)：客观上重要

大切(たいせつ)：主观认为重要

例：水(みず)を大切(たいせつ) / 大事(だいじ)に使(つか)う（珍惜水资源）

此句不能用「重要(じゅうよう)」，「重要(じゅうよう)」只能表示事物的客观重要性，不能作副词使用。

二 语法延伸

1.「よう」的用法

（1）接续：因为「よう」为形式体言，所以只能接在连体形后。

（2）含义：在本课表推测，译为“好像是……的样子”。

例：エンジンが故障（こしょう）したようです。（发动机好像出故障了。）

2.「みたい」的用法

（1）接续：简体形＋みたい。

（2）含义：「みたい」为「よう」的口语形式，表推测，译为“好像是……的样子”。

3.「らしい」的用法

表示有理有据的推测。

4. 关于“推测”的横向对比

そう：看上去好像……（最直观的感受）

よう / みたい：好像……（使用最自由）

らしい：有理有据的推测，不等于传闻（与前两个相比最有根据性和把握性）

はず：应该（比前三个把握性强）

5.「過（す）ぎる」的用法

（1）接续：动词连用形 / 形容动词和形容词词干＋過（す）ぎる。

（2）含义：过于……。

6. 形容词和形容动词的名词化

（1）形容词：去掉词尾＋さ

形容动词：词干＋さ

（2）音调

形容词的さ变名词化：若形容词的辞书形音调为⓪，则其名词形式的音调也为⓪；若形容词的辞书形音调带重音，则其名词形式的音调重音前移一拍（「大（おお）きい」变「大（おお）きさ」除外）。

形容动词的さ变名词化：若形容动词的辞书形音调为⓪，则其名词形式的音调也为⓪。对于辞书形音调带重音的形容动词，若「さ」前只有独立的一个音，则重音在「さ」前；若「さ」前的两个假名可以拼合成一个音，则重音在「さ」前面的假名之前。

7.「試験」的相关搭配

試験に合格する：通过考试

試験に参加する：参加考试

三 基本课文与音调

1. 玄関（げんかん）の　ところに　だれか　いる　ようです。

2. 小野（おの）さんは　森（もり）さんが　好（す）きみたいです。

3. 今度（こんど）の　社員旅行（しゃいんりょこう）は　韓国（かんこく）へ　行（い）く　らしいです。

4. 昼（ひる）ご飯（はん）を　食（た）べ過（す）ぎました。

A　甲：葉子（ようこ）さんは　留学試験（りゅうがくしけん）に　合格（ごうかく）した　ようですよ。

乙：それは　よかったですね。

B　甲：毎日（まいにち）暑（あつ）いですね。この暑（あつ）さは　いつまで　続（つづ）くんでしょう。

乙：天気予報（てんきよほう）に　よると、まだまだ　続（つづ）く　みたいですよ。

C　甲：新（あたら）しい　遊園地（ゆうえんち）は、とても　人気（にんき）がある　みたいですね。

乙：ええ。馬（ば）さんたちも　来週（らいしゅう）行（い）く　らしいですよ。

D　甲：ゆうべ　行（い）った　ビアガーデンは　なかなか　よかったですね。

乙：ええ。でも、ちょっと　飲（の）み過（す）ぎました。

四 应用课文 売れ行き

馬：森（もり）さん、「动力（トンリー）」、売行（うれゆき）が　好調（こうちょう）の　ようですね。

森：ええ、おかげさまで。とりあえず、北京（ペキン）と　上海（シャンハイ）で　売（う）り出（だ）したんですが、けっこう　評判（ひょうばん）が　いい　みたいなんですよ。

馬：どの辺（へん）が　受（う）けたんでしょうか。

森：何（なん）と　言（い）っても　おいしさですが、容器（ようき）の　デザインも　好評（こうひょう）　らしいです。

戴：デザインが　しゃれて　いて、人気（にんき）が　ある　みたいですね。

李：そうなんです。それに、ネーミングも　受（う）けた　ようです。

戴：よかったですね。

李：ええ。ネーミングと　デザインの　重要（じゅうよう）さを　実感（じっかん）しましたね。

森：評判（ひょうばん）が　いいので、今度（こんど）は、中国全土（ちゅうごくぜんど）で　売（う）り出（だ）す　ようです。

戴：売（う）れ行（ゆ）きが　どうなるか、楽（たの）しみですね。

馬：売（う）れ過（す）ぎて、笑（わら）いが　止（と）まらなく　なるかもしれませんよ。

森：そうだと　いいんですが……

李：CS 公司（シーエスコンス）では、もう　次（つぎ）の　商品（しょうひん）の　開発（かいはつ）を　始（はじ）めて　いる　らしいですよ。

馬：すごい　パワーですね！

戴：甘（あま）さが　控（ひか）えめで、確（たし）かに　おいしいですね。

李：それに、健康（けんこう）にも　いい　らしいですよ。

五 习题

1. 写出下列词语的读音。

社員旅行（　　　）　会議場（　　　）　容器（　　　）　重さ（　　　）　戻る（　　　）　甘さ（　　　）　豪華（　　　）　好調（　　　）　深い（　　　）　心（　　　）

2. 写出下列假名对应的汉字。

ないよう（　　）　じっかん（　　）　せいかく（　　）　ばい（　　）　おどろく（　　）　たて（　　）　ひかえめ（　　）　ふかい（　　）　あせ（　　）　だいじ（　　）

3. 请在[A]～[D]中选出最佳选项。

(1) 日本語能力試験（　　）合格するために、毎日日本語教室に通っている。
[A] に　[B] を　[C] が　[D] は

(2) ——お元気ですか。
——（　　）、元気です。
[A] おかけさまて　[B] おかげさまで
[C] おつかれさまで　[D] ごくろうさまで

(3) ——先生のどんなところが好きですか。
——（　　）、そのやさしさと笑顔ですね。
[A] といってもいい　[B] 何と言っても
[C] 何と　[D] と言われても

(4) 太りすぎたから、食事を（　　）。
[A] 控え見にする　[B] 控え目になる
[C] 控え目にする　[D] 控え目をすることになった

(5) この財布、（　　）高いよ。
[A] だいたい　[B] けっこう　[C] だいぶ　[D] 決して

(6) あの人は（　　）ようです。
[A] お医者さんだ　[B] お医者さんな
[C] お医者さんの　[D] お医者さんで

(7) 外は（　　）ようですね。
[A] 寒　[B] 寒い　[C] 寒く　[D] 寒いの

(8) 明日は雨が（　　）らしいです。
[A] ふる　[B] ふり　[C] ふって　[D] ふろう

(9) 王さんは四川料理が（　　）です。
[A] 好きだみたい　[B] 好きなみたい
[C] 好きみたい　[D] 好きのみたい

(10) 彼は風邪を引いた（　　）。
[A] みたいです　[B] のようです　[C] ことです　[D] ものです

(11) あの二人は来年結婚（　　）らしいです。
[A] する　[B] した　[C] しよう　[D] します

(12) このうちはだれも（　　）、いつ行っても静かだ。
[A] いるのに　[B] いるそうで　[C] いないらしく　[D] いないそうに

(13) あしたは、いい（　　）らしい。
[A] 天気　[B] 天気だ　[C] 天気の　[D] 天気で

(14) （　　）、なかなか読めません。
[A] 字が小さい過ぎて　[B] 字が小さ過ぎて
[C] 字が少な過ぎて　[D] 字が少しすぎで

(15) この本の（　　）を知っていますか。
[A] おもしろいさ　[B] おもしろい　[C] おもしろ　[D] おもしろさ

4. 先将[A]～[D]排序，再选出填入（ ★ ）的选项。

(1) この（　　）（　　）（ ★ ）（　　）でしょう。
[A] 暑さ　[B] いつまで　[C] は　[D] 続く

(2) ここの（　　）（　　）（ ★ ）（　　）です。
[A] かなり　[B] 豪華な　[C] よう　[D] 料理は

(3) 仕事の（　　）（　　）（ ★ ）（　　）ました。
[A] やっと　[B] 面白さ　[C] 分かり　[D] が

(4) 窓を（　　）（　　）（ ★ ）（　　）ようです。
[A] しまった　[B] まま　[C] 出かけて　[D] 開けた

5. 将下列句子译成日语。
(1) 午饭吃多了。
(2) 房间里好像有人。
(3) 听不见雨声了，雨好像停了。
(4) 托您的福，我的病已经好了。

第十一单元测试

扫码获得听力音频与原文

一、听录音，选出正确答案。

1 番
1. 企画案を送る　2. 会社の人に聞く　3. 加藤さんに連絡する

2 番
1. ネーミングの親切感
2. 理解しやすいこと
3. アルファベットを避けること

3 番
1. 飲み物のネーミング　2. 飲み物のデザイン　3. 飲み物の受けた理由

4 番
1. 授業が大変だから　2. 赤ちゃんに泣かれるから　3. 引っ越ししたいから

5 番
1. 現金で払うこと　2. カードで払うこと　3. スマホで払うこと

6 番
1. 雨が降らないと思うから
2. コンビニで新しい傘を買いたいから
3. 大きい傘は不便だと思うから

7 番
1. 課長に会う　2. 席を外す　3. 李さんを待つ

8 番
1. 雨に降られたから　2. 熱があるから　3. 娘が入院したから

9 番
1. 資料をコピーする　2. 男の人を待つ　3. 椅子を運ぶ

10 番
1. 蕎麦はA社によって開発された
2. 蕎麦が受けた理由は低価格だから
3. 蕎麦が受けた理由はコンピュータで管理されているから

二、请在 [A] ~ [D] 中选出最佳选项。

1. すみません、私は英語（　）できません。
[A] を　[B] で　[C] が　[D] に

2. 今日の授業は最後です。これ（　　）今学期が終わります。
[A] から　　[B] まで　　[C] より　　[D] で

3. 私は飼っていた犬（　　）逃げられました。
[A] に　　[B] で　　[C] が　　[D] を

4. ——うれしそうですね。どうしたんですか。
——（　　）。
[A] 先生が褒められましたから　　[B] 先生に褒めされましたから
[C] 先生に褒められましたから　　[D] 先生に褒めてあげましたから

5. 鈴木部長は汚職事件に（　　）そうだ。
[A] 巻き込んでおいた　　[B] 巻き込まれてしまった
[C] 巻き込ませてください　　[D] 巻き込めるはずだ

6. たくさん砂糖を入れたのに、（　　）。
[A] 甘すぎました　　[B] まだ甘くありません
[C] 控え目にしたほうがいいです　　[D] 甘いはずです

7. 田中さんは遅刻しないと言った（　　）、また遅刻した。
[A] のに　　[B] でも　　[C] ので　　[D] だが

8. 電話に出た息子は、（　　）急いで出かけた。
[A] スリッパまま　　[B] スリッパのまま
[C] スリッパだまま　　[D] スリッパを履いたまま

9. 将来日本で（　　）ために日本語を勉強しています。
[A] 働き　　[B] 働く　　[C] 働いて　　[D] 働こう

10. 明日は金曜日だから、父は会社に行く（　　）です。
[A] はず　　[B] ため　　[C] らしい　　[D] そう

11. 佐藤さんは今イギリス出張中だから、日本にいる（　　）。
[A] はずだ　　[B] ようだ　　[C] はずがない　　[D] かもしれない

12. 子供はまだ3歳です。山の上まで（　　）のは無理でしょう。
[A] 歩ける　　[B] 歩かれる　　[C] 歩いた　　[D] 歩かせる

13. あのレストランは（　　）すぎて、何度もいきたいです。
[A] から　　[B] 楽し　　[C] おいし　　[D] うれし

14. 田中さんは毎晩遅くまで残業（　　）らしい。
[A] させられる　　[B] された　　[C] させる　　[D] られる

15. 野菜が嫌い（　　）、健康のために、食べなければならない。
[A] ても　[B] って　[C] だって　[D] が

16. 授業中に（　　）してはいけません。
[A] うっかり　[B] さっぱり　[C] すっかり　[D] しっかり

17. あのお母さんは、子供がやりたいと言っても、ゲーム（　　）。
[A] をやらせません　[B] にやられません
[C] がやるつもりです　[D] をやれません

18. あのレストランは珍しいものが（　　）、人気があります。
[A] 食べられてしまって　[B] 食べさせて
[C] 食べれて　[D] 食べられて

19. 梅雨ですから、洗濯物が（　　）です。
[A] 乾きやすい　[B] 干したい　[C] 乾きにくい　[D] 干しできない

20. 両親は何年か貯金してきて、私にアメリカへ（　　）。
[A] 留学してくれた　[B] 留学していきたい
[C] 留学させてもらった　[D] 留学させてくれた

21. この教室は、一番後ろの席でよく見えるように（　　）。
[A] 設計している　[B] 設計されている
[C] 設計させている　[D] 設計してみる

22. 道が広くなって、人も車も（　　）なりました。
[A] 通りにくく　[B] 通りにくい
[C] 通りやすいに　[D] 通りやすく

23. 来週京都へいきますか。（　　）再来週行きますか。
[A] それでは　[B] そして
[C] それとも　[D] それなら

24. これからは外国の品物がもっと入って（　　）らしいです。
[A] きた　[B] くる　[C] くるの　[D] いった

25. 生物にとって、水は不可欠なものであることは（　　）。
[A] 言うまでもない　[B] 言ってもいい
[C] そうだ　[D] 言える

三、先将 [A]～[D] 排序，再选出填入（ ★ ）的选项。

1. 駅前に（　　）（　　）（ ★ ）（　　）ました。
[A] 高い　[B] 建てられ　[C] ビル　[D] が

2. 森さんは昨日（　　）（　　）（ ★ ）（　　）しました。
[A] だった　[B] のに　[C] 病気　[D] 出勤

3. 王さんは（　　）（　　）（ ★ ）（　　）させます。
[A] 息子　[B] 留学　[C] アメリカに　[D] を

4. エンジン（　　）（　　）（ ★ ）（　　）です。
[A] が　[B] 故障　[C] よう　[D] した

5. 最近、春の（　　）（　　）（ ★ ）（　　）いる。
[A] さ　[B] が　[C] 続いて　[D] 暖か

6. このスープは塩（　　）（　　）（ ★ ）（　　）です。
[A] ちょっと　[B] が　[C] 足りない　[D] よう

四、阅读文章，在 [A] ~ [D] 中选出最佳选项。

昔はどんな遠いところへも歩いて行きました。馬や小さい船は使っていましたが、（ 1 ）ところは少なかったです。知っている世界は狭かったです。

15 世紀には、船で遠くまで行けるようになって、ヨーロッパの人は船で遠い国へ行って、珍しいものを（ 2 ）。19 世紀に汽車と汽船が（ 3 ）、大勢の人やたくさんの物をあちこちへ運ぶことができました。それと同時に、外国へ行く人も多くなりました。1903 年にライト兄弟（ 4 ）作った飛行機が初めて空を飛びました。そして、1969 年になって、アメリカの宇宙船が初めて月球に上陸しました。月で青い地球を見ることができました。次の夢は、一般人にも宇宙へ（ 5 ）ことだろう。

1. [A] 行く　[B] 行かれる　[C] 行ける　[D] 行かせる
2. [A] 持っていきました　[B] 持ってきました
   [C] 持っておきました　[D] 持ってしまいました
3. [A] 作って　[B] 作れ
   [C] 作られ　[D] 作り
4. [A] によって　[B] は
   [C] の　[D] も
5. [A] 行かせる　[B] 行ける
   [C] 行かれる　[D] 行く
6. いつごろ船で遠いところまで行けることになりましたか。
   [A] 15 世紀　[B] 19 世紀
   [C] 1903 年　[D] 1969 年
7. 文中に「外国へ行く人も多くなりました」とありますが、それはなぜですか。
   [A] 海外旅行が好きな人が多くなりましたから
   [B] 小さい船を使っていましたから

[C] 汽車と汽船を発明しましたから

[D] お金と時間がある人は多くなりましたから

8. 未来の生活はどうなるでしょうか。

[A] 遠い国へ行くことができます。

[B] ほかの星球で生活できます。

[C] 誰でも宇宙船で月球に自由に登ることができます。

[D] 誰でも宇宙船で宇宙へ自由に行くことができます。

五、以《我喜欢的东西》为题，写一篇 300 ～ 350 字的作文。

要点：1. 你喜欢的东西是什么；

2. 你喜欢的理由是什么。

要求：1. 字数为 300 ～ 350 字；

2. 格式正确，书写清楚；

3. 写作要点必须在文中体现出来；

4. 文章使用「です・ます」体。

第45课 少子化が進んで、日本の人口はだんだん減っていくでしょう

一 词汇拓展

1 少子化：少子化

【关】高齢化：老龄化

2 アクセス（access）：连接，衔接

3 田舎：乡下

【速】いな—いね—稻子

か—地方

【关】田舎者：乡下人

都会：城市

4 よさ：长处，好处

【解】「よい」的名词形式。

5 部屋代：房租

【关】家賃：房租

6 憧れ：憧憬

【关】憧れる：憧憬

7 進む：前进，加重

【速】す—轻盈

す—轻盈

む—前进

【关】時が進む：时光在流逝

仕事が進む：工作在推进

8 磨く：刷，擦，打磨，磨炼

【速】み—美

が—用力

く—方向

【关】歯を磨く：刷牙

磨き：「磨く」的名词形式

例：～に磨きをかける（对……进行磨炼、锤炼、精炼）

9 曇る：阴天，模糊不清

【速】くも—云

る—动词词尾

【关】湯気でメガネが曇る：眼镜因为热气而起雾

頭/意識が曇る：迷迷糊糊/意识不清

10 似る：像，相似（状态动词）

【关】君はお姉さんと（に）よく似ていますね：你和你姐姐长得好像

11 ライトアップする（light up）：景观照明

12 普及する：普及（自动词）

【关】スマホが急速に普及してきた：手机迅速普及

科学を普及させる：普及科学

13 手軽：简便，简单

【关】手軽な料理：简便的饭菜

14 どんどん：接连不断，接二连三，大步发展

【关】何(なん)でもどんどん聞(き)く：接二连三地问

どんどん進(すす)む：大步发展

だんだん：一步一步地

15 なんか：有点，总觉得

【解】用来形容不知所以的感觉。

二 语法延伸

1.「～し～し」的用法

（1）接续：终止形＋し

（2）含义：表并列（暗含因果关系），译为“又……又……”。

2.「～ば～ほど」的用法

表示“越……越……”，其中「～ば～ほど」部分的内容对应中文第一个“越”，「ほど」后面的内容对应中文第二个“越”。该句型中「～ば」的部分可以省略。如果前接形容词、形容动词，除了可以用ば形接续，也可以在简体形后面接「なら」。

3.「以前(いぜん)」和「前(まえ)」

以前(いぜん)（以前）：副词，前面不能接定语。

前(まえ)（以前，之前）：名词，前面需接定语。「～前(まえ)に」意为“在……之前”。

三 基本课文与音调

1. 少子化（しょうしか）が　進（すす）んで、日本（にほん）の　人口（じんこう）は　だんだん　減（へ）って　いくでしょう。

2. ずっと　本（ほん）を　読（よ）んで　いたので、目（め）が　疲（つか）れて　きました。

3. おいしいし、手軽（てがる）だし、わたしは　冷凍食品（れいとうしょくひん）を　よく　食（た）べます。

4. この　本（ほん）は　読（よ）めば　読（よ）むほど　おもしろいです。

A　甲：最近（さいきん）、中国（ちゅうごく）へ　旅行（りょこう）に　行

（い）く　日本人（にほんじん）が　増（ふ）えて　きましたね。

乙：ええ、ホテルや　交通（こうつう）の　便（べん）が　よく　なりましたからね。

B 甲：お母（かあ）さん、雨（あめ）が　降（ふ）って　きたよ。

乙：あら、大変（たいへん）。誠（まこと）、洗濯物（せんたくもの）　入（い）れてよ。

C 甲：休（やす）みだし、天気（てんき）も　いいし、どこかに　出（で）かけませんか。

乙：いいですね。わたしは　ハイキングに　行（い）きたいです。

D 甲：商品（しょうひん）は　安（やす）ければ　安（やす）いほど　売（う）れるんでしょう？

乙：いいえ。品質（ひんしつ）が　悪（わる）いと、安（やす）くても　売（う）れません。

四 应用课文 上海

陳：森（もり）さん、見（み）えて　きましたよ。あそこが　上海（シャンハイ）の　中心地（ちゅうしんち）です。

森：ライトアップされて　いますね。うーん、見（み）れば　見（み）るほどきれいだなあ。

陳：以前（いぜん）　住（す）んで　いた　ことが　あるんですが、とても　住（す）みやすい　所（ところ）ですよ。

森：陳（ちん）さん、上海（シャンハイ）に　住（す）んで　いたんですか。

陳：ええ。本当（ほんとう）に　いい　所（ところ）です。住（す）めば　住（す）むほど、上海（シャンハイ）の　よさが　分（わ）かりますよ。

森：にぎやかだし、高（たか）い　ビルが　多（おお）いし、なんか　東京（とうきょう）に　似（に）て　いますね。

陳：上海（シャンハイ）は　急速（きゅうそく）に　近代化（きんだいか）が　進（すす）んで、町並（まちな）みが　大（おお）きく　変（か）わって　きましたからね。

森：そう言（い）えば、何年（なんねん）か　前（まえ）に　リニアモーターカーが　開通（かいつう）したんですよね。

陳：ええ。空港（くうこう）から　市内（しない）までの　アクセスが　よく　なりましたから、人（ひと）も　増（ふ）えて　きたし、これから　もっと　変（か）わって　いくと　思（おも）いますよ。

陳：あら、雨（あめ）が　降（ふ）って　きましたね。

森：ひどく　なりそうですね。ちょっと　雨宿（あまやど）りしましょうか。

陳：ええ。じゃあ、この喫茶店（きっさてん）に　入（はい）りましょう。人（ひと）も　少（すく）ないし、店（みせ）も　きれいだし。

森：そうですね。ところで、おなかが　すいて　きたんですが……

陳：そうですか。じゃあ、何（なに）か　軽（かる）く　食（た）べて　いきましょう。

五 习题

1. 写出下列词语的读音。

少子化（　　　）　人口（　　　）　平均年齢（　　　）　時間帯（　　　）

森林（　　　）　地球（　　　）　以前（　　　）　部屋代（　　　）

調子（　　　）　便（　　　）

2. 写出下列假名对应的汉字。

こうれいしゃ（　）　きつえんしゃ（　）　きんだいか（　）　まちなみ（　）　うりあげ（　）　にる（　）　てがる（　）　いなか（　）　こうつう（　）　しない（　）

3. 请在[A]～[D]中选出最佳选项。

(1) この町はなんか大都市（　）似ていますね。

[A] で　[B] に　[C] が　[D] や

(2) 結婚式はできるだけ（　）行いたいです。

[A] やすく　[B] 地味に　[C] 手軽に　[D] やさしく

(3) 学べば学ぶほど（　）おもしろくなってきた。

[A] たびたび　[B] ねんねん　[C] ますます　[D] とうとう

（4）この店の料理は安い（　）、おいしいです。
[A] ので　[B] から　[C] し　[D] も

（5）ずっと本を読んでいたので、目が疲れて（　）。
[A] いきました　[B] きました　[C] いきます　[D] きます

（6）休み（　）、天気もいい（　）、どこかに出かけませんか。
[A] し、し　[B] だし、し　[C] たり、たり　[D] だり、だり

（7）今から走って（　）間に合いません。
[A] 行っても　[B] 行きても　[C] 行いても　[D] 行くのに

（8）この本は（　）ば（　）ほど面白い。
[A] 読む、読む　[B] 読め、読め　[C] 読め、読む　[D] 読む、読め

（9）少子化が進んで、日本の人口はだんだん減って（　）でしょう。
[A] いく　[B] くる　[C] いった　[D] きた

（10）姉の乗った飛行機が遠くへ（　）。
[A] 飛んできました　[B] 飛びてきました
[C] 飛んでいきました　[D] 飛びていきました

（11）お客様（　）お知らせです。
[A] にの　[B] への　[C] にとっての　[D] についての

（12）いい本を読めば読むほど、人の心が（　）。
[A] 豊かになっていく　[B] 豊かになってきた
[C] 豊かにしていく　[D] 豊かにしていった

4. 先将[A]～[D]排序，再选出填入（ ★ ）的选项。

（1）これ（　）（　）（ ★ ）（　）いきます。
[A] もっと　[B] から　[C] 努力　[D] して

（2）これまで漫画を（　）（　）（ ★ ）（　）、こんなにおもしろいのは初めてだ。
[A] が　[B] 読んで　[C] きた　[D] たくさん

（3）高齢者向けの携帯電話は操作が（　）（　）（ ★ ）（　）いい。
[A] 簡単　[B] ほど　[C] な　[D] 簡単なら

5. 将下列句子译成日语。

（1）少子化现象加剧，日本的人口将会越来越少吧。
（2）关着灯又锁着门，小李肯定不在家。
（3）住得越久越能体会到上海的好处。
（4）冷冻食品又好吃又简单，所以我经常吃。

第 46 课　これは柔らかくて、まるで本物の毛皮のようです

词汇拓展

1 毛皮（けがわ）：毛皮

【关】毛（け）：毛

皮（かわ）：皮

髪（かみ）の毛（け）：头发

獣（けもの）：野兽

2 本物（ほんもの）：真货，真东西

【关】偽物（にせもの）：假货

3 柄（がら）：花纹，花样

【关】柄（がら）にもない：不配的

人柄（ひとがら）：人品

例：人柄（ひとがら）がいい（人品好）

4 味噌汁（みそしる）：酱汤

【速】み—水

そ—源「醤（しょう）」

しる—音同“吸溜”

5 お祭（まつ）り：节日

【速】お—美化

ま—全

つ—连接，连带

り—连用形

6 オートバイ（auto bicycle）：摩托车

7 インタビュー（interview）：采访

【关】インタビューを受（う）ける：接受采访

8 プラン（plan）：计划

9 頭痛（ずつう）：头疼

【关】頭痛（ずつう）がする：感到头疼

10 吐（は）き気（け）：恶心，想要呕吐

【关】吐（は）き気（け）がする：恶心，想要呕吐

11 家事（かじ）：家务活

【关】火事（かじ）：火灾（同音词）

12 出来事（できごと）：事情，事件

【速】で—出

き—来

ごと—こと—事情

【解】指偶然的突发事件。

13 周（まわ）り：周围

【速】ま—圆

わ—周

り—连用形

【解】除了指地方，也可指人的周围。

【关】辺（あた）り：周围（指地方）

身（み）の周（まわ）り：周围的人 / 事 / 地方

14 におい：味道，气味

【速】に—红—花

お—覆盖

い—存在

15 せっけん：肥皂

【解】汉字写作「石鹸（せっけん）」。

16 香水：香水

【关】洪水：洪水

17 末：末尾，末了

【关】月の末：月末

年の末：年末

末長くのご幸福をお祈りいたします：祝你永远幸福

18 半月：半月，半个月

【关】半ヶ月：半个月

19 済む：完成，完结，结束

【关】すみません：对不起（内心的歉意、谢意没有完）

仕事が済んだ：工作完成了

～済み：已经……；……完了

例：証明済み（证毕）

解決済み（解决完）

住む：居住（同音词）

例：成都に住んでいます（住在成都）

20 積もる：堆积

【速】つ—附着，连带

も—拿

る—动词词尾

【关】雪が積もる：积雪

借金が積もる：债台高筑

仕事が積もる：工作堆积

21 過ごす：度过，生活；过度

【速】す—轻盈地

ご—ぎ—消失

す—他动词词尾

【关】楽しい夏休みを過ごす：度过了一个愉快的暑假

酒を過ごす：酒喝多了

度を過ごす：过分，超过一定限度

例：度を過ごせば、バランスがうまく取れない（如果超过限度，就不能很好地取得平衡）

连用形＋過ごす：过期，错过

例：寝過ごす（睡过了）

乗り過ごす（坐过站了）

見過ごす（看过了→看漏了，置之不问）

22 延ばす：延长

【速】の—长

ば—び—尾

す—他动词词尾

【关】伸ばす / 延ばす（他动词）

例：手を伸ばす（伸手）

背を伸ばす（挺胸）

売り上げを伸ばす（提高销量）

成績を伸ばす（提高成绩）

伸びる / 延びる（自动词）

例：背が伸びる（长高了）

平均年齢が延びる（平均年龄延长了）

23 済ませる：搞完，办完

【解】「済ませる」为「済む」的使役态。

【关】宿題 / 仕事を済ませる：完成作业 / 工作

簡単に済ませるわけにはいかない：绝不能轻易放过你

24 枯れる：枯萎，干燥

【速】か—坚硬，干巴巴

れる—自动词标志

【关】木が枯れる：树枯了

花が枯れる：花枯了

涸れる：干涸

例：川が涸れる（河干涸了）

25 発送する：发送，寄送

【关】送信する：传送信号

26 爽やか：清爽，爽快

【速】さ—爽快感

わ—轻的

やか—形容动词词尾

【关】爽やかな印象を与える：给人清爽的印象

27 まるで：简直

【解】「まるで」后接比喻。

28 いかにも：典型的，实在，的确

【解】表示程度很高。

29 このごろ：最近

【解】「この前」「この間」「このごろ」「最近」都表示“最近（过去）”。其中，「この前」与「この間」后面接一次性或已完成的动作；「このごろ」后面接反复的动作、习惯、状态，表示“这段时间一直……”；「最近」既可接单次动作，也可接习惯或状态。

另外，「最近」表“不久的将来”时，意同「近いうちに」。

二 语法延伸

1.「名词 + の / 动词连体形 + ようです」和「名词 / 动词简体形式 + みたいです」均表示比喻，译为“好像……一样”。其中，「みたい」比「よう」更口语化。

2.「らしい」的用法

在这里表示事物的典型特征，如：日本語らしい日本語（纯正的日语）。

3.「まで」和「までに」

まで：表示时间段，后面必须接持续动词。

までに：表示截止时间、期限，后面必须接瞬态动词。

4.「間（は）」和「間に」

間（は）：在此期间一直……。

間に：在此期间的某一个时间点做完了 / 完成了……。

5.「感官名词 + がする」表示“感觉 / 感到……”。

6. 与旅行有关的词汇

連休：小长假

パックツアー：跟团游

フリーツアー：自由行

ガイドブック：旅行手册

安全ベルト / シートベルト：安全带

両替：兑换，换钱

三 基本课文与音调

1. これは　柔（やわ）らかくて、まるで　本物（ほんもの）の　毛皮（けがわ）の　ようです。

2. この着物（きもの）は　いかにも　日本（にほん）らしい　柄（がら）ですね。

3. 明日（あした）の　9時（くじ）までに　この　書類（しょるい）を　完成（かんせい）させなければ　なりません。

4. わたしが　留学（りゅうがく）して　いる　間（あいだ）に、家（いえ）の周（まわ）りも　ずいぶん　変（か）わりました。

A 甲：この野菜（やさい）、レモンの　ような　味（あじ）が　しますね。

乙：ええ、本当（ほんとう）に。まるで　果物（くだもの）みたいですね。

B 甲：うちの　子供（こども）は　将来（しょうらい）、宇宙飛行士（うちゅうひこうし）に　なりたいんだ　って。

乙：いかにも　子供（こども）らしい　夢（ゆめ）ね。

C 甲：この　書類（しょるい）、いつ　発送（はっそう）しますか。

乙：そうですね。今月（こんげつ）の　末（すえ）までに　届（とど）く

ように　出（だ）して　ください。

D 甲：オートバイを　買（か）う　そうだね。高（たか）い　だろう。

乙：うん、学校（がっこう）が　休（やす）みの　間（あいだ）、アルバイトを　する　つもりなんだ。

四 应用课文 事務所探し

森：陳（ちん）さん、今日中（きょうじゅう）に　事務所（じむしょ）の　候補地（こうほち）を　探（さが）すんですよね。

陳：ええ。来月（らいげつ）の　初（はじ）めまでには、開設（かいせつ）の　準備（じゅんび）を　済（す）ませたいので。

森：ここ、いいんじゃ　ないですか。

陳：うーん、でも、なんだか　教室（きょうしつ）みたいな　所（ところ）ですね。

森：広（ひろ）くて、明（あか）るくて、交通（こうつう）の便（べん）も　いいし、働（はたら）きやすいと　思（おも）いますよ。

陳：さっきのは　もっと　広（ひろ）かったんじゃ　ないですか？

森：でも、ちょっと　うるさかったですね。部屋（へや）の　中（なか）を　見（み）て　いる　間（あいだ）、外（そと）で　ずっと　車（くるま）の　音（おと）が　して　いましたよ。

陳：そうですね……じゃあ、ここに　しましょうか。

陳：この辺（へん）は　「外灘（ワイタン）」と　言（い）って、古（ふる）い　建物（たてもの）が　多（おお）いんです。

森：ここが　「外灘（ワイタン）」ですか。まるで　ヨーロッパの　町並（まちな）みを　見（み）て　いる　ようですね。中国（ちゅうごく）に　いる　間（あいだ）に、一度（いちど）は　来（き）たいと　思（おも）って　いたんです。

森：出発（しゅっぱつ）までに　時間（じかん）が　ありますよね。どこか　ちょっと　寄（よ）りませんか。

陳：じゃあ、南京路（ナンキンろ）へ　行（い）きましょう。いかにも　上海（シャンハイ）　らしい　所（ところ）ですよ。

五 习题

1. 写出下列词语的读音。

毛皮（　　　　）　本物（　　　　）　石鹸（　　　　）　出来事（　　　　）
家事（　　　　）　匂い（　　　　）　寒気（　　　　）　選手（　　　　）
初め（　　　　）　発送（　　　　）

2. 写出下列假名对应的汉字。

きんちょう（　　）　はんつき（　　）　めんせつ（　　）　かいせつ（　　）
まわり（　　）　すえ（　　）　ずつう（　　）　いけん（　　）　わいたん（　　）　すもう（　　）

3. 请在[A]～[D]中选出最佳选项。

(1) 結婚式はできるだけ手軽に（　　）。
[A] すませたい　[B] すんだ　[C] すすんだ　[D] すみたい

(2)（　　）困ったような顔だ。
[A] いかに　[B] いくら　[C] いかにも　[D] とにかく

(3) 赤ちゃんが（　　）間に、洗濯をしました。
[A] 寝て　[B] 寝た　[C] 寝ます　[D] 寝ている

(4) この飲み物にはレモンのような味（　　）。
[A] をきます　[B] がきます　[C] をします　[D] がします

(5) 町中はすっかりお正月（　　）雰囲気になりました。
[A] らしく　[B] らしい　[C] のよう　[D] そう

(6) テレビを見ている（　　）、寝てしまいました。
[A] ところ　[B] うちに　[C] 間　[D] ころ

(7) 先生に四月までにレポートを提出しろと（　　）。
[A] 言われました　[B] 言いました　[C] 言わせました　[D] 話しました

(8) 大好きな歌手の A さんに会いました。まるで夢（　　）です。
[A] のよう　[B] よう　[C] ような　[D] ように

(9) お茶が冷めない（　　）、早く飲んでね。
[A] うち　[B] うちに　[C] 間　[D] 間に

(10) 彼女のさびし（　　）横顔に惹かれた。
[A] みたい　[B] らしい　[C] ような　[D] そうな

(11) そんな無茶なことをやってしまって、お前（　　）ない。
[A] らしく　[B] らしい　[C] のよう　[D] そう

(12) 学生（　　）、もっと勉強しなさい。
[A] らしく　[B] らしい　[C] のよう　[D] そう

(13) 私は毎晩、11 時半（　　）寝るようにしています。
[A] まで　[B] までに　[C] ×　[D] と

4. 先将[A]~[D]排序，再选出填入（ ★ ）的选项。

(1) まるで（　　）（　　）（ ★ ）（　　）です。
[A] テレビ　[B] 出来事　[C] ドラマ　[D] のような

(2) 私が（　　）（　　）、（ ★ ）（　　）変わりました。
[A] 留学している　[B] 家の周りも　[C] ずいぶん　[D] 間に

(3) 先生（　　）（　　）（ ★ ）（　　）話せるようになりたいです。
[A] 日本語が　[B] に　[C] みたい　[D] 上手に

5. 将下列句子译成日语。
(1) 这件和服的花纹是典型的日本样式。
(2) 趁着孩子睡觉，我打扫了房间。
(3) 在九月底之前我想找到一处新房子。
(4) 真像看到了欧洲的街道。

第 47 课　周先生は明日日本へ行かれます

一 词汇拓展

1 くださる：给（尊他）

【速】く—方向
だ—た—他人
さ—下
る—动词词尾

2 チェックインする（check-in）： 办理入住手续

【关】チェックアウトする（check-out）：办理退房手续（反义词）

3 先(さき)ほど：刚才

【解】比「さっき」更加正式。

二 语法延伸

1. 敬语：尊他语（尊敬語（そんけいご））、自谦语（謙譲語（けんじょうご））、礼貌语（丁寧語（ていねいご））、美化语（美化語（びかご））。

2. 尊他语的表达

（1）换词（敬意最高，参照教材中的表格）

（2）公式

① 辞书形的尊他语：

お＋一段或五段动词连用形＋になる / なさる

ご＋サ变动词汉字＋になる / なさる

②「ている」的尊他语：

お＋一段或五段动词连用形＋だ

ご＋サ变动词汉字＋だ

③「てくれる」的尊他语：

お＋一段或五段动词连用形＋くださる

ご＋サ变动词汉字＋くださる

（3）被动（敬意最低）：仅将动词替换成被动态，其他助词一律不变。

三 基本课文与音调

1. 周先生（しゅうせんせい）は　明日（あした）　日本（にほん）へ　行（い）かれます。

2. お客様（きゃくさま）は　もう　お帰（かえ）りに　なりました。

3. どうぞ　お座（すわ）りください。

4. 先生（せんせい）、何（なに）を　召（め）し上（あ）がりますか。

A　甲：お土産（みやげ）は　もう　買（か）われましたか。

　　乙：はい、買（か）いました。

B　甲：もう　その　資料（しりょう）を　ご覧（らん）に　なりましたか。

　　乙：いえ、まだです。忙（いそが）しくて、読（よ）む　暇（ひま）が　ありませんでした。

C 甲：あのう、靴売場（くつうりば）は　何階（なんかい）ですか。

乙：4階（よんかい）です。エスカレーターを　ご利用（りよう）ください。

D 甲：小野（おの）さん、木村部長（きむらぶちょう）、何時（なんじ）に　戻（もど）るって　おっしゃいましたか。

乙：木村部長（きむらぶちょう）ですか。先（さき）ほど　戻（もど）って　いらっしゃいましたよ。

四 应用课文 社長の 下見

加藤：お食事（しょくじ）は　もう　お済（す）みに　なりましたか。

社長：うん、飛行機（ひこうき）の　中（なか）で　食（た）べて　きたよ。

加藤：では、まず　ホテルに　チェックイン　なさいますか。それとも、先（さき）に　事務所（じむしょ）を　ご覧（らん）に　なりますか。

社長：そうだな。事務所（じむしょ）へ　直行（ちょっこう）しようか。早（はや）く　見（み）て　みたいからな。

森：こちらの　ドアから　お入（はい）りください。

社長：広（ひろ）くて　明（あか）るいね。あの絵（え）は？

加藤：ああ、あれは　日中商事（にっちゅうしょうじ）の　社長（しゃちょう）が　くださった　絵（え）です。

社長：あっ、そう。なかなか　いいんじゃないか。

加藤：はい。ところで、社長（しゃちょう）が　おっしゃて　いた　スタッフの件（けん）ですが、李（り）さんに　上海（シャンハイ）に　来（き）て　もらおうと　思（おも）うんですが……

森：いい　事務所（じむしょ）だって、社長（しゃちょう）が　ほめて　いらっしゃいましたよ。

陳：そうですか。よかったです。気（き）に　入（い）って　くださって。それで、社長（しゃちょう）は　こちらにも　お寄（よ）りに　なるのかしら？

森：いいえ、そちらへは　寄（よ）らずに、明日（あした）の　朝（あさ）の便（びん）で、東京（とうきょう）に　戻（もど）られる　予定（よてい）です。

五 习题

1. 写出下列词语的读音。

下見（　　　）　お子さん（　　　）　先ほど（　　　）　社長（　　　）　経理（　　　）　営業（　　　）　本社（　　　）　受付（　　　）　所長（　　　）　主任（　　　）

2. 写出下列假名对应的汉字。

しゃいん（　）　じんじ（　）　かちょう（　）　しゅにん（　）　こうじょう（　）　じゅうやく（　）　ぶか（　）　したみ（　）　じょうし（　）　ひしょ（　）

3. 请在[A]～[D]中选出最佳选项。

(1) 先生は明日ずっと研究室に（　）そうです。
[A] なさる　[B] いらっしゃい　[C] いらっしゃる　[D] います

(2) 社長はいつお帰りに（　）ますか。
[A] し　[B] なり　[C] い　[D] され

(3) 留守中に田中さんという方がお見えに（　）。
[A] なさいました　[B] くださいました　[C] なりました　[D] 来ました

(4) いらっしゃいませ。どうぞお（　）ください。
[A] 入り　[B] 入る　[C] 入って　[D] 入ら

(5) ——どちらから（　）ましたか。
——中国から来ました。
[A] なさい　[B] いらっしゃい　[C] ご覧　[D] 行き

(6) ——山田さんはいらっしゃいますか。
——はい、ちょっと（　）。
[A] 待っていただけます　[B] お待ちになります
[C] 待ってさしあげます　[D] お待ちください

(7) 遠慮しないで、たくさん（　）ください。
[A] 召し上がって　[B] 召し上がり　[C] 召し上がれ　[D] 召し上がる

(8) どうぞこちらに（　）ください。
[A] お座り　[B] 座て　[C] 座れ　[D] 座られ

(9) 先生はどちらに（　）ますか。
[A] お住まれ　[B] 住んでいらっしゃい
[C] 住まりになり　[D] お住まられ

(10) 先生、木村君が受賞したことをご存じ（　　）か。
[A] ます　[B] します　[C] です　[D] になります

(11) これは佐藤教授が（　　）なった本です。
[A] お書かれに　[B] お書かれ　[C] お書きの　[D] お書きに

(12) パスポートを持って（　　）ますか。
[A] まいり　[B] いらっしゃい　[C] おり　[D] ゆき

(13) たばこは（　　）。
[A] ご遠慮してください　[B] ご遠慮します
[C] ご遠慮ください　[D] 遠慮しないで

(14) 李先生は毎朝運動を（　　）そうです。
[A] なさる　[B] いたす
[C] なさっている　[D] いらっしゃっている

4. 先将[A]~[D]排序，再选出填入（ ★ ）的选项。

(1) もう（　　）（　　）（ ★ ）（　　）か。
[A] 中華料理　[B] 食べ　[C] を　[D] られました

(2) 社長は（　　）（　　）（ ★ ）（　　）います。
[A] 待って　[B] 会議室　[C] いらっしゃ　[D] で

(3) 旅行の（　　）（　　）（ ★ ）（　　）か。
[A] もう　[B] 日程は　[C] お決まりに　[D] なりました

5. 将下列句子译成日语。

(1) 客人已经回去了。
(2) 今天早晨您几点钟起的床?
(3) 周老师明天去日本。
(4) 您已经吃过饭了吗?

第 48 课　お荷物は私がお持ちします

一 词汇拓展

1 明日（みょうにち）：明天

【解】正式程度：明日（みょうにち）＞明日（あす）＞明日（あした）。

2 弊社（へいしゃ）：敝公司

【关】貴社（きしゃ）：贵公司

3 傷（きず）：伤，瑕疵

【速】きず—刻（きざ）む—刻

き—切（き）る—切

ざ—さ—摩擦

む—用力

【关】傷(きず)をつける：受伤

傷付(きずつ)ける：弄伤（他动词）

傷付(きずつ)く：受伤（自动词）

4 おつり：找的零钱

【速】お—美化

つり—つり合(あ)い—均衡，平衡

5 参(まい)る：来，去（自谦）

【速】ま—表强调

い—去，到

る—动词词尾

6 いただく：吃，喝；得到（自谦）

【速】い—存在

た—下垂

だ—た—下垂

く—方向

7 差(さ)し上(あ)げる：给（自谦）

【速】さし—差(さ)す—打，撑

あげる—使……向上

8 進(すす)める：推进，使前进（他动词）

【速】す—轻盈

す—轻盈

め—む—前进

る—动词词尾

【关】進(すす)む：前进（自动词）

おススメ料理(りょうり)：特色美食

9 期待(きたい)する：期待，希望

【关】憧(あこが)れる：期待，憧憬

例：～に憧(あこが)れる（期待……）

10 世話(せわ)する：照顾，帮助

【解】「世話(せわ)」亦可作名词使用。

【关】誰々(だれだれ)の世話(せわ)をする：照顾某人

誰々(だれだれ)の世話(せわ)になる：受某人照顾

11 少々(しょうしょう)：稍稍

【解】正式程度：少々(しょうしょう)＞少(すこ)し＞ちょっと。

12 実(じつ)は：其实，实际上

【关】実(じつ)に：确实，实在，着实（相当于「とても」）

二 语法延伸

1. 自谦语

①辞书形的自谦语：

お＋一段或五段动词连用形＋する / いたす

ご＋サ变动词汉字＋する / いたす

②「てもらう」的自谦语：

お＋一段或五段动词连用形＋いただく

ご＋サ变动词汉字＋いただく

③「てあげる」的自谦语:

お＋一段或五段动词连用形＋差(さ)し上(あ)げる

ご＋サ变动词汉字＋差(さ)し上(あ)げる

④「させてもらう」的自谦语：させていただく

⑤「てほしい」的自谦语:

お＋一段或五段动词连用形＋願(ねが)う

ご＋サ变动词汉字＋願(ねが)う

2. ございます / でございます

「ござる」为「ある」的自谦语，「でござる」为「である」的自谦语，而「である」相当于「です」。

三 基本课文与音调

1. お荷物（にもつ）は　私（わたくし）が　お持（も）ちします。

2. 明日（みょうにち）、私（わたくし）が　そちらへ　伺（うかが）います。

3. コピーは　私（わたくし）が　いたします。

4. 黄教授（こうきょうじゅ）に　論文（ろんぶん）を　見（み）て　いただきました。

A 甲：昨日（さくじつ）、メールを　お送（おく）りしたんですが……

乙：ええ、拝見（はいけん）しました。先（さき）ほど　返事（へんじ）をお出（だ）ししました。

B 甲：どちらから　いらっしゃったんですか。

乙：中国（ちゅうごく）の　北京（ペキン）から　参（まい）りました。

C 甲：そろそろ　失礼（しつれい）いたします。どうも　お邪魔（じゃま）いたしました。

乙：何（なん）の　お構（かま）いも　しませんで。

D 甲：この服（ふく）、ちょっと　小（ちい）さいので、取（と）りかえて　いただけますか。

乙：承知（しょうち）いたしました。少々（しょうしょう）　お待（ま）ちください。

四 应用课文 上海事務所

山田：おはよう　ございます。山田（やまだ）です。今日（きょう）から　お世話（せわ）に　なります。大学（だいがく）を　卒業（そつぎょう）した　ばかりで、右（みぎ）も　左（ひだり）も　分（わ）かりませんが、一生懸命（いっしょうけんめい）頑張（がんば）りますので、ご指導（しどう）よろしく　お願（ねが）いいたします。

陳：期待（きたい）して　いますよ。こちらこそ　よろしく。

李：よろしく　お願（ねが）いします。いっしょに　頑張（がんば）りましょう。

李：はい、JC企画（ジェーシーきかく）上海事務所（シャンハイじむしょ）でございます。

佐藤：私（わたくし）、日中商事（にっちゅうしょうじ）の　佐藤（さとう）と申（もう）します。お送（おく）りいただいた　案内状（あんないじょう）、拝見（はいけん）しました。

李：いつも　お世話（せわ）に　なって　おります。また、この度（たび）は、突然（とつぜん）お手紙（てがみ）を　差（さ）し上（あ）げ、失礼（しつれい）いたしました。

佐藤：いえ。実（じつ）は、私（わたくし）どもでは、これから　新商品（しんしょうひん）の　開発（かいはつ）を　進（すす）めて　いく　予定（よてい）なんです。そこで、ぜひ、詳（くわ）しい　お話（はなし）を　伺（うかが）いたいのですが。

李：ありがとう　ございます。早速（さっそく）、資料（しりょう）を　届（とど）けさせて　いただきます。

佐藤：そうですか。では、一度（いちど）社（しゃ）の方（ほう）に　おいでいただけますか。明日（あす）なら　午後（ごご）は　ずっと　社（しゃ）に　おりますが……

李：承知（しょうち）いたしました。私（わたくし）、李秀麗（りしゅうれい）と　申（もう）します。では、明日（みょうにち）の　午後（ごご）、お伺（うかが）いします。

五 习题

1. 写出下列词语的读音。

案内状（　　）　私（　　）　傷（　　）　拝見（　　）
世話（　　）　期待（　　）　承知（　　）　貴重（　　）
少々（　　）　突然（　　）

2. 写出下列假名对应的汉字。

へいしゃ（　）　きちょう（　）　このたび（　）　はいけん（　）
じつは（　）　みょうにち（　）　きず（　）　もの（　）　さくじつ（　）　あす（　）

3. 请在[A]～[D]中选出最佳选项。

(1) ——先日ごちそうさまでした。おいしかったです。
——いいえ、（　）。
[A] どういたしまして　[B] 何でもないです
[C] 何のお構いもできませんで　[D] こちらこそ

(2) ——すみません、田中さんはいらっしゃいますか。
——（　）が、田中はただいま席を外しております（不在）。
[A] 申しました　[B] 申し訳ありません
[C] 申し訳あります　[D] 申します

(3) その質問にはわたしがお答え（　）。
[A] なさいます　[B] になります　[C] されます　[D] いたします

(4) ——すみません、明日用事があるので、（　）いただきたいんですが。
——明日ですか……
[A] 休んで　[B] 休まれて　[C] 休みて　[D] 休ませて

(5) みなさんにご心配をお（　）しまして、すみませんでした。
[A] かけて　[B] かけ　[C] かけられて　[D] かけさせて

(6) 鈴木さんが（　）牛丼の作り方はまだ覚えています。
[A] 教えていただいた　[B] 教えになりました
[C] 教えてくださった　[D] 教えしました

(7) 土曜日は用事がありますので、打ち合わせの時間を日曜日に（　）。
[A] 変更されていただけませんか　[B] 変更させていただけませんか
[C] 変更していただけませんか　[D] 変更させていたたきませんか

(8) 私は先生にレポートを（　　）。
［A］ご指導になりました　［B］ご指導されました
［C］ご指導いただきました　［D］ご指導していただきました

(9) もう少し（　　）ください。
［A］考えされて　［B］考えらせて　［C］考えさせて　［D］考えかせて

(10) もう一度ゆっくり（　　）。
［A］話していただけませんか　［B］お話ししていただけませんか
［C］話していただきませんか　［D］お話ししていただきませんか

(11) これはわたしが（　　）した料理です。どうぞ召し上がってください。
［A］お作りに　［B］お作る　［C］お作り　［D］作らせ

(12) 明日の夜、お宅に（　　）いいですか。
［A］伺っても　［B］伺う　［C］伺っては　［D］伺いに

(13) ——どうぞ、ご覧ください。
——では、（　　）。
［A］拝見します　［B］ご覧になります
［C］いただきます　［D］差し上げます

(14) 部長、今回の企画について、ご意見をいただければと（　　）。
［A］申し上げます［B］申します　［C］差し上げます　［D］存じます

4. 先将[A]～[D]排序，再选出填入（ ★ ）的选项。

(1) 友達の（　　）（　　）（ ★ ）（　　）ました。
［A］お父さんに　［B］いただき　［C］空港まで　［D］送って

(2) お（　　）（　　）（ ★ ）（　　）しました。
［A］送り　［B］案内状を　［C］いただいた　［D］拝見

(3) これから（　　）（　　）（ ★ ）（　　）思います。
［A］上がっていく［B］と　［C］家賃が　［D］のではないか

5. 将下列句子译成日语。
(1) 明天去贵府拜访可以吗？
(2) 关于上个月的业绩，请允许我做一下报告。
(3) 这项工作能让我做吗？
(4) 社长，能帮我看一下这个报告吗？

第十二单元测试

扫码获得听力音频与原文

一、听录音，选出正确答案。

1 番
1. テーブルを片付ける　2. 木村を案内する　3. お茶を準備する

2 番
1. デザイン　2. 色　3. 重さ

3 番
1. 場所の広さ　2. 交通の便利さ　3. 場所の静かさ

4 番
1. 料理を作る　2. お客さんを案内する　3. 野菜を洗う

5 番
1. 四番線　2. 五番線　3. 六番線

6 番
1. 電車でいく　2. 歩いていく　3. 自転車でいく

7 番
1. 手紙を書く　2. 手紙をチェックする　3. 教室にくる

8 番
1. 天気が悪い　2. 機械が故障した　3. 病気になった

9 番
1. 毎日同じ時間に帰れる　2. 給料が高い　3. 通勤時間が長い

10 番
1. ほかのものと一緒に洗ってもいい
2. 温かい水で洗ってもいい
3. 洗濯機で洗ってはいけない

二、请在 [A] ～ [D] 中选出最佳选项。

1. 郊外は都心部（　　）環境汚染が進んでいないようです。
[A] たら　[B] でも　[C] ほど　[D] ぐらい

2. もう 12 時を過ぎた（　　）、彼は帰って来ていません。
[A] のに　[B] なのに　[C] のまま　[D] まま

3. 私は日本語が話せるように（　　）。
[A] なりました　[B] なります　[C] しました　[D] します

4. 病気（　　）ように、薬を飲んでいます。
[A] が治る　[B] を治す　[C] が治った　[D] を治した

5. ここ数年、海外に留学する人が増えている（　　）ニュースを聞いた。
[A] そうな　[B] ような　[C] みたいに　[D] らしい

6. 荷物は午後2時までに（　　）ますか。
[A] 届けらせ　[B] 届けされ　[C] 届けさせ　[D] 届けられ

7. 課長の藤原はすぐ参りますので、少々（　　）。
[A] お待ちください　[B] お待ちしてください
[C] お待たれになさってください　[D] 待たせてください

8. 東京（　　）ところに住みたいです。
[A] みたいな　[B] みたい　[C] みないに　[D] みたいの

9. 天気予報によると、明日は雨（　　）です。
[A] らしい　[B] だらしい　[C] のらしい　[D] らしいの

10. 昨日、図書館から借りてきた本をもう全部読んで（　　）。
[A] いった　[B] いた　[C] おいた　[D] しまった

11. これから結婚しても、仕事を続けて（　　）つもりです。
[A] いく　[B] いきます　[C] くる　[D] きます

12. ほら、見て。雨が止んで、太陽が出て（　　）。
[A] 行きました　[B] 来ました　[C] 行きます　[D] 来ます

13. 店で注文した料理を（　　）間、雑誌を読みました。
[A] 待って　[B] 待った　[C] 待つ　[D] 待っている

14. もう10月ですが、夏（　　）暑さです。
[A] のような　[B] ような　[C] のようの　[D] ようの

15. 日本に留学している（　　）、いろいろなところに旅行に行きたい。
[A] 間　[B] 間に　[C] よう　[D] ように

16. ——先生、何時まで研究室にいらっしゃいますか。
——今日は五時まで（　　）よ。
[A] います　[B] 参ります
[C] あります　[D] いらっしゃいます

17. 姉の結婚式に参加しますので、休暇を（　　）いただけませんか。
[A] 取って　[B] 取らせて　[C] 取られて　[D] お取り

18. 最近暑くなったり寒くなったりして、風邪を（　　）やすいです。
[A] 引き　[B] 引いた　[C] 引いて　[D] 引く

19. 先生、お荷物を（　　）。
[A] お持ちしましょう　[B] お持ちなろう
[C] 持って差し上げましょう　[D] 持っていただきましょう

20. ここは滑り（　　）ので気をつけてください。
[A] みたい　[B] ような　[C] やすい　[D] にくい

21. 今回のことについて何か（　　）教えていただけませんか。
[A] 存じでしたら　[B] 存じましたら
[C] 承知しましたら　[D] ご存じでしたら

22. 雨で前が（　　）にくいので、運転する時は気をつけなければなりません。
[A] 見える　[B] 見えた　[C] 見えて　[D] 見え

23. 結婚式のスピーチは（　　）ば（　　）ほどいいと言われていますね。
[A] 短い、短い　[B] 短けれ、短い
[C] 短けれ、短けれ　[D] 短い、短けれ

24. このごろ忙しくて、食事（　　）食事をしていません。
[A] みたい　[B] らしい　[C] の　[D] のような

25. 先生のお宅に伺った時、奥様にカレーの作り方を教えて（　　）。
[A] くれました　[B] くださいました
[C] あげました　[D] いただきました

26. 部屋の中に（　　）間、ずっと外で車の音がしていましたよ。
[A] いる　[B] いている　[C] いた　[D] いていた

三、先将 [A]～[D] 排序，再选出填入（　★　）的选项。

1. 商品は（　　）（　　）（　★　）（　　）でしょう。
[A] 安い　[B] 安ければ　[C] ほど　[D] 売れるん

2. この牛乳は（　　）（　　）（　★　）（　　）、いつ買ったの？
[A] 味　[B] が　[C] 変な　[D] するけど

3. 部長は（　　）（　　）（　★　）（　　）そうです。
[A] 公園を　[B] 毎朝　[C] 散歩　[D] される

4. 早速、（　　）（　　）（　★　）（　　）いただきます。
　[A] を　　[B] 資料　　[C] 届け　　[D] させて

四、阅读文章，在 [A] ～ [D] 中选出最佳选项。

国際数学オリンピック（　1　）大会があることを知っているか。優秀な数学者を育成する（　2　）の国際コンテストで、四十数カ国が参加し、毎年の夏に各国で（　3　）。参加者は中高生で、6 名でチームを作り、グループで勝ち負けを決める。採点は解き方（解答法）や考え方（アイデア）に点数をおいて（　4　）。近年日本も参加する（　5　）が、まだ優勝していない。優勝を多く取ったのは中国の生徒（　6　）。同じ受験中心の教育を行っている国なのに、こんなに違うのはなぜなんだろう。

1. [A] という　[B] みたいな　[C] らしい　[D] そうな
2. [A] ほか　[B] ため　[C] よう　[D] ほど
3. [A] 行っている　[B] 行われている　[C] 行かれている　[D] 行かせている
4. [A] 決める　[B] 決めできる　[C] 決めさせる　[D] 決められる
5. [A] ようになった　[B] ようにした　[C] ことになった　[D] ことにした
6. [A] だろう　[B] かもしれない　[C] だそうだ　[D] そうだ
7. 著者の感想は何ですか。
　[A] 点数で順位を決めるのはおかしいです。
　[B] 中国の生徒はよく勉強しています。
　[C] 日本が優勝できないのはどうしてですか。
　[D] 解き方や考え方だけでは決まられません。

五、以《闲暇时光的生活》为题，写一篇 300 ～ 350 字的作文。

要点：1. 你每天怎么打发闲暇时光；
　　　2. 你对这种打发时间的方式的评价。

要求：1. 字数为 300 ～ 350 字；
　　　2. 格式正确，书写清楚；
　　　3. 写作要点必须在文中体现出来；
　　　4. 文章使用「です・ます」体。

参考答案

第25课

1. すうがく　じょゆう　えほん　きゅうりょう　しぜん　むすぶ　うまれる　ゆたか　ちいさな
2. 専門　空港　市街　道路　今夜　時差　渋滞　大きな　倒産する
3. (1)-(5) CDBAA　(6)-(10) CBCBC
4. (1)B(ACBD)　(2)D(BADC)　(3)D(BADC)　(4)B(DABC)　(5)D(CADB)
5.
   (1) 暇で給料が高い会社に入りたいです。
   (2) これは一日に三回飲む薬です。
   (3) この人を見たことがないですが、彼が書いた小説を読みました。
   (4) 机の上にある水を飲んではいけません。
   (5) 日本で一番行きたいところはどこですか。

第26课

1. おおあめ　かぜ　つき　しゅうかん　ふつう　りょうきん　なかはしる　はつげん　ごうかく
2. 桜　次　会費　豊作　防ぐ　優勝　約束
3. (1)-(5) CBADC　(6)-(10) BBBBC　(11)-(13)BBA
4. (1)C(BCDA)　(2)D(ACDB)　(3)A(BADC)
5.
   (1) 中国にはお辞儀の習慣がありません。それで、ついお辞儀するのを忘れます。
   (2) 彼ら二人が喫茶店で会うのを見たことがあります。
   (3) 最近は忙しいので、今週は行かないかもしれません。
   (4) 家族で旅行するのは楽しいです。
   (5) 彼がN1に合格したことを知っていますか。

第27课

1. けいざい　おおぜい　にっき　たっきゅう　さとう　しんごう　せつめい　あつまる　そうだん

2. 姉　高校　教師　看病　お年寄り　賞　有料　踊る　利用する
3. (1)-(5) BCBCB　(6)-(10) CBCAD
4. (1)D(BDCA)　(2)D(BCDA)　(3)C(DACB)　(4)C(DACB)
5.
(1) 小野さんは表やグラフをみせながら新しい企画の説明をしています。
(2) 子供の時、医者になりたかったですが、今、大学で国際関係学を勉強しています。
(3) 信号が赤の時、道を渡ってはいけません。
(4) ご飯を食べながら、テレビを見るのが好きです。
(5) 公園を散歩している時、大勢の人が集まっているのを見ました。

第28课

1. いみ　ふんいき　しんきょ　きんじょ　しゅうしょく　あんない　はつおん　ししゃちょう
2. 孫　係　家具　文章　拾う　得意　新鮮　交換
3. (1)-(5) CAABC　(6)-(11) CBCCB　B
4. (1)C(DCBA)　(2)B(DBAC)　(3)C(DBCA)
5.
(1) 大使館の電話番号を教えてもらえますか。
(2) 大使館の電話番号を教えてもらいましたが、書いたメモをなくしました。
(3) 彼は速くこの文章を訳してくれまして、私も読むことができました。
(4) 私は父に操作が簡単なパソコンを買ってあげました。
(5) この料理はとても美味しいです。そういえば、私たちは去年一度食べたことがあります。

第7单元测试

一、1番-5番 23333　6番-10番 12332
二、1-5 CACDA　6-10 CCACB　11-15 BDBCD　16-20 BBDAC　21-22 BC
三、1. A(DBAC)　2. A(DBAC)　3. B(CBAD)　4. D(CADB)　5. B(DCBA)　6. D(BCDA)　7. A(BDAC)
四、(一)1-6 CBCDB　A　(二)1-3 ACD

〈第29课〉

1. しつもん　ばあい　めいわく　めんきょ　せんそう　えんりょ　ちゅうい　ていねい　まもる
2. 標識　年上　失礼　乱暴　提出　助ける　逃げる　危険
3. (1)-(5) CAADC　(6)-(10) CBCDB　(11)-(12)CC
4. (1)D(BCDA)　(2)B(CDBA)　(3)B(DABC)　(4)D(CADB)
5.
   (1) 先部長は「書類を早く提出しろ」と言いました。
   (2) その標識は「ここに入るな」という意味です。
   (3) 友達との約束を忘れないでください。
   (4) 母はよく「そろそろ食事の時間ですよ。早く手を洗いなさい。」と言います。
   (5) 山本という人を知っていますか。

〈第30课〉

1. たくはいびん　つゆ　は　こうらくち　はいざら　すいがら　しゅっぱつ　とくべつ　むかえる
2. 秋　終電　待合室　間違える　楽しみ　迎える　寂しい　患者
3. (1)-(5) DBCDA　(6)-(11) BCCDC　A
4. (1)B(DCBA)　(2)A(DBAC)　(3)D(BADC)　(4)D(CADB)
5.

(1) 彼らは中国人においしい日本料理を食べてもらおうと思っています。
(2) 頭が痛いので、早く帰りたいんですが……
(3) すみません。道を間違えたから、遅くなりました。
(4) 荷物が重いので、宅配便で送ってもらいます。

〈第31课〉

1. かいいん　とくてん　かいだん　いこう　にんげん　でんげん　さがる　うごく　まわす
2. 卓球　白鳥　怒る　生きる　降りる　丁寧　自由
3. (1)-(5) CABDB　(6)-(10) CDCBC　(11)-(12)AD
4. (1)A(DCAB)　(2)D(CBDA)　(3)A(DABC)　(4)B(CABD)

5.

(1) 春になると、花が美しく咲きます。

(2) 私は年にたまに1、2回病気になることがあります。

(3) 電気を消すと、何も見えなくなります。

(4) 音楽を聞きたい時、このボタンを押すと、音が出ます。

〈第32课〉

1. れっしゃ　こうそく　せんでん　ばんぐみ　ぎゅうにゅう　してん　しゅしょう　かのじょ　にゅうがく　りゅうこう

2. 新型　遊園地　天気予報　行う　留学　入院

3. (1)-(5) BCDBA　(6)-(11) BCBCD C

4. (1) A (BDAC)　(2) B (ACBD)　(3) C (BDCA)　(4) B (DABC)　(5) A (DCAB)

5.

(1) 新聞によると、この会議は北京で行われるそうです。

(2)——外はずっと雨が降っています。明日も雨かもしれません。

——でも、天気予報によると、明日は晴れだそうです。

(3) 今度の週末はどこにも行かないつもりです。

(4) 来週は李さんと飛行機で日本に行くことにしました。

第8单元测试

一、1番-5番 21321　6番-10番 32233

二、1-5 ACDCA　6-10 CBCAB　11-15 CACBC　16-20 AADCD　21-23 ADA

三、1. C (DACB)　2. D (CADB)　3. A (DABC)　4. A (DCAB)　5. D (ADCB)　6. A (DCAB)

四、1-5 CCAAA　6-9 BABB

〈第33课〉

1. ぼうし　うでどけい　うんてんしゅ　こもの　さいかい　ざんねん　よごす　よごれる　ぜんぶ

2. 最後　壊す　割る　並ぶ　消える　偉い

3. (1)-(5) CACBC　(6)-(11) DBBCC　A

4. (1) D (CBDA)　(2) A (DCBA)　(3) A (CDAB)　(4) C (DACB)　(5) A (DCAB)

5.

(1) 台風で家が壊れました。

(2) 部屋の電気が消えています。

(3) 苦そうな薬が嫌いです。

(4) 私は給料を全部使ってしまいました。母にプレゼントを買うことができません。

(5) この仕事は楽そうに見えますが、やってみると難しいと思います。

〈第34课〉

1. げんかん　ほんば　とうちゃく　ろんぶん　さいかい　はなたば　もどる　あずける　かんげい

2. 事故　優秀　最高　用意　包む　頼む　遠慮　続ける　稼ぐ　残る

3. (1)-(5) DBABA　(6)-(10) DACDC　(11)-(12) BA

4. (1) B (DBAC)　(2) C (BCAD)　(3) C (DACB)　(4) C (BACD)　(5) B (CABD)

5.

(1) サイズが合うかどうかわかりません。まず靴を履いてみてください。

(2) カバンの中に書類が入っています。

(3) 論文を書くために、図書館で遅くまで勉強しました。

(4) 日本からの観光客を案内するために、日本語の看板を用意しておきました。

(5) 玄関にきれいな花が飾ってあります。

〈第35课〉

1. ちゅうし　えいぎょう　おとな　せいせき　きかい　きゅうじつ　こんげつ　いわう　くさる　たいざい

2. 反対　表現　宝くじ　中古　参加　乾杯　変　計算　休憩　完全

3. (1)-(5) DCCBB　(6)-(11) CBBDC　B

4. (1) B (DBCA)　(2) D (BADC)　(3) D (BADC)　(4) D (BADC)　(5) A (DBAC)　(6) D (ADBC)

5.

(1) 日本語がわかったら、この本を読んでみてください。

(2) お腹が空きましたが、ダイエットのために何も食べませんでした。

(3) ダイエットのために、毎日野菜と果物だけを食べます。

(4) 李さんは昨日の中国語の授業は小野さんしかいないと言いました。

(5) 日本語のできない中国人でもこの言葉の意味が分かります。

〈第36课〉

1. さいしょ　たこ　しゅじん　わらいごえ　よろこぶ　なれる　しっぱい　くろう　しゅっせき

2. 出身　煙突　読書　生産　騒ぐ　役立つ　雇う　悲しい

3. (1)-(5) ACAAC　(6)-(11) BBCCD　D

4. (1) D (CDAB)　(2) B (DABC)　(3) A (BADC)　(4) C (DBCA)　(5) A (DCAB)

5.

(1) うるさいから、李さんの声が聞こえません。

(2) 寿司の作り方を教えてくれて、ありがとうございます。

(3) 日本語を勉強するのに2年かかりました。

(4) あの子はいつも泣いてばかりいて、かわいそうです。

(5) 日本料理が好きだから、日本に来てから、寿司や天ぷらばかり食べています。

第9单元测试

一、1番-5番 32212　6番-10番 23321

二、1-5 ACCAB　6-10 CDBCC　11-15 AABDB　16-20 BCCAD　21-22 BA

三、1. A (BCAD)　2. B (ACBD)　3. C (BDCA)　4. B (DABC)　5. B (ADBC)　6. B (DBAC)

四、(一) B　(二) 1-5 CACDC　6-10 CBDAB

〈第37课〉

1. ようじ　けいかく　きそく　ばんごう　かんこう　ひよう　しゅつじょう　はんにん　かんさん　しゃくほう

2. 単位　全長　塩　超える　規模　厳しい　費用　小さじ　用事　川

3. (1)-(5) ACBDA　(6)-(10) BBAAA　(11)-(14) ACAB

4. (1)B(CABD)　(2)B(CABD)　(3)C(DACB)

5.

(1) さすが北京北駅で、人が多いですね。

(2) 北京に行くなら、飛行機で行ったほうがいいです。

(3) 時間がないなら、今度にしましょう。

(4) いつもテレビを見るとか、買い物をするとか週末を過ごす。

(5) 欲しいなら、買えばいいです。

〈第38课〉

1. しょうひん　たな　ぐあい　たたみ　てつや　かんじる　きもの　やけど　さいしゅう　はんぶん

2. 刺し身　動かす　勝つ　減る　取り替えます　伝統　平仮名　具合　路地　試合

3. (1)-(5) BACBA　(6)-(11) BAABD　B

4. (1)A(BDAC)　(2)C(DACB)　(3)B(CABD)

5.

(1) 健康のために、普段はお酒を飲まないようにしています。

(2) 夜八時の飛行機に間に合うように、急いで家を出ました。

(3) 学生証を持っていませんが、本を借りることができますか。

(4) 王さんは今もう一人で仕事をうまく処理できます。

(5) もっと練習したら、試合に勝ちます。

〈第39课〉

1. むら　きり　えんだか　とおく　むかし　おき　そら　いっぱん　やがい　ぜったい

2. 育つ　道路　欠席　屋根　別名　資源　影響　気温　稲　輸出

3. (1)-(5) BCCDA　(6)-(10) CBDBC　(11)-(12) AB

4. (1)D(BADC)　(2)D(BADC)　(3)D(CBDA)　(4)A(BCAD)

5.

(1) しっかり勉強したので、いい成績を取りました。

(2) 日本に留学するために、毎日日本語を勉強しています。

(3) せっかくのチャンスですから、ちゃんと準備しなければなりません。

(4) 手を洗わずに食事をしないでください。

(5) 新聞を買ってきます。

〈第40课〉

1. むすめ　けん　かんせい　にゅうしゃ　しょうたい　もれる　せんじつ　ししゃかい　かいすう　こいぬ

2. 機嫌　入場　改築　開通　向かう　機　耳　都会　劇場　時代

3. (1)-(5) BCCDA　(6)-(11) CBDBA　B

4. (1)D(CADB)　(2)B(ACBD)　(3)D(ADCB)　(4)B(DABC)

5.

(1) 今資料を調べているところです。少し待ってください。

(2) 王さんは空港に着いたところです。

(3) コンサートを聞いたばかりで、まだ耳の奥に音楽が残っています。

(4) 今、風呂に入るところなので、後でこちらから電話します。

第10单元测试

一、1番-5番 12233　6番-10番 22231

二、1-5 ACCBA　6-10 ACAAC　11-15 CCABC　16-20 AABDB　21-25 DCADC

三、1. A(BCAD)　2. B(CABD)　3. D(BADC)　4. B(ACBD)

四、1-6 DBACB　A

〈第41课〉

1. ことり　いせき　じょうし　せいちょう　あらし　さくねん　さそう　ほめる　はつめい　おおはば

2. 依頼　調査　至ります　実現　放送　巻き込む　最も　今後　世代　価格

3. (1)-(5) BCAAD (6)-(11) ACCDD C
4. (1)A(BCAD) (2)B(DCBA) (3)B(ACBD) (4)D(CADB)
5.
(1) この橋は田中さんによって設計されました。
(2) 通勤電車がとても混んでいて、よく足を踏まれています。
(3) 森さんは田中さんに本を汚されました。
(4) 私たちは雨に降られました。
(5) 彼女は夫に死なれて、生活が苦しいです。

〈第42课〉

1. せきにんしゃ どうりょう かんきゃく きかくあん くうふく たしか じょうぶ じかい とうぜん けんとう
2. 返事 預かる 告げる 思い出す 行き先 直接 昼間 留守 換気 日程
3. (1)-(5) BBCAA (6)-(10) CABCB (11)-(13) DCA
4. (1)D(BADC) (2)D(ABDC) (3)D(ACDB)
5.
(1) 李さんはコートを着たまま、ベッドで寝てしまいました。
(2) 会議は5時までですから、もうすぐ終わるはずです。
(3) 張さんは入院中ですから、旅行に行くはずがありません。
(4) 今日はこんなに寒いのに、森さんは寒くないと言いました。

〈第43课〉

1. おてつだい かんとく せんしゅ きぶん ぶっか せつび じゅく ひっぱる そうたい ちからづよい
2. 部下 品質 妻 浮かぶ 柔らかい 理解 提案 休職 重要 単純
3. (1)-(5) ABCCB (6)-(10) BBAAB (11)-(12) AC
4. (1)D(CBDA) (2)D(CBDA) (3)D(BADC) (4)D(ACDB)
5.
(1) 陳さんは息子をアメリカに留学させます。

(2) すみません、ちょっと自転車を使わせてください。

(3) このボールペンはとても書きやすいです。

(4) 先生は生徒にたくさんの歌を覚えさせました。

〈第44课〉

1. しゃいんりょこう　かいぎじょう　ようき　おもさ　もどる　あまさ　ごうか　こうちょう　ふかい　こころ

2. 内容　実感　性格　倍　驚く　縦　控えめ　深い　汗　大事

3. (1)-(5) ABBCB　(6)-(10) CBACA　(11)-(15) ACABD

4. (1)B(ACBD)　(2)B(DABC)　(3)A(BDAC)　(4)C(DBCA)

5.

(1) 昼ご飯は食べ過ぎました。

(2) 部屋の中に誰かいるようです。

(3) 雨の音が聞こえません。雨がやんだみたいです。

(4) おかげさまで、病気はもうよくなりました。

第11单元测试

一、1番-5番 22323　6番-10番 33312

二、1-5 CDACB　6-10 BADBA　11-15 CDCAD　16-20 AADCD　21-25 BDCBA

三、1.D(ACDB)　2.B(CABD)　3.C(ADCB)　4.D(ABDC)　5.B(DABC)　6.C(BACD)

四、1-5 CBCCA　6-8 ACD

〈第45课〉

1. しょうしか　じんこう　へいきんねんれい　じかんたい　しんりん　ちきゅう　いぜん　へやだい　ちょうし　べん

2. 高齢者　喫煙者　近代化　町並み　売り上げ　似る　手軽　田舎　交通　市内

3. (1)-(5) BCCCB　(6)-(10) BACAC　(11)-(12) BA

4. (1)C(BACD)　(2)C(DBCA)　(3)C(DACB)

5.

(1) 少子化が進んで、日本の人口はだんだん減っていくでしょう。

(2) 電気が消えているし、かぎもかかっているし、李さんはきっと留守ですよ。

(3) 住めば住むほど上海のよさがわかりますよ。

(4) おいしいし、手軽だし、私は冷凍食品をよく食べます。

〈第46课〉

1. けがわ　ほんもの　せっけん　できごと　かじ　におい　さむけ　せんしゅ　はじめ　はっそう

2. 緊張　半月　面接　開設　周り　末　頭痛　意見　外灘　相撲

3. (1)-(5) ACDDB　(6)-(10) BAABD　(11)-(13) AAB

4. (1)D(ACDB)　(2)B(ADBC)　(3)A(CBAD)

5.

(1) この着物はいかにも日本らしい柄です。

(2) 子供が寝ている間に、部屋を掃除しました。

(3)9月の末までに、新しい家を見つけたいです。

(4) まるでヨーロッパの町並みを見ているようです。

〈第47课〉

1. したみ　おこさん　さきほど　しゃちょう　けいり　えいぎょう　ほんしゃ　うけつけ　しょちょう　しゅにん

2. 社員　人事　課長　主任　工場　重役　部下　下見　上司　秘書

3. (1)-(5) CBCAB　(6)-(10) DAABC　(11)-(14) DBCC

4. (1)B(ACBD)　(2)A(BDAC)　(3)C(BACD)

5.

(1) お客様はもうお帰りになりました。

(2) 今朝何時に起きられましたか。

(3) 周先生は明日日本へ行かれます。

(4) お食事はもうお済みになりましたか。

第48课

1. あんないじょう　わたくし　きず　はいけん　せわ　きたい　しょうち　きちょう　しょうしょう　とつぜん
2. 弊社　貴重　この度　拝見　実は　明日　傷　者　昨日　明日
3. (1)-(5) CBDDB　(6)-(10) CBCCA　(11)-(14) CAAD
4. (1)D(ACDB)　(2)B(ACBD)　(3)D(CADB)
5.
   (1) 明日、お宅へ伺ってもよろしいでしょうか。
   (2) 先月の売り上げについて、報告させていただきます。
   (3) この仕事を私にやらせていただけませんか。
   (4) 社長、このレポートを見ていただけませんか。

第12单元测试

一、1番-5番 33322　6番-10番 32212
二、1-5 CAAAB　6-10 DAAAD　11-15 ABDAB　16-20 ABAAC　21-26 DDBBD　A
三、1. C(BACD)　2. B(CABD)　3. C(BACD)　4. C(BACD)
四、1-5 ABBDA　6-7 CC